THE MAGIC CONVEYOR BELT:
Supply Chains, A.I., and the Future of Work

供应链大发现

[神奇的传送带、人工智能与未来工作]

[美] 尤西·谢费
Yossi Sheffi
著

郭杰群 译

华东师范大学出版社

· 上海 ·

图书在版编目（CIP）数据

供应链大发现：神奇的传送带、人工智能与未来工作 /（美）尤西·谢费著；
郭杰群译 . —上海：华东师范大学出版社，2024

ISBN 978-7-5760-5042-4

Ⅰ.①供 ... Ⅱ.①尤 ...②郭 ... Ⅲ.①供应链—研究 Ⅳ.① F274

中国国家版本馆 CIP 数据核字（2024）第 106081 号

上海市版权局著作权合同登记 图字：09-2023-1070 号

供应链大发现

——神奇的传送带、人工智能与未来工作

主　　编	（美）尤西·谢费
责任编辑	顾晓清　韩　鸽
审读编辑	朱晓韵
责任校对	陈梦雅　时东明
封面设计	陈玮琪

出版发行	华东师范大学出版社
社　　址	上海市中山北路 3663 号　邮编　200062
网　　址	www.ecnupress.com.cn
客服电话	021 - 62865537
网　　店	http://hdsdcbs.tmall.com/

印 刷 者	南通印刷总厂有限公司
开　　本	787×1092　16 开
印　　张	19.25
字　　数	213 千字
版　　次	2024 年 7 月第 1 版
印　　次	2024 年 7 月第 1 次
书　　号	ISBN 978-7-5760-5042-4
定　　价	89.00 元

出 版 人	王　焰

（如发现本版图书有印订质量问题，请寄回本社市场部调换或电话 021-62865537 联系）

目　录

目　录

前言

当人类刚刚进入 21 世纪 20 年代，突如其来的社会和经济动荡便展现了跨越全球的供应链在当前世界经济中的关键作用，也凸显了包含人工智能（AI）和自动化在内的数字技术在未来经济中所扮演的日益重要的角色。本书解释了什么是供应链，它们的运作模式，以及高科技、人、流程的整合将如何成为未来供应链管理中的重要特征。因此，本书分四个部分：第一部分先奠定理解供应链及其复杂特征的基础；第二部分追溯经营环境中的多种趋势对未来全球（或非全球）供应链的影响；第三部分阐述自动化、机器人和人工智能的能力及未来角色，人类所从事的工作因它们而被改变、被补充；最后第四部分总结工作性质因全面融入了技术而可能发生的变化，以及人们在未来的工作环境中所需的必要教育事项。

供应链

供应链的核心目标是满足人类的需求和愿望——为地球上 80 亿人口提供所有的食物、药品、能源、服装和其他世俗商品。为使读者了解管理庞大的网络所面临的挑战，本书第一部分"全球之舞"深入探讨了通常隐藏着的供应链的内在结构。首先，大多数消费品，即便是看似简单的产品，也需要从不同的供应商采购众多的零部件或原材料，并进行制造。其次，每一个零部件和原材料通常都涉及一系列中间产品（和中间商），这个链条起步于那些提供原材料，如金属矿石和农产品的供应商。即便是某一个零部件的缺失也会导致产品的制造无法完成。在供应链中，一端是提供特定原材料、专业知识和资本的有限的地区，另一端是对产品（和工作机会）有着广泛而分散的需求的消费人口，将两端链接起来导致了全球供应链错综复杂的地理配置。链接所有这些供应链要素的是一套复杂的服务和运输网络，它可以高效、可靠和快速地存储与运输商品，并提供服务。

影响供应链的趋势

现实中的供应链实际上是所有参与产品交付的公司相互交织而成的复杂的、重叠的生态系统。本书第二部分"进一步的复杂性与挑战"，展示了供应链在过去 50 年里如何变得日益复杂。这一部分描述了消费者不断增长的商品需求，以及对快速、完美的交付服务不断提升的期望，还专门描述了供应链在效率和客户服务之外所面临的额外要求。比如，公司被期望在供应链运营中达到最低排放、推进社会公正并增强供应链韧性。而在完成这些要求的同时，企业还面临着需求的波动、来自全球的竞争、政府制定的更多法规，以及地缘政治限制下的运营环境。

在这样的背景下，当一个包裹不能准时送达，或者零售店的某些货架空空如也时，消费者不应该感到不满。一旦理解了供应链中涉及的所有上述限制，我们应该惊讶于这一切竟然能够运作，并且通常还运作得非常好。

技术在供应链中的作用

第三部分"供应链条中的重要链接：人类"，着眼于制造业和供应链中技术所发挥的日益增强的作用。这一部分尤其关注了机器（以及现在的计算机）在自动化生产和供应链活动中长达数世纪的持续进步。尽管许多专家（和工人）将自动化，特别是人工智能和机器人技术，视为对人类生计的存在性威胁，但事实似乎更复杂，自动化潜在地对工人更为有利。本书说明了由于供应链的社会属性以及人类的优势，人成为机器的天然补充。因此，在未来的供应链中，人类仍将是不可或缺的参与者。人与机器的合作，而不是竞争，为企业的成功和在高度自动化的世界中实现高就业率提供了一种策略。

打造未来的劳动力

本书最后部分"展望未来"，将此书之旅引向未来。这一部分概述了人们如何能在充满复杂性、波动性和自动化的未来取得成功。具有经济能力的消费者是企业财务具有活力的基础，而这就需要就业和就业技能。人口趋势将决定未来劳动力的供应以及消费者对产品和服务的需求模式。

新的数字工具有助于人们充分利用技术，并为他们的工作和经济带来更多的价值。然而，人和机器之间的工作分配将随着新的和更好的机器的出现以及公司对其采用与否和工人对其是否适应而动态变化。不论是蓝领工作还是白领工作，要就业并取得成功，劳动者将需要新的技能。

尽管许多新技能需要技术知识，但具有讽刺意味的是，在未来充满技术的经济中，社交技能可能是获得就业机会的关键。

最终，数字技术实际上将降低工人、管理人员和高管的教育成本，这使得他们可以获得能应对不断变化的未来经济的全新技能的动态组合。

结论

总体而言，本书解释了为什么供应链的运营是如此的困难（而且将越来越困难！）。幸运的是，未来的管理者可以通过雇用受过合适教育的员工，以及数字技术的组合，来成功地管理日益复杂的供应链。个人和企业可以利用数字技术使得其自身（及其供应链）更有效率、更有效果地满足我们这个星球日益扩大且不断变化的需求。

致谢

撰写本书的缘由众多。首先，它是麻省理工学院（下文简称为 MIT）运输与物流中心（下文简称为 CTL）在 2023 年举行的 50 周年庆的一部分。其次，新冠疫情后，一个变得越来越明显的现象是，越来越多的人开始对供应链管理感兴趣，并希望更好地理解它。同时，技术的发展，尤其是机器人和人工智能在各种形式中的应用，引发了新一轮的就业危机感。本书试图回答所有这些问题并提供更多洞见。由于写作起步较晚，并希望在 2023 年出版，迫于时间压力，我们决定选择自出版的方式，而这意味着我需要很多帮助。

首先，我要感谢 Working Knowledge® 幕后团队的安德里亚和达娜·迈耶。她们负责资料的研究和组织，草稿的撰写和编辑；最重要的是，对于本书内容应该如何展现，她们是非常棒的参谋。她们甚至为本书 20 多次修订的最终版本进行了最后的审校。

CTL 的许多同事利用自身的研究，为本书提供了思路。其中包括克里斯·卡普利斯、大卫·科雷尔、约瑟夫·考夫林、丽莎·达布罗西奥、艾琳娜·杜贡吉、贾罗德·戈恩策尔、米莉娜·扬耶维奇、克里斯·梅希亚·阿古埃塔、埃娃·庞塞、玛利亚·希索斯·萨恩兹、约苏埃·C.维拉兹克·马丁内斯和马蒂亚斯·温肯巴赫。他们的许多建议和贡献都被纳入本书。

MIT 的 CTL 营销团队以多种方式提供了帮助。我与文本编辑托比·古利的合作非常愉快。丹·麦库尔和肯·科特里尔也进行了文本编辑和流程控制。丹还负责设计页面的外观、文本排版以及出版制作。得益于他的工作，最终的结果非常好。珍妮特·帕金森校对了本书，斯蒂芬·索尔制作了插图并设计了封面。本吉·坎托、凯瑟琳·努恩齐阿塔、艾米丽·法根和克里斯·弗朗蒂罗为本书的宣传提供了帮助。

本书受益于对多位高管的采访，他们慷慨地分享了他们的时间：

大卫·格斯勒　伟创力公司副总裁，采购 / 商品管理和全球供应商质量 /GPSC 合规总监

保罗·格拉纳迪约　莫德纳公司供应链高级副总裁

比尔·赫尔斯　通用汽车全球供应链执行总监（退休）

拉姆齐·基　Wayfair 预测和规划技术总监

海瑟·欧姆－罗德里格斯　DePuy Synthes 全球供应链创伤、极端情况、颅颌面和动物健康副总裁

梅雷迪斯（梅丽）·G.斯蒂文斯　强生公司消费者健康和交付部门全球供应链副总裁

林恩·托雷尔　伟创力公司首席采购和供应链官

迪亚·瓦基尔　Resilinc 公司首席执行官

最后，我要对妻子阿娜特表达最深切的感谢。我们已经结婚

54年了（哇！）。在我为期7个月的艰苦研究、组织、撰写和编辑过程中，她一直支持着我。

我由衷地感谢他们所有人。我肯定忘记了一些人。我请求谅解。当然，所有的错误、误引和失误都由我个人承担责任。

尤西·谢费

2023 年 3 月

1

第一部分
全球之舞

1 将丰饶之物连接到消费者

—

当消费者走进经销商店去试驾一辆新汽车时，他可能会对新车所具有的神奇功能印象深刻，如导航系统、平视显示器和各种先进的驾驶辅助系统——用以警示各种危险，如车道偏离、车辆周边的行人等。消费者也可能会欣赏电控下的乘坐舒适度、快速加速、多种车内环境控制设置和各种座椅调节功能。然而，很少有消费者意识到有多少人和组织为这些功能的实现做出了贡献。大多数汽车拥有 30 000 多个零部件，它们产自全球；其中许多部件在各大洲之间反复跨越。然而，部件数量只是汽车制造面临的挑战的冰山一角。这 30 000 多个零部件中的每一个都必须经过精心设计，用特定的材料精细制造，然后交付给数千个供应商。这些供应商再对零部件进行组装，并将组装后的配件运输到汽车工厂。在那里，所有这些子装配件再被组装，成为一辆结构复杂而又价格合理的汽车。

日常奇迹

要想理解这一挑战的规模，可以参考一下德国的沃尔夫斯堡。从柏林沿着 A2 高速公路向北行驶 222 千米就到了沃尔夫斯堡。它是为大众汽车提供工人住所而于 1938 年形成的。沃尔夫斯堡已经成为世界上最大的两家汽车制造商之一（另一家是丰田）的总部所在地。同时，它也成了面积最大的制造工厂的所在地。[1] 截至 2019 年，沃尔夫斯堡工厂约有 65 000 名员工和 5000 台机器人，每天生产 3500 辆汽车，这包括大众高尔夫、途观、途安和西雅特等型号。[2]

关于该厂的许多统计数据令人印象深刻。每天，有 750 辆卡车和 100 辆火车准时地将零部件以子装配件[*]的形式运送到多条生产线。每天，又有 180 节双层火车车厢和大约 185 辆卡车离开该厂，将完工的汽车送到 50 个国家。[3] 同样令人印象深刻的是，沃尔夫斯堡只是大众汽车在全球的百余个汽车制造工厂之一。这些工厂在 2019 年交付了近 1100 万辆汽车。

沃尔夫斯堡以西约 7200 千米处的另一个汽车制造城是美国密歇根州的底特律。在这里，通用汽车总部的管理人员对其在美国的 33 个制造工厂和 19 个零部件配送中心进行指挥；物流同样令人难以置信。通用汽车还有 55 个制造工厂遍布在全球 29 个国家，对物料处理和繁忙的装配线进行全球协同，最终生产出成品汽车，通用汽车将此称为"日常奇迹"。

对复杂产品（如汽车或笔记本电脑）的所有零部件进行管理的第一步是将它们全部列出。在制造术语中，所有零部件的列表以及制造一个产品所需的零部件数量被称为**物料清单**（下文简称为 BOM）。

举个例子。图 1 显示了一辆玩具汽车制造装配过程中的 BOM（零件编号 #）和装配步骤（工序）。

让我们看一下图 1 中间部分所描述的过程，它展示了轴套的制造以及它们是如何被组装到成品汽车中的。起初，2 个用于轴的销钉（零件编号 #2）被切割（第 3 道工序），4 个刹车鼓（零件编号 #3）被钻孔（第 4 道工序）；然后它们被焊接（第 5 道工序）成一

---

* 子装配件不同于产成品，是部分零部件的组装（装配），可与其他零部件和子装配件进行组装成为产成品。

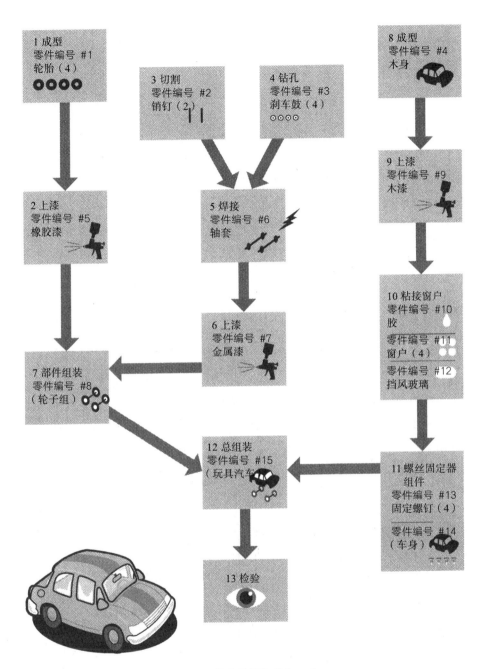

图 1：玩具车的零部件和工艺

个轴套（零件编号 #6）；被喷上（第 6 道工序）金属漆（零件编号 #7）的轴套与 4 个轮胎（图左侧的第 1、第 2 道工序）一起组装成（第 7 道工序）轮子组（零件编号 #8）；之后，该部件再与车身（零件编号 #14，它由图右侧的一系列工序制造而成）相结合（第 12 道工序），制成玩具汽车（零件编号 #15）。

正如这个例子所示，即使对玩具汽车来说，BOM 也可能是非常复杂的。一辆真实汽车的 BOM 则如下所述，更加复杂。

（并非那么）简单的产品

大多数读者可能对汽车供应链的复杂性和规模不感到意外，或者对波音飞机有超过一百万个零部件不感到意外，但即使是简单的产品也涉及复杂而精细的供应链。例如，消费品巨头宝洁公司生产的帮宝适牌纸尿裤就有 50 多个部件！纸尿裤的不同部分都有不同的材料，这包括面层、吸收层、背层和内芯；所有这些都由编织和非编织材料以及弹性材料所制成。此外，纸尿裤的部件还包括各种扣子、固定器、胶带和胶水。虽然美国市场的纸尿裤大部分是在美国制造的，但还是有许多部件和材料是在其他国家制造并通过长距离运输到美国的。

新冠疫情揭示了 BOM 中许多鲜为人知的全球依赖关系。这些依赖关系是供应链复杂性的潜在原因之一。以涂料和涂层为例。荷兰的住宅油漆商阿克苏诺贝尔的一位发言人指出："制作涂料需要 50 到 60 种成分。"[4] 这个庞大的原材料数量在疫情期间造成了供应风险。该公司的全球颜色采购总监伊格纳西奥·帕拉补充道："与整个涂料和涂层行业一样，我们在 2021 年面临原材料短缺的问题。"[5] 令人惊讶的是，阿克苏诺贝尔表示，从 2020 年年底开始的蓝色涂料短缺的部分原因是白色色素二氧化钛的短缺。生产住宅涂料和工业涂料中偏爱的浅蓝色需要二氧化钛。此外，法国的两家合成深蓝色产品的工厂中，有一家不再生产该产品，导致另一家工厂开始限制该颜料的出口。[①]

2021 年 2 月，美国得克萨斯州电网在冬季风暴中发生故障，石化厂被迫停产，进而导致涂料中所需的树脂短缺。新冠疫情流行中的健康风潮推动了人们对亚麻籽的需求，导致一些涂料中所需要的亚麻籽油短缺，颜料也因此缺货。当印度政府要求将工业用氧气定向供应到受到新冠疫情冲击的医院时，品红和黄色颜料因为缺乏合成过程中所需的纯氧而缺货。

无论 BOM 的规模大小，生产计划员都采纳了**物料需求计划**（下文简称为 MRP）流程，以确保在制造所需数量的产品时能够及时获得正确且适量的零部件和材料。为此，生产计划员使用了一系列数据，包括产品需求、BOM 中所需零部件及其数量、零部件的可用库存，以及零部件供应商的订货前置期[②]等。MRP 可以被用来确定下单时间，以确保工厂在制造过程中的正确时间里获得相应零部件。

部分所需的子装配件

为了管理复杂产品（如汽车）中的大量零部件，汽车公司并不直接处理所有零部件。相反，像福特这样的公司实际上只是直接管理和购买约 1800 个零部件。其中的大多数零部件实际上是由供应商制造的子装配件。每个子装配件，如发动机、变速器、仪表盘或排气系统，本身就是一个复杂产品；每个子装配件有着自己特定

---

① 译者注：因为无法应对国内需求。

② 译者注：lead time，前置期或交货期，指从客户下订单到产品交付所需要的时间。

的、包含多个输入和零部件的广泛的供应链。一辆汽车中的零部件多达 30 000 个。[6]

例如汽车的排气系统。这是一个单一且相对简单的子装配件。在通用汽车公司的 BOM 中，排气系统可能被列为一个零部件；但排气系统制造商又有自己的 BOM。排气系统由数十个零部件制成（见图 2），包括多个柔性管道、催化转化器、氧气传感器、各种隔离器、垫圈和卡箍、谐振器组件、管道附件及消声器组件。

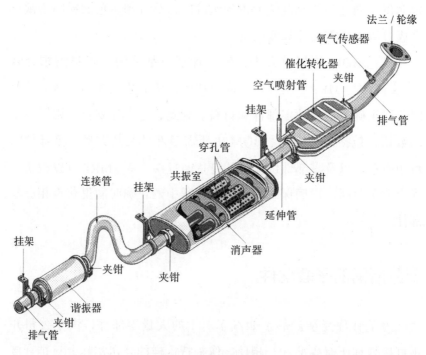

图 2：汽车排气系统

现在看一下排气系统 BOM 上的一个单一零部件：催化转化器。催化转化器可能是在墨西哥的一个工厂组装的，但包含了在世界上其他地方制造的子装配件。其中一种零部件是在德国生产的特殊金属外壳。这个外壳包裹着转化器的内部零部件。转化器的主要内部部件是一种陶瓷蜂窝基底：该基底外面涂有贵金属催化剂，这是由美国北卡罗来纳州的制造商完成的；贵金属催化剂是在日本制造的；基底本身是在中国广州通过先进工艺制造的。基底也有一个 BOM，它由各种合成的或自然的矿物质组成，其中主要是堇青石、莫来石（两者都是合成的铝硅酸盐材料）、氧化铝和其他少量矿物质。

从中国供应商制造蜂窝基底，到通用汽车在底特律将排气系统子装配件安装在汽车上，这大约需要三个月的时间。在此期间，这些零部件被加工、安装（作为其他组件的一部分），并在世界各地运输。基底被制造、涂覆，与其他零部件一起被包裹在外壳中，然后再与其他部件组装成排气系统；排气系统再与其他许多子装配件一起，在生产线上被安装到汽车上。

所有供应链中的每个操作都需要在同一时间、同一地点汇聚三物：物料投入、设备和劳动力。即使对于相对简单的香蕉的供应链，也是如此。

香蕉的吸引力

在美国，香蕉是人们最常购买的食品杂货之一。在世界其他地方，它们也很受欢迎：2019 年，香蕉种植者向全球出口了超过2100 万吨的香蕉。[7] 追溯香蕉的供应链似乎相对简单，因为这个产品只有一个"部分"，它不需要组装，并且有自己的"包装"。

事实证明，超市里的香蕉并不像它看起来那样天然、简单，它实际上是被制造出来的，因为它经历了多种生产流程、化学物质的实施和运输。要很好地展示这一点，可以审视一下从哥斯达黎加的金吉达种植园到马萨诸塞州波士顿的萧氏超市货架的香蕉供应链。[8]

大自然为香蕉的 BOM 提供了三种主要成分：二氧化碳、水和阳光。然而，香蕉种植的成功还需要其他投入，例如，肥料、有机物质和营养物质，以及除虫产品。

当香蕉串达到适当的发育阶段（仍然是绿色，但接近成熟），农场劳工就会将其砍下，并沿着金属轨道将其移送到分拣站。随后，香蕉串被人工检查外观，并按大小进行分类。装箱工再将分类和质检过的香蕉装入 40 磅（约 18 千克）的箱子。每个托盘上可叠放 48 个箱子。

在生产线的尽头，工人将重达 1 吨的香蕉托盘装上卡车，向东运到哥斯达黎加，抵达濒临加勒比海的利蒙市的莫因港。在港口，托盘被装入 12 米长的冷藏集装箱。每个集装箱可容纳 20 个托盘。然后，大型起重机将数百个集装箱装载到船上，驶往美国新奥尔良州。

在新奥尔良港口，香蕉集装箱被从船上卸载，并通过铁路和卡车运送到金吉达公司或零售商所拥有的冷藏配送中心。在配送中心，工人将水果托盘堆放在密封的催熟室内。在香蕉将被运送到零售店前不久，金吉达公司向催熟室注入乙烯气体，重新启动香蕉的成熟过程。他们通过控制乙烯气体浓度，以达到零售店所要求的三种成熟度水平：硬绿色、绿色或黄色。

当香蕉达到零售商所需的颜色时，它们便会被运送到零售店。位于马萨诸塞州梅森市的萧氏超市配送中心服务着大波士顿地区。每天，成千上万箱香蕉与其他易腐食品被装车从此中心运往萧氏的零售杂货店。生鲜经理必须准确安排事项的顺序，以便每天都能将处于适当成熟阶段的香蕉按正确数量送到店铺。

需要注意的是，虽然上述描述关注的是香蕉本身，但沿途的每个流程都不只是香蕉本身。它需要工人、基础设施、工具、其他输入和组织来管理运营，无论是哪个环节——种植、收获、装载、运输、卸货、冷却、催熟、储存、交付等。而这一切仅仅是为了一个不需要组装的简单产品。

无论是劳工在种植园里使用肥料和农业机械，还是工人在冷藏仓库里使用乙烯气体控制香蕉成熟的速度，每个操作都需要物料投入、设备和劳动力的结合。

供应链：神奇的传送带

在我大部分的职业生涯中，当邻居问起我的妻子我在 MIT 所从事的研究和授课方向时，我妻子回答"供应链管理"，这常常引来一片茫然无知的眼神。但这一切在新冠疫情暴发后发生了变化。2020 年 5 月，当我妻子向全食超市的一位商品店员询问为什么货架上没有橙子时，那位 17 岁的店员漫不经心地说道："嗯，我们遇到了供应链问题，女士。"

在疫情之前，供应链很少出现在公众的新闻中，因为即使供应链受到干扰而导致有些产品无法获得，这对人们生活的影响也不大。大多数供应链问题都是与当地自然灾害有关的孤立事件，供应链管理者有能力将这些问题的绝大部分与消费者隔离开来。在飓风或冬季风暴来临之前，商店的货架可能会被清空，但这是可以预料的，并且在很多情况下还有应对的计划，因此这些事件并不会导致大规模的困局。[9]

如果给予无限的时间和金钱，任何人都可以做几乎任何事情。现代供应链真正的神奇之处在于，它们能够在有限的时间里和有限的预算下完成很多事情。通过几十年来在供应链设计、管理、运营的理论、实践和工具方面的发展，管理者们学会了如何在大多数情况下以少量的资金提供大量的产品。大大小小的零售商提供了成千上万甚至数十万种不同的产品。它们可以随意被放入购物车、购买并带回家。电子商务平台提供了数百万种不同的产品，其中许多产品可以当天送达消费者的门前。在很大程度上，零售商、制造商、原材料生产商、零部件供应商、仓库和货运公司活跃的数百万员工创造了一个魔幻般的丰饶之角的假象——只要消费者需要，源源不断的产品就可以被提供。

在很大程度上，现代供应链的高效运行意味着，消费者知道他们可以去商店（或网站）找到他们所需要的东西并采购。而且，如果消费者后面再次光顾零售商，他们会发现货架上几乎还是摆满了商品，这好像是供应链"圣诞老人"和他的"精灵"在午夜时分补货似的。在这种现象的幕后是一大批努力工作的公司，它们以具有竞争性的价格创造着顺畅的商品流。

供应链运行得如此顺利和隐形，以至于《纽约时报》承认："在疫情之前，我们甚至没有一个物流报道。"[10] 然而，随着新冠疫情的暴发，供应链成了自己成功的牺牲品。供应链运作的顺利和供应链在疫情间的短缺都源于现代供应链的底层结构、不可避免的复杂性和庞大的规模。

供应链的定义和结构

一家公司的供应链是包括所有参与者的网络。这些参与者承担着从矿场或田地到消费者的端到端的某些流程。这些流程是制造和向适当目的地交付每一个产品所必需的。每个产品的供应链包括直接供应商（它们向公司直接提供材料和零部件），直接供应商的供应商（二级供应商），二级供应商的供应商，以此类推，直到来自富饶地球的最简单的原材料。供应链还包括一系列物流服务提供商，如运输和仓储公司，它们协助供应链中货物的搬运和存储。

现实中复杂的网络或生态系统远比"链"的概念复杂，它涉及众多的人和组织，他们共同努力地将产品推向市场。这个产品可能是一个消费品，如冰箱或卷筒卫生纸；也可能是工业材料或零部件产品，譬如供应给农民的氮肥或供应给汽车制造商的轮胎；它也可能是供应给超市的香蕉。因此，全球供应链并不是唯一一**个**，而是**数百万个**特定产品（并相互关联）的供应链。

供应链这个术语的出现，是因为每个产品通常需要一系列或一连串的专门步骤来获得原材料、精炼、制造产品零部件、将小零部件组装成子装配件、组装最终产品，并将产品交付给客户。

对于任何在货架上或电商仓库中可以购买的产品，令人惊讶的不是这些产品所涉及的网络和流程是如何的庞大或复杂，而是上千家企业和数百万工人如何在没有中央控制的情况下实现这一点。这里没有政府、全球组织或者"沙皇"决定哪个制造商向哪个工业客户提供产品，每对买家和卖家之间的交易条件是什么，将使用哪种制造工艺，以及零部件和产品将如何以及何时从供应商处运送给客户。

英国经济学家亚当·斯密用"看不见的手"描述了一种社会机制：在相互依存的系统中，每个个体和实体在自由市场中为自身的利益而运作，最终产生有益的社会结果。[11]虽然斯密所指的是通常意义上的市场，但它也可用来形容全球供应链的运作，因为每个供应链都由多个买卖双方独立进行的交易所组成。尽管缺乏协调，但数亿吨的材料和零部件以高效的方式通过多个制造商、货运公司、政府机构、仓库操作商、经纪人、分销商和零售商的网络，以成品的形式送到消费者家中。

2020年至2022年间众多供应链的中断揭示了全球供应链的相互关联和复杂。例如，当俄乌战争于2022年2月开始并切断了从"欧洲粮仓"出发的谷物供应时，全球谷物价格飙升。[12]这种价格的上涨曾被预计有助于提高全球其他地方谷物农户的利润。然而，情况并非如此。

对俄罗斯和白俄罗斯实施的制裁，间接地切断了肥料的供应。俄罗斯和白俄罗斯恰好是全球最大的肥料出口国之一。制裁以及俄罗斯对制裁的回应影响了天然气（制造肥料所需）的供应和价格，从而降低了肥料制造商的经济活力。肥料成本的上升致使一些农民减少了肥料使用，导致农产品产量降低；也致使一些农户缩小了种植面积，甚至放弃务农。农业供应链基础的连锁反应引发食品价格上涨，造成部分食品短缺，全球消费者都因此而感受到冲击。[13]

企业的视角

供应链是一个相对较新的概念。在概念产生之前，企业当然已经有供应商，而这些供应商也有自己的供应商。原材料从农田和矿场流经工厂和仓库到达零售商和消费者那里。虽然供应链在事实上存在，但在链条中的企业管理层对他们所创建和管理的基层经济系统并没有一个整体性的认识。直到 1982 年，博斯艾伦汉密尔顿咨询公司的管理顾问基思·奥利弗才提出了"供应链管理"这个术语。

在 20 世纪 80 年代之前，企业将供应链的各个方面视为一组相互独立的部门，例如采购、物料管理、制造、仓储、运输和客户服务，并进行相应管理。企业的每个职能作为独立的"孤塔"提供着相应的服务，例如，寻找所需原材料的供应商、管理运营所需的物资、存储货物库存和将产品交付给客户。在大多数情况下，企业将这些零散的职能视为"成本中心"，即为每个职能指定具体工作，并期望以最低成本来完成。

我们可以通过追随一个行业协会的演变来展示人们对供应链的理解的延伸。1963 年，美国成立了国家物资配送管理理事会，用以专注于企业产品的仓储和物料处理以及物资配送。此后，人们日益意识到存储和搬运（制造所需原材料的）进货与（制造后产品的）

出货的一体化性质。为表达对此意识的认可，1985 年，国家物资配送管理理事会更名为物流管理理事会。2005 年，物流管理理事会再次更名为供应链管理专业协会（CSCMP），以反映更为广泛的职责范围以及一个事实，那就是供应链管理已成为一种独立的职业。

由非营利组织供应链理事会（供应链管理专业协会的一部分）开发的供应链运营参考模型（Supply-Chain Operations Reference model，简称 SCOR 模型）记录了供应链管理专业范围的扩展。在主要层面上，SCOR 模型包括对 7 个主要的供应链管理流程的管理：

协调　与供应链战略的整合和赋能相关的活动

计划　规划以下 5 个流程中每个流程所需的资源和要求

采购　采购所需的原材料、零部件和服务

转化　为制造满足需求的产品所需要的活动

订单　对客户购买产品和服务的管理

履约　执行客户订单和交付

回收　收集、修复、再制造和处置产品

这些流程中的每一个都包括多个更低级别的流程，而每个低级别的流程又包含了进一步的子流程。例如，协调流程包括 13 个用于管理以下内容的子过程：供应链战略，业务规则，持续改进，数据和技术，人力资源，合同，网络设计，监管合规，风险，环境、社会和企业治理，业务计划，细分，以及循环供应链管理。

图 3 描述了企业供应链中 SCOR 模型的主要流程。这个无限循环图旨在说明供应链是由一系列不断进行的活动所组成的，其中各个流程之间没有边界。该模型涵盖了供应链中从订单录入到订单履行的所有交互。[14]

在模型的供应端，企业从供应商处采购零部件和原材料，之后，这些材料进入转换流程，转化为产品。该流程包括生产、装配、维护等。在需求端，企业接受来自客户的订单，包括所需的交货日期、交货地点、付款方式等。履约流程包括拣选、包装、发货、安装产品以及向客户开具发票。

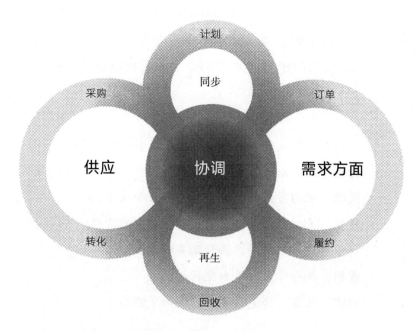

图3：SCOR 模型的 7 大流程（来自供应链管理专业协会）

将多个功能整合到供应链范畴下，意味着人们越来越意识到总成本最小化可能涉及各个功能之间的妥协。例如，降低制造成本（通过长时间的批次生产来减少生产线转换）会导致更高的库存持有成本（因为在产品完成销售前，大批次产品必须得到存储）。更重要的是，诸如更快交货之类的策略将增加运输费用，但可能会最大限度地减少产品缺货和收入损失的情况。换句话说，整合物流和供应链管理涉及系统内的权衡，这些权衡无论是在同一企业的不同功能之间还是在不同企业之间，都需要以更广泛的视角来进行优化。

2 各层供应链的辛酸

矿山　　冶炼厂　供应商　　仓库　　制造商　　配送中心　零售店

图 4：线性供应链结构示例

图 4 描绘了供应链从矿山到零售店的简化线性视图。它跟踪了从来自地球的原材料到货架上的消费品之间的持续转化。然而，供应链的真实图景在多个方面更加复杂。

图 4 所示线性供应链的第一个简化是它专注于物质、零件和产品的物流。然而，供应链还具有另外两类流动：信息流和资金流。资金流通常与订单的物流方向相反，客户为所收到的物品向供应商支付费用。然而，信息流是双向的，采购订单向上游流动，订单的确认和警报向下游流动。（有关技术如何支持和促进供应链中信息流的更多信息，请参见第 7 章中"数字技术对供应链管理的影响"一节。）

关于物料清单和供应商过剩的问题

图 4 的另一个极度简化之处在于它将每个阶段描绘为只有一个供应商。而实际上，每个企业都有多个供应商，因为企业产品

的 BOM 中有多种原材料和零部件。如前所述，一辆典型的汽车有 30 000 多个零部件，一片一次性尿布可能有 50 多个部件，而这些部件来自多个供应商。产品 BOM 上的多个部件造成了企业运营与战略的挑战。这源于一个简单的事实：当企业面临 BOM 上任何一个零件的短缺，它都无法制造出预期的产品。因此，为维持企业运营并制造产品，供应链经理必须确保工厂所需的每一种零部件和子装配件都要保持足够的数量。

战略方面的挑战在于为每一种所需原材料和子装配件寻找供应商，确保它们能供应足够的高质量零部件，并与它们建立良好的合作关系。当供应链面临干扰时，良好的合作关系对确保所需零部件的持续供应至关重要。即便如此，为了使因供应商单一而产生风险的影响最小化，企业可能会与同一零部件的多个供应商签订合同。

为每种零部件选择一个还是多个供应商的决策涉及多方面的权衡。一方面，由于单一供应商为企业提供全部该零部件，因此，单一供应商可能会基于大单量而报更低的价格。单一供应商的另一个潜在优势是，当供应商的库存不足以满足所有客户的订单而必须在客户中做出供货取舍时，供应商可能会优先考虑该企业的订单。然而，一旦供应商出现故障，此类依赖关系就会让企业面临风险。在另一方面，多个供应商可以在某个供应商发生故障时保证该企业仍然能够继续生产（至少部分生产）。然而，拥有多个供应商会因为管理、检查、审计和与更多实体进行谈判的需要而增加管理的复杂性。如果供应商中的任何一个被发现存在不道德流程，这还会增加企业的声誉风险。

图 4 还缺失了一个事实，即企业不仅拥有多个供应商，而且在每个阶段，每种零部件和子装配件都涉及对它自己拥有的众多子供应商的供应链的管理。如同前面关于汽车排气系统的例子所示，产成品制造商（通常被称为原始设备制造商或"品牌"，下文简称为

OEM^①）从供应商那里购买子装配件和系统；而这些供应商有自己的供应链，用于从供应链更深层次的供应商处采购零部件和材料。事实上，企业供应链中的每个实体都面临着其供应链管理的挑战，这可以通过图 5 来表示。

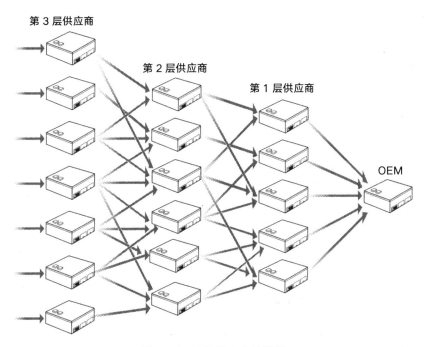

图 5：OEM 和供应商的层级

因此，供应链不是单一的线性链条（每个零部件也不是单一的链条），而是一种树状结构，它由不同层次的供应商所组成，从OEM（或任何其他制造商或零售商）向上扩展。供应商的第 1 层是 OEM 直接购买零部件和子装配件的供应商，被称为第 1 层供应商。直接向第 1 层供应商供货的供应商被称为 OEM 的第 2 层供应商，以此类推（当然，OEM 的第 2 层供应商是 OEM 的第 1 层供应商的第 1 层供应商）。例如，像福特汽车公司这样的 OEM 拥有

---

① 译者注：OEM 也指汽车整车厂，如福特汽车公司。

大约 1200 个第 1 层供应商，但有数千个第 2 层供应商和数万个更深层次的供应商。

OEM 与其供应商之间的关系可以设想为图 5，其中第 3 层供应商通过各层级流向右侧的 OEM。我们可以想象一条河流，它有许多支流向下游流动（或从图中的左侧向右侧流动），这包括许多从深层级倾泻下来的瀑布，在一路流向 OEM 的过程中又为其他瀑布提供了水源。

从一到多：出货配送

图 5 描绘的是所有一级供应商将其产品发送给了单一客户：OEM。然而，企业通常有很多客户。多个供应商"扇形进入"OEM（或任何企业）通常会变成从企业向许多客户的"扇形输出"。向多个客户提供服务为企业带来许多优势，包括更高的营收和稳定的需求。

然而，多个客户的不同需求会给企业的运营带来更多的复杂性。这主要有两个原因：管理更广泛的产品种类和向大量客户交付产品。

首先，不同的客户可能希望有各自不同的产品来满足他们的需求或品味，如特性、尺寸、价格、颜色、口味、包装等。一个基本型产品可能有很多变种：高露洁牙膏有 25 种口味，而像汽车这样复杂的产品可能有数百到数千个版本。所有这些产品的变种可能意味着企业需要许多不同的零部件和供应商。

其次，不同的客户，特别是工业客户，可能对交付地点、交付时间、最低数量、付款条件、支持服务和保修方面有不同的服务水平的要求。因此，公司需要系统来管理交付的内容，以及如何交付、何时交付。

此外，随着客户数量的增长，很可能许多客户只需要少量产品，对于这样的交付，成本可能很高昂。例如，对于通用磨坊公司来说，晶磨早餐麦片最高效的交付方式是整车运输。每辆卡车可装载 26 个叠放的托盘，每个托盘上有 60 箱，每箱 8 盒麦片，总计 12 480 盒麦片。然而，一位消费者可能只需要 1 盒麦片。这就是为什么企业使用中间商来持有和分销产品，如图 6 所示。

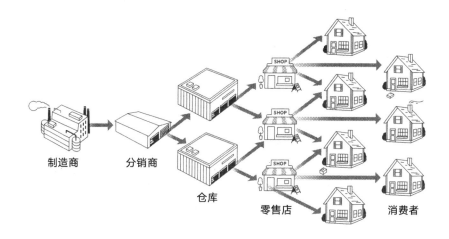

图6：简单的分销网络模式

中间商包括**分销商**（为商业客户提供服务）和**零售商**（为消费者提供服务）。他们大批量购进产品，然后向众多客户销售小份额产品。分销商还可以帮助企业向国外销售产品，他们会处理复杂的进出口规则、外语、客户偏好和这些国家的监管要求。总体而言，第三方分销使制造商能够专注于高效的大规模生产，将向大量客户交付小批量产品的任务转移给其他方。

对消费品制造商（包括食品制造商）来说，向多个客户分销是最广泛的输出方式。零售商，无论是实体店还是线上商店，通常是实施消费品销售的最后一站。向消费者交付产品可能涉及消费者在商店购物、在路边或储物柜取货，或者在家里等待运输整合商（如 UPS 或联邦快递）或临时运营商（如 Postmates 等）送货。随着零售商试图为客户提供被称为**全渠道分销**（见第 9 章中"全渠道的复杂性"一节的解释）的多种选择，"最后一公里"交付选项也给零售商带来了复杂性。

　　延续供应链的河流类比，制造商之后的物流就像河流中的三角洲。从制造商到各地仓库，再到众多的零售店，最终到达无穷的消费者，交付的扩散就像简化的图6。

　　一般来说，很多供应商都为不同行业的多个客户提供服务。如此，轮胎供应链既是乘用车供应链的一部分，也是摩托车、卡车、建筑设备、飞机等其他供应链的一部分。此外，轮胎供应链依赖于橡胶供应链。而橡胶供应链又包括天然材料和人工材料，橡胶供应链还可以满足其他许多供应链的需求，如鞋类（橡胶鞋底）、个人防护设备（橡胶手套）、玩具、工具（橡胶手柄）甚至口香糖（固特异公司生产口香糖用的是合成橡胶[1]）等。制造商所有的这些汇聚和分散的网络创造了复杂而意想不到的互动关系。

供应链中难以理解的深渊、扭曲和转折

　　现实供应链中的参与者要远多于图中所示的这些。例如，英特尔的许多芯片依赖于小型钽电容器——这些小型矩形元件散布在封装芯片的某些位置。提供钽矿石的矿山可能处于英特尔供应链的第12层。从矿山起步，矿石可能经过经纪商、选矿厂、矿石加工厂、冶炼厂、金属加工厂以及多个制造商，最终成为一款成品半导体芯片，被安装到笔记本电脑中。

　　图4、图5和图6展示了货物在参与方之间的流动。这些图中的简单箭头可代表一系列运输提供商（参见第5章）。这是因为从起始地到达目的地，货物可能会被通过多种方式运输（例如卡车—铁路—船舶—铁路—卡车）。除了这些承运商，还有其他服务提供商协助运输。这包括帮助寻找所需承运商的货运经纪人，合并多批

货物以帮助降低成本的货物集运商，以及帮助货物跨越国际边境的报关行。

一旦人们了解了货物从海外运输到消费者家中所涉及的事项，对物品为什么无法按时送达就不会再有疑问，取而代之的将是惊讶和好奇——为什么这样复杂的事竟然能够完成。

最后，尽管香蕉的简单供应链似乎只涉及种植园，但事实并非如此。农民还依赖其他工业供应链来获得农用设备、拖拉机燃料、各种化肥和杀虫剂、农机的备件、灌溉用水等。因此，供应链没有一个处于上游的"起点"，因为每个操作都需要其他输入。一旦考虑到回收利用——拆解产品并将其组件用于其他产品的制造，这意味着即使是下游供应链也没有终点。

所有这些深层次和隐藏的参与者使供应链及其管理变得复杂。这些供应链如此之长，涉及的组织如此之多，参与方只能估计，通常无法知道链条的远端正在发生什么。这也意味着看似无关的干扰——例如，欧洲天然气的短缺——可能会导致意想不到的影响，例如，非洲食品的短缺。

为什么供应链有多层级？

一个合理的问题可能是，为什么企业自身不去制造所有的产品。为什么企业要从外部供应商处购买零部件和组装件，而不是自给自足？换句话说，为什么存在将零部件或原材料的制造外包给其他企业的现象？

在20世纪20年代，福特汽车公司坐落在密歇根州迪尔伯恩市的红河工厂，以拥有和管理整个汽车制造的流程而闻名。福特公司直接从矿山开采原材料，这些原材料从一端进入庞大的工厂综合体，从另一端推出成品汽车。该公司拥有铁矿、石灰石采石场、煤矿、橡胶种植园和森林。福特公司还拥有一支驳船队和一条铁路线，可以将材料从其矿山运送到工厂。公司将铁矿石、石灰石和煤炭运输到红河工厂进行冶炼，制成铁和钢。公司运来沙子以生产玻璃，运来生胶以制造轮胎。福特公司甚至在现场设有自己的发电厂，为工厂和 100 000 多名员工提供电力。福特公司尽力拥有其供应链中大部分（如果达不到全部）的生产环节（甚至包括物流和其他服务）。如果当时的红河工厂关注运营对环境的作用，那么福特公司便可以记录其整个生产流程的影响，这包括每天燃烧 5500 吨煤炭，或每天使用 5.38 亿加仑水。

外包是指企业雇用外部供应商提供零部件和服务。外包并不是新鲜事。即便一些公司曾制造过某些零部件并具备相应的资产和技术知识，它们也会使用外包。事实上，即便是红河工厂，仍然依赖至少 6000 个外部供应商来提供众多专业材料、零部件和物资。福特公司有时不仅外包自己不生产的物品，而且利用外包来补充自身的产能。例如，福特公司率先在工业产品中使用了大豆：到 1935 年，每辆福特汽车的涂料和模压塑料中都使用了 60 磅（约 27 千克）大豆。该公司最终拥有了 6 万英亩（约 243 平方千米）的大豆农场，但这些农场只能提供所需大豆的一小部分。因此，福特公司从外部种植户处购买了大部分的原材料。

20 世纪 80 年代，随着人们越来越认识到外包是一种有利的商业策略，外包愈加被接受。虽然在此之前，外包的目的在于补充内部产能，但越来越多的公司开始通过外包来降低成本。此外，许多公司退出某些零部件的制造业务，并将整个业务转移到供应商或独立的分拆公司。例如，汽车制造商将其内部零部件制造部门剥离出来，如福特公司的伟世通，通用汽车的德尔福。这种做法的原因是，汽车制造商认为这些部门一旦直接面对市场，并因向其他公司销售零部件而获得更大的规模时，就会更具竞争力。日本汽车制造商甚至放宽了著名的株式会社体系限制：在该体系下，供应商与它们服务的 OEM 紧密集成。到 20 世纪末，随着企业意识到专注于自身核心竞争力并将所有职能和流程外包给更加高效的供应商所带来的价值，外包趋势加速发展。企业还开始寻求利用外部资源（包括专业知识和创新）来获得竞争优势。此外，在选择合适的供应商以满足不断变化的产量和技术要求方面，外包带来了更大的灵活性优势。

外包和离岸

商界有一句广为人知的箴言，即降低成本的最快途径是检查并改变公司所购之物以及供应商。随着 20 世纪末成本压力的增加，许多公司将其部分业务转移到海外（"离岸"），并使用位于海外的供应商。许多离岸业务和供应商位于中国和其他发展中国家，以利用当地低成本劳动力以及宽松的环境和劳工法规。

然而，需要注意的是，尽管外包和离岸都是出于追求效率的动机，但它们并不相同。外包意味着公司决定不自己生产，而是从其他公司购买产品、零部件或服务（可以是隔壁，也可以是海洋的另一边）。离岸则意味着将业务转移到海外。这可以通过外包方式实现——从海外供应商处购买，也可以将公司自己的业务转移到海外，并利用当地劳动力。

由于这些趋势，一些供应商变得非常庞大，并能够提供越来越多的零部件和服务。此外，在 20 世纪最后的几十年中出现了所谓的代工企业，它们为品牌所有者制造完整的产品。其中许多公司对消费者来说是不为人知的。例如，捷普为霍尼韦尔制造恒温器，为 Tile 制造定位设备；伟创力制造 CT、MRI 和 X 射线机以及汽车电子模块，并为微软生产 Xbox；富士康为苹果制造 iPhone；纬创为戴尔、联想、宏碁、苹果、惠普和微软制造笔记本电脑；仁宝制造了亚马逊的 Alexa，以及其他公司的计算机和游戏机。这些代工企业和其他类似的公司已经发展出深厚的专业知识和规模经济，很多情况下品牌所有者也无法与之匹敌。

有趣的是，制造商有时会做出一些与降低成本或专注核心竞争力无关的离岸和外包决策。例如，自波音 747 飞机开始，日本政府就坚持要求，作为日本航空公司购买波音飞机的先决条件，波音飞机需包含有日本制造的商用航空零部件。波音 747 最初只使用日本供应商的一些简单零部件，之后，日本制造零部件的占比扩大到波音 767 机身的 16%，波音 777 的 21%，波音 787 的 35%。[2]

这类"本地内容"的要求是政府强制实施的政策，它要求公司使用该国所拥有的合作伙伴、该国所制造的商品，或该国所提供的服务以换取在该国经济体系中的运营权。政府利用这种方式来发展本地技术和产业，并增加就业。

当然，离岸外包也带来了对其自身业务的挑战。这些挑战包括难以管理远距离员工和合作伙伴，以及保密和安全的问题。此外，越来越多的公众对将工作岗位转移到海外表示强烈反对，这给公司带来了声誉和监管风险。同样重要的是，这可能会产生新的竞争对手。例如，在日本公司联合体（以三菱重工为首）向波音 777 交付结构性部件不到 10 年后，该联合体就推出了区域型客机 MRJ90。[3]

当然，外包给本地供应商也能产生竞争对手。例如，1903 年，约翰·道奇和霍勒斯·道奇兄弟两人既是福特汽车公司的投资者，也是福特公司原始车型 A 以及随后几款车型（B、C、F、K、R 和 S）的主要供应商。道奇兄弟为福特提供发动机、变速器和轴承。然而，在 1914 年，他们推出了自己的汽车——道奇 30/35，直接与福特最畅销的 T 型车相竞争，引发了美国商业史上最传奇的争斗之一。

到了 21 世纪，外包成了常态。然而，一些公司的外包程度较低，而有些公司则在它们之前外包的领域发展了竞争力。例如，三星为其所组装的电视、智能手机和计算机产品制造了许多零部件，如处理器、存储芯片、相机芯片和显示屏。而像思科、微软、耐克和迪奥这样的公司则将几乎所有产品的生产都外包了。不过，少数公司正朝着相反的方向发展。例如，亚马逊一直在发展自己的物流和送货服务，这些功能过去依靠联邦快递、UPS 和其他快递公司来执行。控制成本虽然是亚马逊将其运输服务内部化的一个重要原因，但更重要的原因可能是这使公司能够把控客户的体验。

3 贸易：交换的优势

—

    尽管外包和离岸变得很常见，但它们为何能够占据主导地位，仍然有人对此提出疑问。为什么企业选择与其他方进行贸易而不是进行内部控制呢？要回答这个问题，我们必须回溯到很久以前。尼安德特人的大脑比智人的更大，身体也更强壮。尼安德特人能制造简单工具、说话、创作艺术和发展文化。然而，他们无法与家庭之外的人建立贸易关系，因此注定走向毁灭，并在大约 40 000 年前灭绝。[1] 相比之下，智人尽管脑容量较小，但他们发展了贸易网络，从而加速了他们的进化。考古挖掘显示，在约 30 000 年前，欧洲内陆地区的人就以某种方式获得了来自地中海和大西洋海岸的贝壳，这必定是远距离贸易的缘故。[2] 在 80 000 年前至 20 000 年前之间，出现了要比之前几百万年更多的创新（如骨工具、艺术、陶器）。

    贸易对于发展如此重要，其原因在于不同的企业提供不同类型的专业知识，就像不同的人具有不同的能力和技能一样。外包（无论是本地还是离岸）使得公司能够利用供应商的丰富多样性，让公司可以致力于降低成本、提升质量或发明新的产品和服务等重要目标。早期智人之间的贸易关系甚至也导致了分工和专业化，这进而促进了专业知识的积累。此外，贸易中的货物流动也带来了思想的流动和交换。[3] 在任何给定的时间里，一件物质产品只能被一个人拥有或使用，但思想却可以真正共享——给予者和接收者都可以同时使用。因此，远距离网络之间的贸易推动了知识积累、技术发展和更快的进步。正因为人类的贸易能力，人类生活水平的增长超过了生物进化的速度。

绝对优势

亚当·斯密在其 1776 年的著作《国富论》中，用"绝对优势"的概念解释了国与国之间贸易的经济优势。绝对优势使得两国都受益。要理解他的论点，可以设想一下，在美国肥沃的农场里，每个工时可以比英国的农场产出更多的小麦，而在英国发达的纺织厂里，每个工时可以比美国产出更多的布匹。如果两国的劳动工资相同，而运输成本相对较低，那么美国应该为两国生产所有的小麦，而英国应该生产所有的布匹，并且在两国之间进行自由贸易。结果将是所有工人都将有酬从事最有效益的生产活动，所有消费者都将享受总体更低价格的小麦和纺织品。因此，与每个国家都试图自力更生但效率低下地生产一些商品相比，两个国家都会受益。

当然，即便没有本地替代品，贸易也会自然增长。日本从沙特阿拉伯购买石油是因为日本几乎没有石油资源。同样，中国购买智利的铜矿石是因为中国缺乏足够的本地铜矿石来满足自身需求。在铝、钢、黄金、小麦、水果等方面，也是如此。

比较优势

然而，绝对优势只是贸易的一部分，因为有些国家在所有产品上都没有绝对优势（例如，当他们的所有产品都更贵时），而有些国家有多种绝对优势（因为它们大部分产品都很便宜）。一个熟悉的场景是一个国家高工资，而另一个国家低工资。直觉会认为，如果一个国家没有绝对优势，它将只进口而不出口；而拥有绝对优势的国家将只出口而不进口。然而，因为比较优势的影响，这种直觉是错误的。比较优势解释了即使贸易一方能够以更少的资源生产出所有商品，两个地区之间的贸易也能够创造价值。

"比较优势"的概念归功于英国政治经济学家大卫·李嘉图，他在1817年的著作《论政治经济学和税收原理》中以英国和葡萄牙为代表性例子进行了阐述。李嘉图假设葡萄牙生产葡萄酒和布料的成本都低于英国；但在两个国家内，各自的相对生产成本不同。英国可以以适度的成本生产布料，但生产葡萄酒的成本非常高。相反，葡萄牙人可以非常便宜地生产葡萄酒和布料。

根据相对生产成本结构，比较优势的效应意味着葡萄牙将受益于生产更多葡萄酒，并出口到英国获得高利润，即使这意味着因为进口高成本的英国布料而造成本地布料生产的损失。也就是说，将亚麻、棉花和牧羊用地转变为更多的葡萄园，用以生产利润最大的出口商品，葡萄牙经济将更好。因此，尽管在葡萄牙生产布料的成本比在英国低，但对于葡萄牙来说，生产更多葡萄酒并将之用于与英国交换布料更具利润性。英国也会受益，这是因为尽管其生产布料的成本保持不变，但它可以以接近布料的成本，即更低价格获得葡萄酒。[4]这个例子展示了，通过专门从事他们具有比较优势的商品并进行贸易，这些国家都会得利。

考虑下面的比较优势数值的例子（由作家马特·里德利所建议）。杰克和吉尔各自准备一顿饭。假设杰克制作一条面包需要30分钟，制作一个煎蛋需要40分钟。相反，吉尔制作一条面包只需要20分钟，制作一个煎蛋需要10分钟。对于一顿包含这两种食物的饭来说，杰克将花费70分钟，而吉尔将花费30分钟。根据这些生产力数值，吉尔在这两道菜上有绝对优势。然而，比较优势意味着她仍然值得从杰克那里购买面包。她可以花20分钟制作两个煎蛋，杰克可以花 60 分钟制作两条面包。当他们用一个煎蛋换取一条面包时，两人都会得到好处。吉尔只需要花费 20 分钟来准备她的饭（而不是 30 分钟），而杰克只需要花费 60 分钟而不是 70 分钟。[5]

此外，如果一个人可以用自己制作的产品来交换他们自己可能想要的众多其他商品，那么此人就可以为众人专门大量制作这一特定产品。通过专业化，他们更具有技能且更高效，这使得他们成为专有技术产品更好或更低成本的供应商。这就是贸易如何带来规模经济优势的原理。

贸易中隐藏的真相

对于贸易的一种天真的看法是，一些国家是消费品的制造者，它们将消费品出口给全世界的人。例如，有些人称"中国制造一切"。[6]虽然存在这样的贸易模式，但这是罕见的。真正的现代供应链是，任何一个国家的出口都涉及与许多国内及国外供应商的互动。例如，一部智能手机的标签上可能标有"中国制造"，但中国可能主要是最后组装步骤的所在地。该手机内部可能包括来自美国的图形设计软件，来自法国的计算机代码，来自美国的硅芯片，来自智利的铜和来自玻利维亚的贵金属。[7]传统的贸易统计无法反映这种复杂性，因为成品的全部价值都被统计给供应链中最后完成制造的国家。

为了纠正贸易度量方式的过度简化，经济合作与发展组织（OECD）制定了一种更准确的贸易衡量方法。该方法考虑了每个国家对产品的递增贡献，也被称为"附加值"。这种会计方法可以展示更多情形，例如，一国在对产成品实施贸易壁垒时，因为没有意识到它自身（在许多情况下是间接的）在该产品中的经济贡献，以至于没有意识到这将如何损害自身。

这种方法强调了一个事实，即国家经济的成功，并非必须经由从提供原材料，到提供零部件，再到提供产成品的顺序。例如，越南在 2005 年至 2016 年期间，产成品出口份额从 64% 下降到 53%，但与此同时，国内出口附加值递增总量增长了约 400%。[8]

这些统计数据解释了为什么全球中产阶级从 1975 年的 10 亿人增长到 2006 年的 20 亿人，再增长至 2016 年的 30 亿人。[9]与此同时，生活在极端贫困中的全球人口比例从 1970 年的约 45% 下降到 2018 年的仅 10%。这两个趋势主要发生在发展中国家。[10]

毋庸置疑，全球经济在贸易和全球化中获得了巨大收益，供应链是现代商业和生活的核心。这条"神奇的传送带"将原材料和零部件、种子和化肥、设备和机械运送到工厂和农场，将各种类型的消费品运送到零售店、家庭、办公室、集货点、储物柜和邮箱。[11]

实现跨越距离和时间的贸易

物流的两个基本活动环节是货物的运输和存储。现代全球贸易之所以成为可能，归功于交通基础设施、运输设备以及储存系统的发展。运输和储存都有着悠久的历史，并随着时间的推移不断发展。

运输

国际贸易中的大部分运输是通过海洋，所使用的技术设备从利用风力的大型散货帆船，发展到蒸汽动力船，再到内燃机驱动的最大集装箱船。例如，2017 年下水的"马德里马士基"号是一艘巨大的淡蓝色（和红色）的船只，它的长度超过 4 个足球场。[12]这是第一艘能够在船舱内部和甲板上堆放超过 20 000 个 TEU（6 米单元集装箱）的船只。然而，到 2022 年，更大的船只，如装载了约 24 000 个 TEU 的"地中海伊琳娜"号，已经投入使用。

同样，最初是由蒸汽机，后来是由柴油引擎驱动的火车在陆地上运输着货物。与欧洲或中国不同的是，美国的铁路网络主要用于货运而不是客运，因此铁路是美国大多数供应链的关键部分。然而，铁路基础设施的范围限制了铁路可以装载和卸载货物的地点数。在美国，可以被卡车使用的道路网络是铁路网络的 30 倍，这使得汽车运输公司能够更便利地处理更大比例的货物。

半拖车的出现是卡车运输的一个重要发展阶段。此概念是由俄亥俄州克利夫兰市的亚历山大·温顿提出的。这种车将原动机（主要动力）与无动力的货物装载单元分离开①。该车的基本构架可以追溯到早期役用动物的时代：牛和货车被套在一起。半拖车的发明使得挂车在装载或卸载时，牵引车和驾驶员可以继续工作。

卡车运输对美国经济至关重要。在 2021 年，美国的 400 万辆大型的（八级）拖挂卡车和另外 3500 万辆较小的商用卡车运输了 109 亿吨的货物。[13]2014 年，在美国 50 个州中，卡车司机曾是 29 个州里最常见的职业。[14]卡车运输的主导地位不仅仅是发生在美国的现象，美国货物的约 72%、欧洲货物的约 77% 是通过卡车运输的。[15]正如卡车司机所说："如果它是你买的，它肯定是卡车运送的。"然而，跨洋和跨长距离陆地的紧急运输通常会选择空运。

33 岁的商人威尔伯·莱特在 1901 年的《西部工程师学会》期刊上发表了一篇题为《一些航空实验》的文章，报道了他和兄弟奥维尔·莱特在北卡罗来纳州的凯蒂霍克进行的滑翔试验。由奥维尔驾驶的莱特飞行器于 1903 年 12 月 17 日首次起飞。在每小时 43 千米的逆风中，飞机以每小时 54 千米的速度飞行了 36 米。自此之

---

① 译者注：即分为牵引车头和挂车。

后，货运航空业得到了长足的发展。

截至 2019 年，每天约有 2000 架货运飞机在空中往返，为全球几乎任何地方提供着连夜或两天内到达的运输服务。[16] 然而，大多数乘客没有意识到，约一半的空运货物是通过 20 000 多架商用客机的行李舱载运的。[17]

空运以高速（和高成本）运送着紧急的、有价值的货物，管道则代表了货运方式的另一端。管道以低速运输着相对低价值（按单位重量计）的大宗商品（如原油、天然气、燃料和水）。尽管这些商品的价值较低，但其总体量巨大，以至于 2017 年美国的管道运输货值比航空货运货值高出 63%。[18]

存储

自有供应链开始，生产操作时间和客户需求时间之间的不匹配就对货物和零部件的库存产生了存储的要求。例如，食物的丰收季节极短，并将在未来一年内被缓慢消耗，因此食物需要被存储。

库存的基本作用是对供应链中生产与使用这两个连续流程进行脱钩，如此，每个流程便可以按照自己的节奏运行。例如，当从巴西驶往欧洲的巨型矿砂船"淡水河谷巴西"号在鹿特丹港卸载了约 39.1 万吨的铁矿石后，这些铁矿石量足够维持接收工厂几周的运营。这些工厂将持有铁矿石的库存，这些铁矿石在下一批货物到达之前将被逐渐消耗。这是周期库存的一个例子。在这种案例中，周期库存使得进货（到工厂）的间歇性运输事件与连续加工铁矿石的速度脱钩。当然，在巴西，铁矿石在被装载到矿砂船上之前也会形成库存，该库存使得连续的生产流程与运输流程脱钩。当商品的库存持有成本与运输成本相比较低时，这样的大规模、不经常的装运在经济上是有意义的，但它们需要存储设施。

一个古代的例子是在 11 000 年前，约旦的第一批农民建造了直径 3 米的圆柱形筒仓。为保持谷物干燥并远离昆虫和啮齿动物的侵袭，该筒仓有着高出地面的木质地板。随着时间的变化，仓库变得更大。值得注意的是，当时大型的罗马仓库就可为多种产品和多名客户提供服务。[19]

现代供应链需要大量的库存存储空间，用以存放供应链下一个流程中待处理的物资和商品。2022 年，全球范围内超过 15 万个仓库提供了大约 76 亿平方米的存储空间，[20] 这几乎是纽约市 5 个行政区总面积的 3 倍。

19 世纪末和 20 世纪初连锁商店的兴起标志着零售商开始经营配送中心。这些处于中心位置的配送中心存储着货物，并根据对货物的需求快速地将货物运输到零售店。但是配送中心不仅仅为零售店服务。一个多世纪前，邮购零售商 ① 开始创建履约中心，以便将商品直接发送给消费者。这些邮购零售商包括西尔斯公司（1906年）和蒙哥马利·沃德公司（1915 年）。多年来，仓库的外观大而空阔，除了日益变高的天花板，几乎没有什么变化。存储技术的创新主要围绕收货和取货操作，使用更先进的机械设备和更好的信息技术工具。

---

① 译者注：邮购是通过远程方式（如邮件或电话等）来订购产品的形式。

4 供应链中原材料的作用

全球 5.7 亿个农场通过供应链与数十亿饥饿的消费者相连接。[1] 全球数千个矿山每年为每个人提供近 800 磅（约 363 千克）的矿石，供应链将这些矿山与所有生产铁、工业金属、高技术合金和贵金属的工厂连接起来。随后，这些原材料被用于各种产品的制造，包括建筑用钢筋、饮料用铝罐、风力涡轮机的发电机、飞机零部件、各种机械、手机，等等。[2]

在更广泛的范围内，供应链为全球约 1000 万家工厂提供所需的零部件和原材料，并对这些工厂的产出进行配送，作为向买家提供所需商品的流程。但是现代供应链的结构导致其运行很大程度上依赖于上游供应商（如本章中"供应链层次的复杂性"一节所解释的，大多数制造商并不知道他们的上游供应商是谁）。

对政府的政策决策者来说，了解基础原材料的来源和流动尤为重要，因为这些原材料是每一种工业产品必不可少的构建基础。当媒体和政治家呼吁"回流"和"本地制造"时，人们必须意识到，仅仅在国内拥有产品组装线，乃至拥有几层供应链是不够的。绝大多数工业产品的最终来源都必须是从地球上开采出的材料。只要大多数被开采的矿石不是来自国内或友好国家，那么政府就无法避免对其他时常具有敌意的政权的依赖。

复杂的原材料

铝是一种闪亮的白色金属，广泛应用于饮料罐、发动机缸体、火箭等各种产品中。它因高强度、轻质、耐腐蚀、易成型和可回收的特性而受到青睐。表面上看，铝就像土壤一样随处可见，它是地壳中第三丰富的元素，仅次于氧和硅。铝矿的两类主要矿石，岩溶型和红土型矿石，在世界各地都可以找到。[3]

全球大约有 200 个冶炼厂将矿石转化为金属。每年（截至 2020 年），全球生产商可生产每人 8 千克的铝。[4]

然而，铝并不是一种简单的纯产品。铝的制造商和使用者已经定义了 100 多种标准化的铝合金。每种铝合金的物料清单都要求多达十几种有各自特定含量的合金元素——从铋到锆。此外，铝的制造商还创建了 20 多种指定的处理条件。这些条件通过对金属进行硬化、热处理和人工时效的具体工序来调整金属的性能。产品的每个变种都提供了特定的强度、温度耐受度、耐腐蚀度、制造性能和其他属性的组合。随后，金属合金通常被压制成特定的标准形式，如锭、方坯、轧制板、薄板、线材和挤压型。这些形式是铝使用者开始制造铝零部件的产品流程所需要的。

因此，许多制造商依赖于特定的铝合金，而这些合金可能并不常见。在某些情况下，只有少数供应商具备专业技能，可以生产特定应用中具有确切性能的精密合金，这就造成了制造商对供应商的依赖。

复杂的制造流程

现代芯片是世界上最复杂的产品之一。2021 年，IBM 宣布推出新的 2 纳米芯片，使得该公司能够在一个指甲大小的芯片上放置

500亿个晶体管。[5]以纳米尺度生产如此复杂的产品需要独特的能力，而这种能力并不普遍；因此一旦出现问题，该能力无法被轻易替代。但是，这种独特性并不局限于最复杂的产品。众所周知的宝氏提子脆多谷物麦片就是一个案例，它可以展示供应链是如何依赖专业化且复杂的流程的。

1897年，查尔斯·威廉·波斯特创造了这款麦片，这是由四种简单成分（小麦、大麦、盐和酵母）制成的酥脆食品。波斯特消费品公司的首席增长官迪克森表示："除了一些现代化技术，我们制造这款麦片的核心配方和核心工艺，即使用铸铁平底锅进行高温烘烤以获得最佳的酥脆口感和质地，几乎没有改变过。"他补充说："与125年前相比，这款麦片完全是相同的产品。"[6]

因为新冠疫情，被困在家中的人们对早餐谷物（和零食）的需求激增。在商店货架上，该产品被一抢而空。粉丝们担心这款麦片将被迫停产。事实上，这种简单产品的系统并不那么简单。该麦片的品牌经理克里斯汀·德洛克解释了问题所在："这款麦片采用了专有技术和生产流程，这些流程不容易被复制；这使得当前难以通过调整生产来满足需求。"[7]这个例子展示了，即使是含有简单成分的简单商品也可能需要复杂的设备以进行高产量、低成本的生产，这才能制造出经济实惠、高质量的消费品。在这种情况下，公司无法借助普通供应商来弥补供应短缺。

供应链层次的复杂性

图5描绘了一个具有三层供应商的供应链，但因为在几个方面过于简化，该图掩饰了供应链管理中的重要挑战。首先，大多数公司的供应商层级远远超过三层。其次，很少有公司能够轻易地制作出图5中显示的包含所有深层供应商的名称图表；他们并不知道这

些供应商是谁。再次，这个简化的图只包括了直接供应商，而没有包括与这些供应商相连接的公司。在实践中，供应链复杂的深层结构产生了几个重要的挑战。

深层不透明的挑战

第一个挑战是不透明性，即制造商无法洞察其自身供应链的深层情况。尽管 BOM 列出了制造商从其一级供应商处购买的零部件和原材料，而且公司的记录可以确定这些供应商，但除少数个例外，公司并不知道大多数一级供应商的供应商的身份，也不知道这些再下一级的供应商的供应商。然而，任何一个供应商所面临的资源短缺或供货中断，都可能导致最终产品的短缺，无论这发生在由原材料和零部件供应商所织成的巨大生态系统中的哪个地方。

2011 年 3 月 11 日，日本发生了地震、海啸和核灾三重灾难。在应对此灾难时，英特尔的业务连续性团队聚焦于识别其原材料、产品和流程可能面临的生产中断。* 由于英特尔在日本并没有自己的工厂，该团队的关注点在于其供应商，特别是向地处受灾地区的供应商采购的 365 种原材料的状况。在灾难发生四天后，英特尔了解到其一级供应商没有重大问题；最坏的情况是，个别一级供应商经历了几天的停工，但似乎没有什么会威胁到英特尔的生产计划。

追踪更深层供应商（即英特尔一级供应商的供应商）的状况花费了更多的时间。到 3 月 20 日，英特尔了解到其二级供应商也只有轻微问题，但是其三级供应商、四级供应商和更深层次的供应商有着更多实质性问题。英特尔总共确定了 60 个存在问题的供应商，其中许多是独家供应、拥有独特能力的专业化学制造商。[8]

---

* 英特尔的其他团队聚焦于英特尔在日本的员工，以及其日本供应商的员工的健康和福祉。

同样的灾难也影响了通用汽车。该公司的应对措施在第 16 章的"不确定世界中的韧性"一节中有所描述。然而，值得注意的是，到 3 月 14 日，海啸发生的三天后，通用汽车只发现了 30 个停产的供应商和 390 个受影响的零部件。但随着推进灾后重建团队的工作，他们发现越来越多的缺失零部件的情况。到 3 月 24 日，缺失零部件数量增至 1551 个；到 3 月 29 日，为 1889 个；到 4 月 13 日，为 5329 个；到 5 月 27 日，为 5850 个。所有这些短缺零部件都是由更深层次供应商所制造的。[9]

深层次控制的挑战

除了对深层供应商缺乏可视性，对供应商的不当行为缺乏控制也是企业面临的挑战。2007 年，美泰公司面临了一场关于其玩具铅污染的丑闻。一家欧洲零售商在对玩具进行的例行检测中发现，一些美泰玩具的涂料中存在超过规定限量的铅。美泰立即停产了这些玩具，对原因进行了调查，并确认了问题。2007 年 8 月初，美泰宣布召回近 100 万个不同类型的玩具。[10] 随后的检测又发现公司其他玩具也含铅，美泰被迫在秋季召回了另外 100 万个玩具。[11] 因违反美国禁止使用铅漆的规定，该公司还支付了 230 万美元的罚款。[12] 更重要的是，在消费者和媒体的眼中，此事件玷污了公司品牌，导致在召回事件期间，其股票最多下跌了 25%。[13]

问题发生在美泰供应链的深处。在美泰不知情的情况下，该公司在亚洲的一级合同制造商的长期涂料供应商（也就是美泰的二级供应商）存在涂料着色剂短缺问题。该二级供应商通过互联网迅速找到了备用供应商，并使用这家未经授权的供应商（也就是美泰的三级供应商）的着色剂，但该供应商提供了着色剂不含铅的虚假证明。由于测试新颜料会延误生产，所以工人们虽然注意到了新涂料的气味与通常的配方不同，但涂料供应商没有对新颜料进行测试。[14]

为了避免这些风险，企业在供应商透明度上投入了大量的资源，以便尽力了解供应链上游各方在做些什么。然而，追溯原材料和零部件上游深处的供应商，在通常情况下，是非常困难的；在很多时候，也是不可行的。这是因为一级供应商之后的供应商与公司并没有业务关系。此外，大多数供应商没有动力向企业透露谁是其供应商。在每个层级上，供应商都认为其自身供应链结构是商业机密和竞争优势。它们担心客户会绕过它们直接从这些供应商处购买零部件或材料。随着公司逐渐进入更深层次的供应链，这种"迷雾"只会增加。

在一些案例中，公司决定它们必须更好地了解自己的供应链。例如，2021年半导体发生短缺之后，几家汽车公司开始与芯片制造商建立直接的关系。通常，芯片制造商将产品销售给汽车行业的供应商，后者将芯片嵌入其子装配件中。由于现代汽车的几乎每个部件（如仪表盘、减震器，甚至轮胎）都融入了电子元件，汽车制造商决定，即使它们不直接从这些芯片制造商购买产品，它们也需要更好地了解芯片制造商的开发计划、产品路线图、产能规划，甚至它们针对一级供应商的定价结构。

间接层次的挑战

供应链中更为不透明的是间接影响。这是由其他与本企业供应链无直接业务联系，但是在某种程度上相连的公司所引发的。例如，几乎每个层次的供应商都会有其他下游客户，而这些客户通常彼此竞争，它们之间产生了复杂的相互作用。如果一个共同的供应商出现资源短缺或生产中断，那么竞争对手们就必须为稀缺的供应量而展开争夺。

但与此同时，共同的供应商也使得竞争公司之间建立起了相互依赖的关系。本公司竞争对手的破产可能会损害竞争对手的部分关键供应商，而这些供应商也可能是本公司的关键供应商。

当 2008 年金融危机摧毁公司时，福特汽车公司首席执行官阿兰·穆拉利向美国国会发出了激情四溢的呼吁，请求政府拯救与福特竞争最激烈的对手。他指出，福特公司超过 90% 的供应商也为通用汽车和克莱斯勒汽车公司提供服务。他解释说："如果其他国内公司宣布破产，那么对福特公司生产运营的影响将在几天内，甚至几小时内，就会被感受到⋯⋯如果准时交付库存系统没有零部件，那么福特工厂将无法生产汽车。"他还指出，三大汽车公司的经销商网络存在重叠。他得出结论："一个（福特公司竞争对手的）失败显然会对与我们和该竞争对手都有业务关联的经销商产生重大影响。总之，一个竞争对手的崩溃将对所有汽车制造商、供应商和经销商产生连锁效应。根据汽车研究中心的估计，这会导致在第一年中就可能失去近 300 万个工作岗位。"[15]

跨行业的挑战

在许多情况下，一个供应链的中断可能来自影响其他供应链的事件。例如，2021 年出现了猫粮尤其是精美的罐装种类猫粮的短缺。对于讲究的猫咪主人来说，买不到猫咪所需的品牌和口味是一场灾难。问题的一部分原因是人们在疫情中的孤独阶段饲养了更多的宠物并十分宠爱它们，导致优质猫粮的需求增加。而短缺的部分原因是用于猫粮的肉类副产品的供应约束。然而，更为严重的问题是装猫粮的罐子的短缺。

猫粮罐的短缺是铝罐短缺现象的表现之一，原因是需求增加以及原材料短缺。[16] 不仅铝供应短缺，2021 年还出现了镁的短缺。虽然镁在某些高强度铝合金中的重量只占很小比例，但它对用于制造罐装产品的铝来说是必不可少的。

铝和镁的短缺问题源于更深层次的供应链，并与这些原材料的一个隐藏因素相关。能源是生产铝和镁所需的最大投入之一。2021年一些地区的镁冶炼厂、铝冶炼厂和其他能源密集型主要工业品生产商通过减产，来减少能源消耗和排放，以至于加剧了短缺情况。[17]

不同行业的供应链如果依赖于相同的输入端或相同的服务，就会产生交叉行业的影响。一个例子是富含维生素的马麦酱，这是一种在英国很受欢迎的、客户对其爱憎分明的美味涂抹酱料。在新冠疫情期间，那些在烤黄油面包片上不能没有这种咸口且鲜味浓郁的酱料的人将该产品的缺货称为"马麦酱末日"[①]。造成缺货的主要原因并不显而易见：为减缓新冠病毒感染的速度，英国在2020年3月关闭了酒吧。这造成啤酒消费下降，啤酒生产减少。那么关联之处呢？在于酵母是马麦酱的主要成分。"每次发酵啤酒，都会产生大量多余的酵母，"酵母生产商拉曼的销售经理安德鲁·帕特森说道："有些多余的酵母可以用于下一次啤酒酿造，但总是有超过需要的量。"但由于啤酒生产减少，多余的酵母量也减少了。制造这种涂抹酱料的联合利华公司将马麦酱的短缺归咎于"事实上，酿酒厂供应的酵母减少了"。[18]

马麦酱并不是酿酒的唯一副产品。酿造剩余的酵母或酿造剩余的谷物被作为一种成分用于30多种食品中。这些酿造副产品可以提供有益的营养增补（添加纤维、蛋白质和维生素）和物理特性（如保水性、质地、香气固定和凝胶化），可以改善各种基于谷物的食品、零食、素食食品和加工肉制品。同样，小麦种植者有小麦秸秆等副产品，可以用于动物饲料、生物燃料、可降解生物塑料等。

产品—副产品供应链的净效应是，一种产品（如啤酒）需求

---

① 译者注："马麦酱末日"的英文"marmageddon"为"marmite"与"armageddon"（末日大战）的合并，意思为因为缺马麦酱而造成末日感觉。

的中断可能会打乱看似不相关的产品（如咸味涂抹酱）的供应，这是因为这两个产品在各自供应链的更深层次上共享了一些工艺或商品。如果副产品只占总产量的很小一部分，那么这种情况尤为具有挑战性。副产品的买方可能无法负担得起因要求生产商增加产量以便获得更多副产品的相关费用。例如，酿造一桶拉格啤酒[①] 只产生0.6—0.7磅（约两三百克）的残余酵母。[19] 因此，获得额外1磅（约454克）马麦酱可能需要酿造一两桶并不需要的啤酒，会产生高昂成本。

---

① 译者注：lager，拉格啤酒，是底层发酵酵母制成的一种多泡沫淡啤酒，原产于德国及波希米亚。

5 多模式复杂性：T 恤衫

—

供应链图（如图 4）中设施之间的简单直线掩盖了第 3 章中
"实现跨越距离和时间的贸易"一节所提及的货运运输的真正复杂
性。将一件中号尺寸、轻薄的浅蓝色夏季 T 恤从孟加拉国达卡的服
装工厂交付给在波士顿的消费者的旅程，就像儒勒·凡尔纳的小说
《八十天环游地球》一样。它们所展现的都是环绕地球的一系列复
杂移动，尽管其中大部分里程是在远洋船只或跨越大陆的火车上累
积的。

旅程开始

从达卡的服装工厂开始，工人将波士顿居民即将购买的 T 恤
装入 60 厘米 ×45 厘米 ×45 厘米的纸箱中，该纸箱里有 72 件 T
恤（有 4 个尺寸，每个尺寸 18 件）。100 个这样的纸箱稳定地堆放
在工厂的装货码头附近。当所有的纸箱都被打包并准备开始跨洋之
旅——被运往美国一家大型服装零售商的配送中心时，一辆中型货
车就会将它们装上，开始旅途第一程，经过一条拥堵的高速公路，
驶向 160 千米之外的港口城市吉大港。[1]

在卡车抵达港口后，工人便将 100 箱 T 恤转移到一个 120 米
长的船运集装箱中。该集装箱可以容纳超过 475 个相似大小的箱
子，集运商将来自其他纺织品和配件制造商的货物整合成一个整

箱。整箱具有成本效益。装满货物的集装箱放在一个底盘上，该底盘是一个开放式架构的拖车，专门用来放置和移动集装箱。一辆专用于运送集装箱的、往返港口的拖运卡车套上底盘，将集装箱运到吉大港。在港口设施内，一种名为"跨运车"的陆地载车从卡车后部上方驶入，骑跨在集装箱上，将集装箱夹住、抬起，并运到其他集装箱处堆成一排。

出海

货物通过一艘被称为支线船的小型集装箱船在大型枢纽港和外线港之间运输。停靠在吉大港的支线船卸下运往孟加拉国的进口货物之后，会有另一个跨运车将零售商的集装箱提起，沿支线船边放置。然后，支线船上的一台起重机将集装箱吊起，装入船内。

在港口的装载会持续几天。之后，支线船沿着缅甸、泰国和马来西亚的海岸线向南航行，途中可能会停靠，并交付和装载一些集装箱。船只会驶向新加坡。新加坡是全球最大的转运港口。集装箱在这里换乘船只，前往目的地。转运港口如同一个巨大的全球枢纽机场，不过，针对的是集装箱而不是乘客。

大约两周后，支线船停靠在新加坡的一个较小泊位；在那里，货物会清关，并在被认为符合其他监管程序之后，由起重机将集装箱起吊。集装箱被放在一个底盘上。该底盘会连接到一辆卡车，再由该卡车将集装箱运到港口几千米外的深水域处。在那里可停泊最大的集装箱船。在码头上，该卡车在一排排集装箱之间穿梭，最后停在一台有轮子的移动龙门起重机下。起重机从底盘上将集装箱吊起，并将其堆放在指定的临时存储处。

当一艘驶往美国的巨型集装箱船抵达新加坡，卸货并准备装载时，港口无处不在的龙门起重机便开始从堆放处吊起集装箱，并将它们放在运输车上。运输车会将集装箱运送到船边。这一切看起来就像是在需缓慢行驶的六车道路上将所有运输车汇聚到船边龙门吊下。巨轮旁码头上有七台连接着船与岸的龙门吊。龙门吊沿着与船平行的轨道移动，并从停在岸上六车道上的运输车上方将集装箱夹住，通过一个极长的、可延伸如船体宽（超过橄榄球场三分之二长度）的龙门吊机臂将钢制的集装箱吊起，转移到船上。在上千个甚至可能数万个集装箱被巨型龙门吊吊装到船上之后，庞大的船只开始了穿越太平洋前往加利福尼亚州长滩港的四周航程。

铁轨之上

当船只停靠在加利福尼亚州长滩港，巨大的龙门吊连接着岸与船，进行与装载过程相反的流程。在长滩港，进货集装箱被放置在底盘上，然后被卡车运送并停放到一个铁路堆场。该堆场有七条长而平行的铁轨。另一台横跨铁轨线和集装箱停放区域的龙门吊将集装箱提起，并将其放置在一个为运输集装箱专门配备的联运车上。这列长达 800 米的联运车完成装载后，将沿着阿拉米达廊道运送所有集装箱。阿拉米达廊道是一条专用的、32 千米长的双轨铁路线；它将长滩港、洛杉矶港与洛杉矶的铁路编组站联系起来。在铁路编组站，载有集装箱（里面是 T 恤）的联运车被一个小型的"编组站机车"或"调车机车"操纵着。联运车被连接在一起，形成长达 3 千米的 BNSF 火车 [①]。

从洛杉矶铁路编组站到靠近芝加哥的伊利诺伊州埃尔伍德的联运中心，集装箱的旅程大约需要 3 天时间。在埃尔伍德，集装箱被

---

① 译者注：BNSF，伯林顿北方圣太菲铁路公司，是巴菲特的伯克希尔公司的子公司。

转移到一个底盘上，以便转运到中转中心。在中转中心，所有的纸箱被从集装箱中卸下，并根据所应发往的零售商区域配送中心进行分类。纸箱随后被放置在托盘上，便于叉车装载托盘后可以轻松地在中转中心搬运。随后，纸箱被放入另一个集装箱里；该集装箱装满了各种准备好的商品，其中包括为美国东北部配送中心准备的中号尺寸的浅蓝色 T 恤。装载着集装箱的底盘由卡车接走，并带回铁路编组站，继续横跨美国的旅程。

配送就绪

当火车抵达纽约州东部的一个铁路终点站，集装箱会被起重机从火车上卸下，放在底盘上，然后由一辆卡车将集装箱运送到零售商附近的配送中心。在那里，一辆叉车将托盘从集装箱中取出，工人们拆开托盘，并将纸箱放置在仓库货架指定的位置上。T 恤将一直留在那里，直到零售商的波士顿门店决定何时将其移至门店内。

为迎合波士顿居民的品味和夏季活动，当地零售商会准备所需要的各种 T 恤、短裤、帽子和配饰等夏季系列服装。在零售商为夏季商品下订单时，配送中心的工人就会从仓库货架上取出不同的纸箱，包括浅蓝色 T 恤的纸箱，装上托盘。接下来，叉车将托盘运到一辆卡车上，再由卡车运输到零售商店。在商店后面，一个较小的电动起重机将货物卸下。零售店员工随后可使用小型手推车将服装纸箱带到货架，再打开纸箱，将 T 恤整齐地陈列在货架上，准备供来店的消费者寻逛和购买。

多式联运的作用

上述事例展示了长距离供应链中多种运输方式的几个要点。在这个例子里，有大约 20 多种不同的设备参与了一件装在货物箱中的 T 恤的运输。其中包括船舶、卡车、底盘、集装箱、联运火车、机车以及用于起吊和放置货物的各种吊车和叉车。几乎每一个设备都需要一个或多个熟练的操作员来提、移和放置货物。

值得注意的是，在运输过程中，有时货物不会移动，比如在进行海关检查、卫生检查、安全检查、合规审计和相关流程时，这些流程都会导致连续移动中运输的延迟。

延迟的另一个主要原因来自货运交通工具的经济因素。这包括船舶、火车和卡车。一方面，无论车辆是空载、半载还是满载，运营车辆的成本（燃料、劳动力、设备等）基本上都是相同的。另一方面，车辆闲置时不会产生收入。因此，货运承运人需要最大化地提升持有昂贵车辆的财务回报，在车辆运营安排中，他们要确保车辆在最短时间内充分装载并迅即离开。这种经济上的迫切需求通常意味着待运货物需要在装载区域、港口或码头等待，直到累积足够的货物数量来填满集装箱、拖车，或足够的集装箱、车皮数量来使得运输能满足经济效益。

T 恤的例子显示，使用多种运输方式的长途货运意味着因等待其他货物而造成的延迟是常常发生的，甚至可能会发生数十次持续时间不等的延迟。这样的延迟可能发生在工厂、港口集装箱堆场和码头、联运铁路场站以及配送中心。需要强调的重点是，每一次货物运输都需要货物、车辆、工作人员、文件甚至燃料在合适的时间到达相同的地点。无论哪一方先到达，都必须等待最后一方的到达。在某些情况下，这种等待时间可能只有几分钟（例如等待一个跨运车来卸载集装箱），而在另一些情况下可能长达一周（例如等待下一班前往新加坡的船只）。无论持续时间如何，累积起来的延迟可能意味着货物的静置时间超过了其移动时间。

货运车辆的经济因素还导致货主不可避免地要权衡成本与服务。对于货主来说，通过专用运输将积累的满载货物直接送达客户处可以达到每吨货物的最低运输成本。在卡车运输中，这种直接运输操作被称为"整车运输"（FTL，或简称TL）。然而，等待足够的货物来填满运输工具可能会导致长时间的延迟，给那些需要尽快收到货物的客户带来问题。但派遣不满载的车辆既产生高成本又浪费，而且还会导致负面环境影响。

货主希望运输适量的货物，避免因未满载运输而遭受成本损失和浪费。这一要求促使一些承运商专注于集成运营，即通过整合来自多个货主和多个起始地、运往多个客户和多个目的地的货物，形成一个满载车辆，并将成本分摊给所有发货人。例如，一些卡车公司专门提供零担（LTL）服务。在此类运营中一辆或多辆卡车从城里的货主处接货，然后在该城的集散地卸货；货物在集散地被分拣并装载，运输到一个或多个大型"枢纽"或"转运"集散地。在那里，货物再次被分拣并装载，驶往其他城市的集散地。在目的地城市的集散地，货物的分拣再次重复，货物被装载到交货卡车上，停靠在客户月台，完成交货。这样的服务存在于所有运输模式中。铁路公司提供"载货清单服务"。在该服务中，一个区域内的车皮被整合到一个编组站，在那里，同一方向的车皮被组成一列火车。下一个车站通常是一个铁路枢纽；在那里，车皮被分类，再组装成列车，并运载到目的地编组站用以分配给收货人。海洋运输公司将多个满载集装箱整合起来，装载到一艘船上，然后利用转运港，将集装箱转运到服务其他港口的小船上。转运通常发生在大型的长途干线船只和服务较小港口的小船之间。

直接运营和集成运营之间的区别就好比出租车服务和公共交通

服务。在出租车服务中，乘客直接从起点被运送到终点；在公共交通服务中，许多乘客共享同一辆公共汽车，有时他们需要在枢纽终端换乘车辆。当然，很多乘坐飞机的旅客对枢纽机场的集成运营并不满意。第9章的"更快的交货时间和更好的服务"一节概述了一个终极集成系统的例子。

6 供应链与人：增长与繁荣

供应链位于两个挑战的交叉点上，一方面是追求生活水平改善的艰巨要求，另一方面是平等共享地球资源的艰巨目标。实际上，供应链也是从这两个方面来应对挑战的。供应链为消费者和企业带来了价格更低的产品，这有助于降低食品、服装、药品以及日常烹饪、照明、供暖、冷却工业能源的成本。

供应链还提供了大量的就业机会。正如第 3 章的"贸易中隐藏的真相"一节所提到的那样，因为高效的全球供应链将贫穷国家的劳动者与富裕国家的市场联系起来，我们在过去半个世纪里见证了全球 20 亿中产阶级的增加，极端贫困人口减少了四分之一。[1]然而，在供应链运作中起着至关重要的作用的人常常被忽视。

供应链中的人

针对供应链的讨论往往强调流经供应链到达客户的特定原材料、零部件或产品。供应链的典型图表（如图 4）将一系列工厂、仓库、零售商和最终到达的客户之间的连接流程描绘成线条。然而，在现实生活中，上述每个设施内以及沿着流程图中的线条所移动的车辆中都有许多辛勤工作的人员，他们对供应链的正常运转至关重要。

一项由 MIT 创新科学与政策实验室开展的创新性分析得出

结论："供应链行业是经济中一个大而独特的部分。"2013年，供应链行业占美国私营部门非农业就业人口的43％（不包括自雇人员）。[2] 该分析将供应链行业定义为以企业或政府为主要客户的商业。这个领域与面向消费者的 B2C 领域（如零售、餐饮和医疗保健）不同。当然，B2C 也可以被简单地视为是供应链的最后一环——向消费者交付产品或服务。所以，产品供应链除需要完整的物料清单外，还需要多种服务。因此，也需要完整的人员配套，他们提供特定的劳动来完成设计、制造、购买、销售、维护、运输和存储零件、子装配件和成品的工作，以及对业务每个流程进行规划和管理。

在生产 T 恤的原材料到达中国的纺织厂或孟加拉国的工厂之前，许多农民、机器操作员、司机、装卸工、经纪人、政府雇员等都必须完成必要的工作，这包括在美国得克萨斯州种植和收采棉花，将其运送到中国，并将棉花进行转化，然后再运送到孟加拉国的达卡工厂。在那里，每个加工步骤都需要熟练的织物切割工、缝纫机操作员和协助处理织物、零件、衬衫及盒子生产流程的工人。在货物被运往波士顿的漫长旅途中，还有许多其他公司和人员相随。

总的来说，供应链工作涉及计划、制造、运输、存储、交付和对原材料、零部件和成品的流动及储存的管理。这些原材料、零部件和成品是所有消费者、企业、公共机构和政府日常所依赖的物品，也是建造房屋、工厂、办公楼和其他基础设施所需的材料。

缺工而受困

新冠疫情在一些地方引发了"大规模辞职"的现象，创下了工人辞职人数的新纪录。皮尤研究中心对 2021 年间辞职的美国工人进行的调查发现，辞职的前 5 个原因是低工资、晋升机会有限、未受到尊重、育儿问题和缺乏灵活性。[3] 美国劳动参与率，即适龄劳动力人口中就业或寻求就业者的比例，降至 20 世纪 70 年代以来的最低水平。当雇主为复苏经济进行招聘，试图找到取代离职工人的雇员时，他们面临的是应聘者短缺的问题。2022 年 3 月，职位空缺数量几乎是求职者数量的 2 倍；公司所报告的新员工问题是：这些新员工就是不到岗报到。[4]

在全球范围内，卡车司机持续短缺的问题是几乎所有供应链都特别关注的，尤其是长途运输司机的短缺。正如第 3 章的"实现跨越距离和时间的贸易"一节所提到的，卡车运输是许多商品供应链的关键，这不仅是因为卡车承载的货物比其他任何一种运输方式都多，而且也因为，所有其他运输方式也都需要卡车运输货物来往于铁路编组站、港口、机场，甚至管道储罐之间。随着全球经济在疫情后恢复，短缺问题开始加剧。例如，到 2022 年底，欧洲每 10 名卡车司机中就有 1 名缺岗。[5] 媒体试图将司机短缺归因于低工资和工作性质：数周在路上的孤独情形，远离家人和朋友，令情绪更差的不健康的久坐，仅有的可打破久坐的行为也只是在卡车停车场吃顿快餐。[6] 对大部分人来说，这似乎解释了为什么美国的卡车公司面临着 91% 的员工流失率。

然而，需要注意的是，虽然平均而言，与货运承运商签约的每 100 名驾驶员中有 91 人会在一年内离职，但这并不意味着这些人会完全离开这个行业。大多数辞职的美国司机只是转到另一家货运承运商去工作。他们面临的激励是更高的薪资，以及可能高达 15 000 美元的签约奖金。[7] 美国的长途卡车司机薪资在中产阶级水平。例如，2022 年，沃尔玛宣布其驾驶员的首年薪资为 10—11 万美元，此外，还提供养老金、医疗和牙科保险、带薪休假、现代装备等福利。这是美国平均薪资的两倍，也为他们过上中产阶级的生活提供了一条道路。与此同时，美国最大的卡车公司之一，KLLM，为卡车司机提供首年高达 15 万美元的薪资。[8] 因此，薪资和福利并不是驾驶员短缺的真正原因。

我在 MIT 运输与物流中心的同事，大卫·科雷尔（David Correll）博士，在 2016 年至 2019 年间分析了数千名公路司机的工作时间。他还采访了许多司机和其他行业专业人员。他的研究结论是：司机短缺的原因被误判了，它既不是薪资问题，也不是驾驶条件问题。相反，问题在于等待装载或卸载所花费的时间，即停留时间，以及在此期间恶劣的工作条件。科雷尔的调查表明，司机平均每天在路上行驶 6.5 小时，远低于法定的 11 小时行驶时间。被滞留在仓库使得他们失去了很多合法的驾驶时间。例如，司机预约交货的时间可能是在早上，但在到达之后，却被告知要等几个小时才能卸货，他们不得不在停车场等待，而等待的时间通常是没有工资的。此外，仓库和工厂管理方面通常对司机并不友好，司机甚至可能被禁止使用洗手间。2021 年 11 月，科雷尔在美国众议院运输和基础设施委员会的听证会上作证，他解释道："我的研究让我认识到当前的情况不是司机数量不足的问题，而是我们对美国卡车司机时间价值的普遍低估。"他说："每天，美国卡车运输能力的 40% 被浪费。"[9] 白宫于 2021 年 9 月出台的应对卡车司机短缺的行动计划提到了滞留时间。拜登 2022 年 4 月 4 日关于该计划的讲话引用了科雷尔的研究成果。[10]

美国卡车协会在 2021 年 10 月的一份报告中列举了司机短缺的各种可能原因，并呼吁对托运方、收货方和承运商的业务实践进行修改，以改善司机的工作条件。[11]

一个系统及其金螺丝

在疫情期间，许多生产过程因零部件、原材料或工人的短缺而受限。缺少一个零件可能导致产品不能完工，无法销售。在制造业中，这被称为"金螺丝"现象：一个小小的零件的缺失可以阻止工厂完成汽车、冰箱、核磁共振设备、计算机或飞机发动机的生产。例如，2022年9月，由于福特徽标——一个装饰在卡车前后部的蓝色椭圆形部件的短缺，福特无法交付超过40000辆畅销的F-150卡车。[12]

在2021年和2022年，物流交付的延迟并不只是因为零部件或工人的短缺。为了试图缓解新冠疫情的影响，美国和其他富裕国家几乎不分青红皂白地向市场注入大量资金，由此引起了需求侧空前的增长。[13]这导致了港口拥堵；随着船只到港后无法被卸货，而是被迫在海岸等待——有时长达数周，这又造成了集装箱短缺。仓储能力的不足（服务洛杉矶/长滩港口综合体的南加州仓库空置率在2021年底仅为0.7%[14]）是卡车服务短缺和铁路延误的结果。这些延误意味着产品无法出港或进港，使得仓库不断积压。这加剧了集装箱的短缺；同时因为仓库没有足够的空间，运送货物的卡车司机只能将底盘和装满货物的集装箱留在仓库，这造成了底盘的短缺。

从这个案例和其他许多案例中，我们能够得到的最大教训或许是供应链中充满了"关键环节"。任何延迟的过程、任何缺失的工人、任何不足的空间、任何拥堵的码头、任何断档的零件、任何匮乏的能源或任何政府的限制都可能使得供应链由充足转变为缺失。人们可能想说，供应链就是由关键环节所组成的，每一个环节都是至关重要的，如果有任何一个环节不在正确的位置上，那么整个系统就会受到影响。

但实际上，令人惊奇的是，尽管生产这么多产品需要全球各地众多矿工、农民、供应商、制造商、车辆运营商、仓库、政府机构和其他人的努力，但这些产品还是生产出来了，并且价格实惠。然而，产品中的零部件数量、供应链的多层结构、将产品带到市场所涉及的各种流程、需要采购的复杂材料以及供应链的全球性，仅仅代表了企业在管理其供应链方面所面临的一小部分挑战。除了目前已经讨论过的因素，还有其他许多因素使得看似简单的活动进一步复杂化了，例如在亚马逊平台下单或在沃尔玛店里取货。本书的第二部分将深入探讨近几十年来出现的一些超越供应链内在复杂性的难解因素。

2

第二部分
进一步的复杂性和挑战

7 数十年增长的复杂性

—

正如前面的章节所描述的，由于供应链流程中需要众多的步骤将原材料转化为复杂的消费品；需要理顺多层次、重叠的供应商生态系统；需要处理多个关税、边境交接和法规；以及需要应对全球范围内的意外干扰，供应链一直有着一定程度的内在复杂性。在20世纪的最后十年中，产品、消费者和社会变得日益复杂和严苛。因此，现代供应链必须应对更多的挑战，包括来自全球贸易的激烈竞争；客户对服务期望的增加；地缘政治紧张局势的加剧及其影响；产品需求、工厂产出和运输时间不确定性的增长；满足可持续发展和社会公正等社会目标的要求；等等。现代供应链的信息和通信工具在帮助供应链管理者应对这些挑战方面发挥了重要作用。

爆炸性的信息技术

20世纪末信息和通信技术的革命性加速是推动供应链全球化的主要力量之一。在基于纸张进行交易和电话进行沟通的时代里，协调是耗时且易出错的，最重要的是，所有过程都存在时间滞后的问题。只有通过使用高速计算、足够内存的数字存储设备，和近乎即时的异步通信*，现代供应链才能在全球范围内运作，同时在不断变化和不确定的环境中实现其各种目标。

更多的算力与摩尔定律

英特尔的联合创始人戈登·摩尔在 1965 年观察到了芯片上的晶体管数量每两年翻一番的现象，这一发现预示着在商业管理，尤其是供应链管理上的革命。尽管任何两台计算机的相对性能取决于具体应用的性质，但对算力增长的粗略估计显示，每秒浮点运算的数量在 1950 年至 2020 年间增加了 100 亿倍，而另一个度量标准——每秒百万条指令的数量则增加了 10000 亿倍。

虽然探索制造更强大的计算机依赖的是摩尔定律，但对商业的更大影响来自被越来越多的人使用的计算机。这些日益增长的更小型化、价格合理、令人满意的计算机被众多企业生产。20 世纪 70 年代，计算滑尺和加法计算器被袖珍计算器取代。20 世纪 80 年代和 90 年代，巨大且昂贵、能同时共享的大型主机变成了小型计算机，然后又变成每个员工桌上的个人计算机。（具有讽刺意味的是，随着云计算的兴起，这些计算机中的部分又变回了同时共享系统。）早期的计算是由中央信息技术部门通过定期批处理方式运行特定编写的 COBOL 程序进行的。新的数字环境是连续的过程和使用交互的现成应用程序，这使得每个工作人员都能够查询数据库、即时更新记录以及进行自己的分析。

数据的传输

正如第 2 章所提到的，供应链依赖于在其间上下流动的数据和

---

* 异步通信不需要存在的同时性。例如，电子邮件是异步进行的，而电话呼叫需要事先安排并同步进行。

信息，它们协调着向下游流动的商品和向上游流动的资金。摩尔定律有助于数据更快、更高效地传输。20世纪60年代至80年代所使用的慢速拨号调制解调器让位给时时在线的宽带连接，同时，铜线被光纤取而代之，这些进步创造了20世纪90年代的"信息高速公路"。数据在计算机到计算机之间的直接传输也取代了运送一箱箱沉重的穿孔卡，或如同晚餐盘大小的磁带卷。

这使得远程电信费用大幅下降：从纽约到伦敦的三分钟电话费用（通胀调整后）从1931年的293美元下降到1970年的40美元，再下降到2001年的1美元。[1]如今，这个电话的边际成本几乎为零。这要归功于互联网电话（WhatsApp、微信等）和视频聊天服务（Zoom、Microsoft Teams等）的崛起。

得益于采用了可允许不同计算机间相互通信的传输控制协议/互联网协议（TCP/IP）标准，全球范围的数字通信网络得以实现。这是今天所称的"互联网时代"的开始。它使得远程访问、文件传输、电子邮件和超文本传输协议（HTTP），即"万维网"，成为可能。从1993年开始，网页浏览器（如Internet Explorer）使得互联网的使用变得直观简单——只需点击所需网页的链接即可。针对杂序无章的网页进行索引编排的搜索引擎（如Yahoo、Bing）的出现，使得无论这些网页位于何处，人们都可以找到所需的内容。音频和视频类的新媒体以及面向网络的编程语言（如Flash、Java和JavaScript）将静态的网络文档转变为丰富、有互动性的环境。

电子技术的进步也稳定地提升了无线通信技术。移动手机（1983年）起初是2磅（1千克左右）重的只能打电话的大块头，但逐渐演变为功能强大的智能手机。智能手机集成了无线电通信、宽带网络、微电子技术、显示屏、电池和计算能力的进步，成为移动供应链工作者（以及其他人）的终极便携工具。一系列越来越快的移动宽带标准——3G、4G、5G，也在移动宽带网络上实现了越来越快的数据传输速率。

存储：数据仓库的崛起

芯片密度的增强也增加了数据的存储能力。存储容量从千字节增长到兆字节、千兆字节、太字节等。高容量存储以及高带宽的数据通信意味着机构可以将它们的更多数据集中在一起，并实现对它们所有数据的更为广泛的触达。20世纪80年代和90年代出现了数据仓库，机构可将所有数据集中于此处，并使其服务于各种应用程序。

大型数据仓库提供商或网站提供商的服务器机架也为应用程序提供了算力；这些应用程序可产生并使用所有数据。20世纪末出现的软件运营服务使得机构能够通过互联网访问应用程序，避免了内部管理此类软件的需要。21世纪初，云计算（如亚马逊网络服务）的出现将远程应用软件、数据库、远程存储、可扩展计算平台和数字基础设施结合在一起。

数字技术对供应链管理的影响

随着半导体技术的不断进步和光纤电缆的普及，计算成本和远程通信成本也都大幅降低。因为这些技术可覆盖广泛的地理范围、有移动性，因此其趋势特别有利于供应链运营。为了监督庞大的工厂、仓库、运输以及与消费者的互动活动，工作人员和管理人员需要有效沟通。移动通信革命使这些专业人士摆脱了与办公室的固定电话和传真机相连的束缚。它使得组织中的远程成员以及供应商和客户可以进行即时的沟通、协调和合作。

库存和销售的可视性

对供应链的有效管理取决于对库存、进货物料和出货产品订单的准确了解。这需要具备对进入、停留和离开供应链设施的物品的可视性。传统的纸质流程和库存管理无法满足现代供应链的需求。例如，周期盘点，手动计算在店铺或仓库中存储的物品是一项耗时费力的工作；周期盘点每年很少超过一次。而且，伴随着错误的累积，管理者会基于错误的信息做出决策。

随着微电子技术的发展，人们发明出更高效、更准确的收集更多供应链数据的方法，并能直接将这些数据输入计算机，使得诸如实时盘点这样的流程成为可能。通用产品代码（UPC）的条形码图像的开发是一个重要的里程碑。它的首次商业使用是在 1974 年一家玛奇超市所销售的箭牌口香糖的包装上，这家超市坐落在俄亥俄州特洛伊市。通过能够读取条码的扫描器，产品单元信息在零售收银台、仓库和工厂中快速、无误地被识别。条形码使得第一个仓储管理系统在 1975 年帮助零售商杰西潘尼实现了实时库存盘点。随着时间的演变，扫描器从固定装置发展为通过无线数据连接的小型手持设备。[2]

对于某些供应链应用而言，无线射频识别（RFID）取代了物品外部的光学码。射频识别使用了一个微小的、廉价的芯片和印刷天线，并可以被更远的扫描器读取。射频识别也是公路收费和马拉松计时所使用的系统。实际上，射频识别芯片只是被称为物联网的一套更广泛技术的最简单体现。通过这些技术，只要给该物体贴上芯片，并配上接收和传输信息的阅读器系统或无线连接，世界上的每个物体便都可以连接到互联网上。

运输货物的可视性

运输这种"户外运动"会受到各种随机、武断、意外和不规则的现象的影响，如天气、公路施工、车辆故障等。此外，运输承运人也无法控制沿途中的众多延误，这进一步增加了运输的复杂性。旅行时间的不确定性，再加上可能因事故、盗窃或其他原因导致货物丢失，使得客户希望随时了解他们货物的所在位置。换句话说，他们希望在运输过程中跟踪他们的货物。然而，这并不是一件简单的事情。客户想要准确地知道哪些物品在哪个箱子里、哪个集装箱中和哪条船上，在某个确定的时刻货物所在的位置，以及它们将要去哪里、何时到达。在供应链管理人员的术语中，这被称为运输货物的可视性。生产经理可以走进工厂车间评估情况，物流经理则不同。在货物开始第一段旅程时，物流经理就无法看见货物。因此，负责在全球范围内运输和接收产品与资产的经理们寻求对货物的可视性，尤其是对高价值和时间敏感的物品的可视性。

运输可视性技术的重大革命是 20 世纪 90 年代的全球定位系统（下文简称为 GPS）的出现。GPS 接收器开始向卡车司机、送货司机、船舶和飞机提供他们的实时位置数据，这不仅是为了导航，而且向供应链的所有利益相关者提供了数据更新。

结合移动通信，现代传感器可以更为广泛地报告货物在运输过程中的条件，包括温度、运动和 GPS 位置，甚至可以被指挥采取行动（例如显示状态、发出警报或进行某种机械移动）。许多此类系统设置了警报功能，在系统感知到与计划有偏差的情况时，如路线差异、意外延误、温度升高或在未经授权的位置打开容器，系统可以通知发货人和收货人。这样的警报可能表明有盗窃正在进行、有事故发生或可能导致货物变质的冷却装置的故障。

企业间的沟通

对于消费者来说，电子邮件是一个具有创新性的应用，但对于企业间交易来说，电子数据交换（下文简称为 EDI）是一个突破性的变革。从 20 世纪 80 年代开始，在例行的业务文件处理中，EDI 逐渐取代了信件、电话、传真和电子邮件。它使得电子商务文件可以直接在不同组织的计算机和应用程序之间传送。因此，制造商的采购订单可以直接上传到供应商的订单管理系统，而供应商的发票可以直接导入制造商的财务系统。这种直接流动消除了手动输入数据的需求，并实现了自动化。此外，EDI 传输的文件也可以通过数字手段进行审计，例如将运输合同条款与货运发票详细信息进行比对，以确定费用是否正确。

EDI 通讯遵循约定的标准格式，这便于接收计算机解释和理解信息。这样的设计使得公司可以传输大量数据，如采购订单、采购订单确认函、需求预测、发票、汇款通知等。然而，这些只是数据的冰山一角。仅在发货人（零售商、制造商、分销商）和承运人（卡车、铁路、航空、海运运营商）之间的运输管理，就有超过 120 种的标准化 EDI 通讯。在今天，无法想象在没有 EDI 和其他电子通信时，人们该如何运营庞大的全球供应链。

云计算和中央信息管理

云计算通过互联网随时随地提供基于客户需求的计算资源。这些资源包括硬件、软件、存储、数据库和网络。云服务由专业公司管理，其中最大的公司包括亚马逊、微软、谷歌和阿里巴巴。云计算有诸多优势。在企业内部，使用中心化的数据库和应用程序可以减轻企业内部各功能或事业部门之间缺乏协调、各自独立运作的影响。中心化数据库和应用程序使得所有经理和分析师都可以通过自己的计算机下载最新的销售、支付款、订单或任何其他企业数据，并进行分析，这推动了整个企业使用"唯一真实版本数据"（SVOT）。

云计算还给其他常规业务提供了许多优势，例如可扩展性（即可快速接入新软件，包括与现有系统的集成）、安全性以及高百分比的正常运行时间。对于供应链管理者来说，它为散布在全球的昼夜不停工作的移动员工提供了便利，实现了与供应链合作伙伴（包括供应商、客户、承运商、码头运营商和政府机构）的更好的协作。

作为全球网络管理的一个例子，可以参考一下灾难恢复服务。加利福尼亚的山火、佛罗里达的飓风或日本的地震都会严重破坏全球供应链。但当灾难恢复作为一项云托管服务时，即使地面系统出现故障，供应链管理组织仍然可以快速访问数据和应用程序。

虽然使用云计算可能是昂贵的，但它仍可能比使用自己的系统更经济。这是由于对计算资产利用率的风险聚合*，换句话说，当某些公司的应用程序关闭时，同样的算力可以支持其他公司应用程序的运行。这意味着，平均来说，计算资源的使用是相对恒定的，无须根据峰值需求大小调整计算资源。云还为基础设施管理提供了规模经济效益（例如安全性、更新、维护、故障排除等）。正是因为这些优势，2022 年有 94% 的公司使用了云服务，其中 60% 的企业数据存储在云中。[3]

IT 和离岸

第 2 章概述了外包和离岸的理由。这些分散在全球的业务架构被采纳显然是受到了信息和通信技术革命的影响。现代通信和各种

---

* 一般而言，风险聚合是指对众多面临随机需求的资源（库存、设备、能力等）进行整合，将资源集中于一个（物理或虚拟）位置。聚合后的资源，其所面临的需求波动率小于单个个体资源所面临的需求波动率。就我们所谈及的内容来说，当某个计算资源的需求增加时，另一个计算资源的需求可能会减少。这实际上是保险的基本概念：尽管个别被保的实体可能遭受灾难性事件，但其他被保实体仍在继续支付保费，使得整个系统保持稳定。

互联网协议使得公司能够管理外包业务，无论外包业务是在城市的另一端还是世界的另一侧。在这其中，尤其是常规的信息密集型业务流程，如客户服务、技术支持、会计和计算机编程，从 20 世纪 90 年代开始向低劳动力成本地区转移。之后，公司也将制造业转移到成本较低的国家。

2022 年美国白宫经济顾问委员会的一份分析报告指出，因为数字连接和廉价高效的运输使得企业触达海外供应商成为可能，这成为推动离岸外包的两个因素之一。[4] 现代运输系统（从使用海运集装箱，到使用高效巨型集装箱船舶，再到全球范围内可用的航空货运服务）也对离岸外包趋势做出了重大贡献。一定程度上因为此类发展，世界贸易值在 1970 年至 2021 年间增长了 70 多倍。[5]

白宫报告称，离岸外包的另一个因素是财务指标在企业决策中日益发挥的强大作用。在 20 世纪 70 年代之前，标准普尔 500 指数公司[①]的首席执行官中只有 16% 的人员的薪酬是基于财务指标规定的，如每股收益、股票价格和股本回报率。到了 20 世纪 90 年代，这一比例增至 47%。到 2016 年，绝大多数首席执行官的薪酬都与财务指标相关。[6] 企业的这种"金融化"鼓励了通过离岸外包来降低成本。降低采购材料、零部件和服务成本对任何企业都会产生直接且可衡量的影响。这种短期的、可感知的成本节约能够迅速提高企业的利润，而对其他系统性属性的长期、不可感知的部分的改进缺乏这种效果，比如，对企业韧性的改进。

供应链的科学管理

除先进的硬件所带来的变革外，一些软件应用程序也使得对更大规模的供应链进行更精确的规划和管理成为可能。这些应用程序

---

① 译者注：指在美国纽交所或纳斯达克挂牌的最大的 500 家美国上市公司。

包括描述性和规范性应用软件。

描述性应用程序包括模拟仿真程序及其最新应用——数字孪生（参见第 18 章的"管理和模拟中的数字孪生"一节）。这类软件为不同系统（如制造、仓库运营或整个供应链）提供了不同环境下的虚拟展示。模拟仿真模型允许管理者测试在使用不同资产和不同流程时供应链的表现。它还可以就供应链在新的、不同条件下运作产生的"假设分析"问题进行回答。

虽然仿真可以对非常庞大的供应链组件和网络进行建模，但系统的资产、流程和操作规则必须事先制定。规范性应用程序，如各种算法的优化，其目的是建议系统在现有的或不同的环境下**应该**如何运行。在被研究的系统中，存在多种运营约束（例如交货期限、仓库容量），这些应用软件旨在找出特定因素（如工厂计划、路线、库存水平、投资等）之值以满足特定目标（如最小成本、最大利润、最小排放等）。具体的供应链管理软件应用包括物料需求和配送活动计划、运输和仓储管理、客户和供应商关系管理、库存水平优化以及与之相关的决策（如产品种类、补货和库存位置）、供应网络规划和网络调整以及运输路径规划和调度，包括最后一公里交付，等等。

每个应用程序都专注于特定的功能领域，尽管这些应用程序的新版本包括了多个功能。例如，仓库管理系统（WMS）可能还包括运输管理要素，这使得仓库提货可顺利地转化为装货和运输订单。另一个例子是物料需求计划应用程序，它除了可以确定所建议的向供应商购买原材料和零部件的采购计划，还可以建议生产计划。它使用 BOM 数据、供应商交货时间、每个产品的生产活动、工厂产能以及每个制造步骤所需的时间作为输入元素，以做出生产计划推荐。

运输管理系统（TMS）接收现有客户承诺、承运商合同和市场价格数据；然后，它将每个货物分配给最佳的承运类型（铁路、航空、整车运输、零担），并根据发货人与承运人的合同来确定应将货物交给哪个具体的承运人。运输管理系统还具备在承运人拒绝接载货物或未能按时提货时，如何确定备用承运人的逻辑算法。

计算机内存和存储容量的增加使得越来越多的详细数据可以被使用，这些数据不仅包含着每个产品的总体库存或总销售量等信息，还包括在每个地点和时间段的销售模式的细节。凭借这些信息，沃尔玛等公司可以集聚每个商店每天每种产品的销售细粒度数据，随后就可以从配送中心对每个商店货架的补货进行决策，并相应地为配送中心仓库订购更多的商品，补充货源。大量可利用数据以及利用数据来改善供应链运营的能力，促使公司聘请数据科学家将数据转化为支持有效决策的认知依据。

所有这些应用程序通过执行乏味的计算，并忠实地跟踪所有客户订单、供应商订单、工厂任务、营业时间等细节，使得复杂的流程自动化。

8 更严峻的竞争

电信和计算技术不仅可以连接企业的不同部分，它们还通过电子邮件和有针对性的在线广告为供应商提供了与全球潜在客户的直接联系。与此同时，与商业发展更相关的是，搜索引擎和其他"数字探索"方式的崛起为客户提供了与世界各地潜在产品和服务供应商的联系。在线零售的经济性，即其集中的库存和向世界任何地方提供产品信息的零成本特性，意味着在线零售商可以提供比实体零售商更多样化的商品。随着客户在世界任何地方都能够找到许多潜在的卖家和产品，供应商之间的竞争日益激烈。同时，全球运输系统的效率使得全球的商品都能够被轻松地运送到商业客户和消费者的手中。

竞争的维度

当智能手机普及时，消费者可以在一家零售商的货架之间，利用智能手机立马检查在线和实体零售竞争对手的价格。这种被称为**"买前验货"**或**"展厅现象"**的做法意味着一些消费者会参观实体零售商，亲自感受产品，然后在其他地方（通常是在线）以更低的价格购买该产品。消费者也可以有相反的做法，即**"反展厅现象"**，通过在电子商务网站上研究产品、查看评级和阅读评论，然后搜索有现货的本地零售商，即时拿货。

互联网不仅加剧了商品价格和可获得性的竞争，还加剧了其他容易衡量的维度的竞争，如评审人评级、受欢迎程度以及产品特性和性能方面的竞争。为了进一步帮助决策，一些网站提供了产品比较网格，以表格视图方式展示产品和特性类别，使得不同维度上的选项易于比较。

随着对产品、零售商和服务的寻找、过滤、排序以及比较越来越便利，产品制造商、零售商和服务提供商之间的竞争也越来越激烈。这迫使企业加强和深化它们在产品和流程方面的创新努力，推动着它们以最低的价格和最好的服务，创造出新的和更好的产品。

在许多情况下，公司通过产品创新来进行竞争，开发已有产品类别中更好的产品，或甚至是之前并不存在的新类别。索尼在1979 年 7 月发布了随身听（Walkman），彻底改变了人们听音乐的方式，并取得了巨大成功。虽然在当时，便携式收音机已经存在，但随身听使音乐变得**私密化**。随后，2001 年 10 月，史蒂夫·乔布斯推出了第一款 iPod，在 2003 年 10 月又推出了 iTunes 商店，这再一次改变了音乐的消费方式：人们可以逐首购买歌曲，而不需要买整张唱片，人们还可以刻录自己的 CD。几年之内，iPod 在便携式音乐类别中取代了随身听。2007 年，苹果推出了 iPhone，并于2015 年推出了苹果音乐流媒体服务。随着苹果的产品系列逐渐包含了 iPod 的功能，iPod 于 2022 年停产。

这些例子展示了公司是如何利用产品创新，通过推出更好的、满足客户所愿的解决方案来取得市场的成功的。然而，竞争不仅仅局限于新产品开发。一些公司利用流程创新，通过实现更低成本、更强产品功能和更高质量，来达到击败竞争对手的目的。还有的公司则通过改善在交付和客服方面的速度、性能或灵活度来赢得客户。

下一节我们将通过一个故事强调流程创新的力量。我们展示了一家（非美国）公司通过制造价廉物美的复杂产品，颠覆了美国公司在一个主要产业中的主导地位。

在质量（和成本）方面的竞争

在 20 世纪 60 年代，93% 的美国汽车市场销售量、48% 的全球汽车市场销售量来自于美国公司制造的汽车。[1] 然而，这种主导地位在日本汽车制造商进入美国市场并凭借丰田生产系统（下文简称为 TPS）的应用站稳脚跟而受到考验（并最终被超越）。该系统最显著的元素是准时制（下文简称为 JIT）的制造和供应链流程。这种方法要求在需要的时间只采购和生产所需要的物品数量，不多也不少。

尽管许多人认为 JIT 仅仅是一种短视的降本策略，但丰田发明 TPS 实际上是为了提高产品质量。在当时，工厂盛行的方式是各制造阶段批量生产相同产品在几周、几个月甚至一年内的产量。这需要大量相同的零部件的库存。

丰田的管理人员意识到批次库存掩盖了因制造缺陷而引发的问题。例如，如果某个零部件的制造过程出现了问题，同一批次的许多（甚至全部）零部件都可能会有缺陷。这些缺陷通常只在下一个生产步骤，即当这些零部件被包括在一个子装配件中，甚至在最终产品的测试中，才会被显现。然而，到那时，整批零部件、子装配件甚至整车都会因为含有此缺陷而需要返工。更糟糕的情况是，如果没有发现这些缺陷，汽车将被销售给顾客，顾客因此会遭遇问题。这将导致昂贵的保修工作、产品召回以及声誉下降，并对未来销售造成损害。

开发 TPS 的丰田工程师大野耐一将这个"大批次"过程与美国杂货店中更顺畅流动的货物情况进行了对比。[2] 在杂货店里，消费者频繁购物，但他们仅购买未来几天的所需。商店也只储存几天的货量。商店库存很低，而货架补货频繁。这就是准时制的原则。

在准时制方法中，每次生产仅有少量零部件；零部件随后会沿着生产线交付给每个工作站。如果生产线上的工人（即组装车辆的工人）发现零部件有问题，问题便可以迅速被更正。事实上，丰田要求工人在发现缺陷时立即停止生产线。随后，一个紧急工程团队将前来检查问题的原因，并进行修复。这避免了过多无效工作或者太多有缺陷车辆的产生。在准时制方法中，除了最后的整车几乎没有缺陷外，一个幸运的"副产品"是由于返工和召回事件的减少，成本下降，最终降低了汽车价格。

采用 TPS 的结果是，日本汽车在美国市场变得非常受欢迎。当日本制造商对美国汽车工业开始构成威胁时，里根政府于 1981 年 5 月对在美国销售的日本制造汽车的数量实施了"自愿性"配额限制。尽管配额直到 1994 年才被取消，但日本汽车在美国市场的份额仍不断增长。丰田于 2008 年超过通用汽车成为世界最大的汽车制造商。

TPS 还有许多其他要素，例如丰田与供应商之间通过株式会社体系进行交叉持股和数据共享来紧密联系。这种安排使得丰田及其供应商能够共同解决设计和供应问题，带来了更深的相互理解和更好的总体结果。

TPS（以及其中的 JIT）是一个基于制造和供应链管理流程的竞争优势带来引人注目的结果的例子。然而，TPS 并不是基于供应链竞争优势的唯一例子。

通过快速变革进行竞争

为了应对市场变化而引入新产品或调整现有产品，这对供应链运营构成了重大挑战。每一次变化需要的不仅仅是新设计,而且还需要承诺制造足够数量的产品,以便满足分销渠道所期望的未来销售。这些分销渠道包括仓库、履行中心和零售店。当然,任何新的或改进后的产品在市场上都会面临失败的风险,这将导致公司面临滞销的库存。在服装行业中,为管理此风险,传统的服装零售商通常是围绕两到四个精心设计的季节系列来组织新产品开发。每个系列的新"款式"被批准前,都会经过对时尚趋势的广泛预测、市场研究以及高级管理层的审核等环节。之后,新款式才会被授权进行大规模生产。生产常常在海外进行,这需要很长时间来制造并运送服装到商店。通常,公司必须提前一年或更长时间来预测消费者未来的需求。

于 1975 年在西班牙成立的 Zara 在其供应链和新产品开发战略上选择了不同的路径。认识到预测通常是(非常)错误的(见第 12 章中"不确定性"一节),Zara 摒弃了其他服装公司所采纳的传统的 6 到 12 个月的开发周期。相反,Zara 快速跟上最新潮流,如明星和知名设计师的时尚选择。该公司赋予自己的设计师非同寻常的自由,他们可以做出决策而无须通过上级企业层级的批准。这使得设计师能够迅速对市场信号做出反应。设计师有权利用已有的布料,重新设计服装,授权制造,然后将新服装运送到店铺。

其结果是,Zara 仅需 3 周的生产交货时间即可实现对现有款式进行小的改变(而行业标准为 6 到 12 个月),而且该公司只需 5 到 6 周时间便可推出新产品(行业标准为一到两年)。[3] 为了加快生产和交货速度,Zara 在伊比利亚半岛的工厂进行生产,该工厂靠近其配送中心。Zara 使用仓库自动化来对订单快速排序,并每周 2 次向店铺供货。(有趣的是,通过小批次和快速交货,Zara 系统融入了一些准时制的元素。)

2005 年,当麦当娜在马德里举办音乐会时,Zara 的几位年轻设计师也在观众中。仅仅几周之后，当麦当娜在巴塞罗那举办音乐会时，观众中的十几岁女孩已经穿上了麦当娜在马德里演出时的服装复制品。正因为 Zara 的系统，在几周内，参加马德里音乐会的 Zara 的年轻设计师能够设计好服装，将其发送给本地制造商，并在 Zara 的店铺销售。[4]

不断快速引入新款式使得 Zara 店铺的外观变化频繁，刺激消费者需求。大约每 3 到 4 周，Zara 便更换其四分之三的陈列商品。[5] 美国全国零售联合会的首席执行官在参观 Zara 后表示："这如同每 2 周进入一个新的店铺。"[6] 正如 Zara 的母公司 Inditex 的董事路易斯·布兰克所解释的那样，"……最重要的是，我们希望我们的顾客理解，如果他们喜欢某件服装，他们必须立即购买，因为下周就不会再有了。这一切都是为了营造商品稀缺、把握机会的氛围"[7]。

互联网、电子商务和网红的崛起促成了新一代更快的快时尚公司。与尝试追踪时尚趋势并迅速复制明星或知名设计师的服装不同，中国的希音（Shein）和美国的时尚新星（Fashion Nova）等更快的快时尚公司只需不断推出新款式，并向选定的网红发送免费样品；这些网红社交媒体的帖子在他们数百万的粉丝中推动着销售。也就是说，这些公司通过社交媒体的影响力创造新的趋势，而不是成为时尚的最快追随者。[8] 自然而然地，这些公司成为他们自己所创造的市场的先行者。

全球产品发布：越来越快

重大的新产品发布为公司提供了创造轰动营销事件的机会。然而，成功地推出新产品，并在首日提供足够数量的产品是非常具有挑战性的。新产品发布需满足众多要求：为产品采购足够数量的新原材料，让工人学习大批量生产和组装新产品，确定每家零售店对产品的初始需求数，并及时将这些数量的产品运送到零售店以备推出。例如，2007 年 6 月 29 日，苹果首款 iPhone 的销售就仅限于美国范围内。苹果公司对库存和分销进行了仔细规划：但即使在这种有限的推出规模下，苹果公司在前 30 个小时内仍然销售了超过 25 万部 iPhone，并在头 6 个月内销售了 140 万部手机。[9]

节假季通常是销售激增的时候，苹果公司为了确保其产品能够在节日及时抵达零售店，常常会采购大量的航运能力。斯蒂夫·乔布斯回归苹果后，在 1997 年为了推出具有标志性的半透明 iMac，支付了 5000 万美元购买中美之间整个节假季的可用货运航力，从而削弱了竞争对手的竞争力。这发生在 iPhone 被推出之前。当苹果开始在全球推出 iPhone 和 iPad，在多个国家、语言用户和各零售连锁店之间进行产品推出协调时，"苹果现象"进一步扩散和加剧。

苹果公司于 2008 年 7 月 11 日在 21 个国家同时推出了 iPhone 的第二款机型（iPhone 3G），并在第一个周末就销售了 100 万部。为达到配送目标，苹果公司必须在发布日前几天获得大量的航运能力。iPhone 新机型的销售量稳步增长，配送挑战相应增加。[10] 考虑到 iPhone 的销售量从 2008 年不足 1200 万部增长到 2014 年后每年超过 2 亿部，挑战的难度变得日益明显。[11]

在技术和时尚领域，新产品发布经常发生。但在大多数情况下，这些新产品只是混合了大多数已知组件技术的产品。供应链中存在众多成熟的物料和零部件供应商，他们可以供应这些组件技术。相比之下，全新产品的推出还涉及启动配料的大规模生产。其中一个有力的例子是在 2020 年底 mRNA（信使核糖核酸）新冠疫苗在全球的推出。

在新冠疫情之前，mRNA 作为一种有前景的新生物医学技术，正在寻找它的第一个真正的应用场景。疫苗、治愈癌症以及治疗心脏和肝脏疾病都是其选择项。从理论上讲，mRNA的注射会促使身体产生一定量的对应mRNA序列编码的抗原、蛋白质或酶。然而，截至2020年初，这种新兴技术仍然只存在于实验室和早期临床试验中，这意味着大规模生产mRNA或mRNA疗法所需要的许多关键成分尚不存在。

坐落在马萨诸塞州剑桥市的莫德纳（Moderna）公司于2020年初开始研发mRNA新冠疫苗。巨大的需求规模意味着大规模生产疫苗的供应链挑战并不小于设计安全有效的疫苗的科学挑战。此外，这家成立于2010年的公司在其生产新冠疫苗之前从未有过商业产品。然而，它确实从一开始就拥有建立在数字技术基础上的现代研究设备和生产基础设施。

推出mRNA新冠疫苗需要将mRNA疫苗和mRNA疫苗成分的生产量从每年数千剂（用于实验室和临床试验）提高到每年数十亿剂，相当于 **10万倍** 的增加。

当莫德纳在2020年春季进行疫苗的首个临床试验时，莫德纳的供应链副总裁保罗·格拉纳迪洛意识到，"我们正在追求一个规模化的目标"。他补充说："我应该说我和我的团队旅程的第一程实际上是与材料有关。我们并不清楚需求，（而且）我们不确定最终的规模，但我们知道我们需要大量的材料。我们从毫克或克开始谈起，转而讨论千克。"这是巨大的转变，格拉纳迪洛说道。

随着如何尽快为数十亿人提供疫苗的巨大挑战被理解，莫德纳的供应链团队自问，用格拉纳迪洛的话来说："我们需要什么？我们如何得到它们？我们的供应商今天是否可以做到？如果他们不能，还有谁可帮助我们？如果他们不能，我们的供应商可以与哪些代工企业合作从而扩大产能？"这些不确定性使得该公司对mRNA和所需成分的生产上限非常担忧。"好几次，以脂质和酶为例，我们都说道，'天哪，这个上限如何突破？'"

　　莫德纳与供应商密切合作，努力突破每一个新的限制。"我们一次又一次地找到继续前进的方法并实现新的规模生产。"格拉纳迪洛说。"通过与供应商合作，以及供应商研究后……他们意识到了我们的要求的严峻程度，他们终于找到了方法。包括政府、供应商、创新者和代工企业在内的人们非常愿意一起，以一种我们通常不会见到的方式协作。"格拉纳迪洛继续说道。通常需要几个月或几年来谈判的协议仅仅花了几天或几周就完成了。"我认为这是人们善良的证明。"他总结道。[12]

　　最终，莫德纳在 2021 年生产和交付了 8 亿剂疫苗，并曾计划在 2022 年交付 20 亿至 30 亿剂，其中包括针对奥密克戎变种的更新版新冠疫苗。

9 无处不在的更好的客户服务

一

正如第 8 章的"在质量（和成本）方面的竞争"一节所提到的，竞争的一种方式是提供更好的客户服务，即在正确的时间、正确的地点和正确的价格向正确的客户交付正确的产品。运输方面的进步减少了下单到交货之间的时间。零售业的进步带来了与客户建立联系、完成订单和交付的新方式。制造业的进步使得按订单制造的生产和交付可以规模化。这些进步都是建立在信息系统、电信、互联网和智能手机的进展之上。更好的技术还使得货物运输的可视性和控制能力更强。

更快的交货时间和更好的服务

1973 年，弗雷德里克·W. 史密斯推出了联邦快递（FedEx）的例行连夜快递服务，由此引发了客户对交付期望的彻底变革。该公司服务背后的创新是通过整合大批量货物，以将飞机飞行的高昂成本进行分摊。每天结束时，该公司将所有货物运送到坐落在田纳西州孟菲斯的中央枢纽，在午夜对货物进行分类，再运往各自的目的地，并在早上进行交付。实质上，每个连夜信件或包裹都与成千上万的其他物品共同分担了两次飞行成本（飞到孟菲斯枢纽和从枢纽出发），这使得每个包裹的运输成本较低。

轴射状运输系统确保了对昂贵资产（飞机）的高资产利用率，

这使得该公司能够提供广泛的点对点的网络服务，而不需要进行点对点的直接飞行。例如，每天从马萨诸塞州伍斯特到亚拉巴马州蒙哥马利的包裹可能只有几个；在两个城市之间的直航几乎是空载（因此，单位包裹的运送成本非常高昂，根本无法负担）。然而，从马萨诸塞州伍斯特到联邦快递所服务的其他所有目的地可能有很多包裹。同时，从联邦快递服务的多个起始地到亚拉巴马州蒙哥马利的包裹数量也可能足以填满一架飞机。正如前面所述，孟菲斯是联邦快递所有包裹进出的枢纽。在晚间，一架装载充足的飞机将所有从伍斯特寄出的包裹带到孟菲斯枢纽；所有的飞机大约在午夜到达。然后，联邦快递按目的地对包裹进行分类。最终在凌晨时分，一架装载充足的飞机将来自全国各地前往亚拉巴马州蒙哥马利的包裹送到目的地。

就供应链来说，联邦快递除了为小件的快速交付提供了经济实惠的方法，还带来了两个更大的变革。大多数连夜快递都隐含着对交付可靠性的重要需求。正因为此需求，联邦快递在 1978 年至1983 年之间所使用的标语是"绝对、肯定、必须连夜送达"。为了确保同时提供速度和可靠性，联邦快递开发了一系列先进的计算和通信应用程序，这是其对供应链管理的第二个重大贡献。

1978 年，联邦快递创始人兼首席执行官史密斯表示："在未来，关于包裹的信息将变得与包裹本身一样重要。"[1] 这一声明，正如第7 章的"数字技术对供应链管理的影响"一节所提到的，反映了许多客户不仅希望包裹被快速可靠地交付，还希望随时了解其包裹的位置。1986 年，联邦快递开始在每个包裹上贴上条形码，以追踪从司机取件开始的整个过程。联邦快递在每个阶段——取件、抵达当地站点、装载飞机、抵达孟菲斯、装载出站飞机、抵达目的地站点、放置在交付车辆上、交付到最终目的地——都对包裹进行扫描。最初，客户需要致电联邦快递才能知道其包裹的位置，但在后来，每次扫描都会显示在联邦快递的网站上，因此消费者可以在线跟踪其包裹。

联邦快递发展迅速。联邦快递从 1973 年 4 月 17 日开始运营，运营第一天它仅处理了 186 个包裹；2022 年，联邦快递平均每天处理的包裹达 1650 万个。该公司在全球拥有 650 个机场转运中心、697 架飞机和 21 万辆车辆。史密斯最初的想法非常成功，也激发了包括 UPS、DHL 和美国邮政服务在内的许多竞争者仿效。它们基于轴射状运营方式，将连夜包裹快递服务增加到它们的服务项目中。

联邦快递和其他航空快递服务的连夜交付为供应链向客户呈现更高水平的服务提供了新机会。一些发货人更进一步，那些致力于提供高服务水平的企业，不再继续多点设立仓储，而是在航空快递枢纽里或附近设立单个仓库，这既节省了房地产成本，又利用了风险聚合的优势将库存最小化。*

利用这种策略的企业通常是提供关键备件、医疗用品、鲜花、重要维修服务和其他对时间敏感的产品和服务的企业。它们通常将其配送中心设在"跑道末端"，即航空快递枢纽附近。这使得零售商、经销商或制造商可以在深夜接受订单，将包裹纳入连夜分拣过程，并在早上将订单交付给客户。通过这种策略，这些企业可以承诺客户在美国任何地方"晚上 10 点前下单，早上 10 点前到货"。[2]

全渠道的复杂性

直到 20 世纪 90 年代，零售销售的主要渠道只有实体零售、邮

---

* 在这个场景中，风险聚合意味着零部件分销商在孟菲斯设立唯一一个仓库，并通过连夜服务覆盖全国。其主要好处是零部件需求的聚合。当零部件都在一个仓库时，需求的总变动性相比为提供连夜服务而将零部件分散在全国各地的多个配送中心来说，要更低，因此所需要的总库存也更少。

购和电话销售。大部分消费者通过从货架上自取，或由零售商的自有送货员送货，或包裹投递到家来获取商品。尽管较大的零售商，如西尔斯、蒙哥马利沃德和杰西潘尼提供了实体零售店和邮购目录销售的组合，但大多数零售商专注于一种分销渠道。

互联网增添了顾客与零售商互动的新渠道。网站最初是零售商纸质邮购目录的电子版。不久，它们就增加了富媒体^①和互动工具来进行商品推广、订单管理、接受支付、跟踪发货、处理客户服务问题以及参与会员计划。智能手机和移动应用提供了更多的互动方式。基于位置的服务可以自动将顾客连接到附近的零售店，发送基于位置的促销信息，并协调送货或提货。卖家以创新的方式与买家互动。例如，在线家具和家居用品零售商 Wayfair 将增强现实技术添加到其移动应用程序中，将产品的图像叠加到顾客家庭内部的图像上，用以进行房间布置的 3D 设计。³AI 驱动的聊天机器人和智能音箱（如 Alexa、Siri 等）为**对话式商务**提供了潜力。对话式商务作为一种用于许多常规性交互式客服的自动化沟通方式，可提升销售。

如第 2 章中"从一到多：出货配送"一节所述，在线订单的履约可能涉及零售商的店员、仓库人员或移动平台（如美国的 Shipt、德国的 Hermes 或哥伦比亚的 Rappi）的零工。而产品本身可以来自最近的零售货架、零售商的另一个附近门店、大都会区域履约中心、较远的配送中心或直接来自制造商。交付方式可以是店内取货、路边交付、零工递送、包裹服务递送、零售商自己的送货人员、邮政递送、寄存柜提货等。最后，如果消费者想要退货或换货，也有很多可能的方式。

---

① 译者注：rich-media，富媒体，指运用浏览器插件或其他脚本语言所编写的具有动态视觉效果的网络广告。

可用于顾客对产品的研究、订单履约、客户服务和产品退货的渠道数量不断增加，催生了**全渠道零售**的理念。在一个理想的环境下，全渠道零售商在任何媒体渠道都能够与顾客互动，接受消费者在任意通道发送的订单，并提供所有的提货、送货和退货选项。

顾客与零售商互动的方式越多，零售商的运营和信息系统就越复杂。零售商需要整合来自移动应用程序、网站、零售店、履约系统、电话订单和客户服务机器人的数据。此外，供应链设计决策也变得更加复杂：在哪里运营店铺、仓库、幕后店*和履约中心？在哪里放置哪一类库存？何时使用哪种交付选项？以及针对不同产品的交货时间提供何种服务水平？如何定价各种选项？等等。这些问题都发生在一个背景之下，那就是消费者对免费且快速交货的期望日渐提高。问题是，快速到什么程度？所有产品都应该提供 2 小时内交付服务吗？从成本角度来看，这可能是不可持续的，因此应该为哪些产品提供何种服务水平呢？

种类繁多的选择不仅自身异常复杂，而且给许多零售商内部也带来了挑战。一些零售商面临的问题是，在涉及多个销售或分销渠道时，如何核算销售？这个挑战源于在实践中奖励员工和公司部门销售业绩的广泛做法。例如，由配送中心所履约的在线销售应该归功于电子商务团队，而实体店内的销售应该归功于实体店团队，这是相当清晰的做法。但是，当顾客在线确认订单并在店内取货时，如何适当地分配业绩就变得复杂了：这属于电子商务销售还是实体店销售？此外，在许多零售企业中，每个团队（店铺和电子商务）都管理着自己的采购；因此，当顾客在店铺下订单，但配送中心履约并发货到顾客家中时，情况就更加模糊了。没有几家零售商对这

---

* "幕后店"是指仅用于网购配送而不对顾客开放的零售空间（例如已停业商场里的百货店）。

些问题有已让人满意的解决方案；对于许多零售商来说，在建立一个统一的全渠道组织的同时，与对手激烈地竞争仍是正在进行中的工作。

更多定制化的产品和服务

汉堡王在 1974 年的著名口号"随你所欲"（Have It Your Way）象征着一个日渐增强的趋势，那就是从大批量生产相同的产品转向为满足每一位客户的特定偏好而进行个性化定制。同样，于 1984 年成立的戴尔电脑公司开始使用现成的组件去生产定制化的个人电脑。客户可以选择基本模型设计（PC 机箱和主板），然后配置他们所要求的处理器、内存、存储驱动器、显卡、外部接口的数量和类型等其他功能。随着客户可以在线选择所需配置，并在几天内收到定制的电脑，戴尔自然而然地过渡到了互联网时代。

通过电子商务，许多其他公司也能够提供定制化产品。例如，CafePress，一家于 1999 年成立的主营产品促销的公司，提供着数十亿种不同的产品。它的各种图形设计、口号、个人标记和颜色可以应用于服装、配饰、家居装饰品、办公用品和文具等数十种产品类别。其他如 Deluxe、Vistaprint、4customize 等公司，也纷纷效仿。

图书出版业也大力推进定制化。实际上，本书英文版就是通过读者在亚马逊（使用 Kindle 出版服务［KDP］）、巴诺书店、谷歌或苹果上的订单按需印刷的。在早期，亚马逊就把自己宣传为"全球最大的书店"。通过 Kindle 出版服务的按需印刷，亚马逊拥有一个更大且无库存的书店。相对地，一旦有人订购了一本书，亚马逊就会打印一本并将其交付给客户。当然，您可能正在使用电子阅读器阅读，这意味着打印流程也可免除。因此，汉堡王、戴尔以及亚马逊的 Kindle 出版服务都根据需求即时制造产品，不需要库存产品。

定制化产品涉及按需制造。由于定制化和个性化使消费者感受独特，因此定制化产品成了许多行业竞争的焦点。独特的个性化服务一直与高端消费品相关联，无论是萨维尔街的定制男装，还是定制家具和其他手工制品。对于大众市场而言，大规模生产，即通过装配线制造大量产品，才能降低产品成本。然而，现代技术使得消费者能够实现个性化需求，同时维持装配线生产的效率。

定制化生产要求制造商和供应商提升能力，了解和记录客户的需求，并采购适当的不同零件的存量，以便能够迅速满足各种订单的要求。例如，购买一辆新定制的福特 F-150 皮卡涉及对基本型号、动力系统功能、选装套餐、增加的功能、配件、装饰附件、配色方案和经销商附件等几十个相互关联的细节的决策。为了引导消费者完成这个过程，福特创建了一种在线配置工具软件。该工具通过提供相关信息和图像帮助潜在买家通过点击所需选项进行选择。F-150 有 8 个型号。该工具首先帮助客户在 8 个型号中进行选择以确定基准产品。一个"型号比较"的表格列出了 8 个型号中每一个型号的约 400 项元素，包括基本配置项、可选项或无可用项。

对于买家做出的每项决策，配置工具会自动检查订单中的兼容性冲突或先决条件。例如，客户不能同时选择长型双排座舱和长型2.5 米的货箱选项。配置工具还会强制执行规则，例如，重型货物负载套餐需要特定尺寸的发动机，如果添加镀铬踏板则意味着要删除先前选择的黑色踏板。在每个步骤中，客户可以看到价格更新以及可用折扣，此外还有随之刷新的车辆图像。

通过配置工具，福特最大限度地减少了在订购特定或定制化产品过程中的误解或错误。一旦车辆规格被确定，系统就会帮助客户找到经销商、安排试驾，并搜索当地是否有该规格产品的库存；或者将定制订单发送给工厂，用以组装定制车辆。几乎所有汽车制造商都使用类似的系统，高端品牌还提供更多的选项。从供应链的角度来看，"定制化"特别具有挑战性是因为公司之间还必须在交付时间上竞争，即保证从客户下单到交付的最小延迟。

正如第 1 章中"部分所需的子装配件"一节所提到的，汽车是由零部件组装而成的，而零部件本身就很复杂。例如，利尔公司在印第安纳州汉蒙德的工厂为福特几款 SUV 型号提供座椅。利尔必须预测客户可能选择的座椅物料（布料、仿皮和真皮的组合）和颜色图案，以及有多少福特客户将需要座椅加热元件、通风系统或电动调节。一旦消费者订购了一辆汽车，订单就会传递给所有供应商。利尔收到的订单详细说明了所需座椅套（主驾位、副驾位和后排乘客位）的规格。利尔公司必须提前订购座椅的众多组件，以便在收到福特的座椅订单后就可以开始制造所需座椅，避免车辆的交付延迟。

为了避免交货延迟或额外库存，福特将车辆的准确生产计划时间提供给利尔公司。福特希望利尔公司根据"准时制"原则将座椅套直接送至生产线。事实上，多个座椅套会按照卡车组装的准确顺序在装配线旁进行交付。组装车辆的挑战在于根据客户的订单，将正确颜色的车身与正确的动力系统、正确的仪表板、正确的座椅等部件进行搭配。

为各种各样的消费者订单进行准备，难点不仅仅是限于类似汽车的复杂产品。即便是汉堡王的定制化快餐也面临挑战。汉堡里的酸黄瓜片和肉饼的通常标准配方是 3:1，但每个餐厅都需要根据当地消费者的喜好，而不是按照 3:1 的标准订购酸黄瓜片和肉饼。具体而言，餐厅必须预测不想要酸黄瓜的顾客与可能想要额外酸黄瓜的顾客的数量比例；此外，还需要为季节性的变化做准备。这一切的原因就是汉堡王必须立即对顾客在柜台上的订单进行响应。因此，餐厅必须提前准备好足够数量的所有原料；同时，餐厅还必须避免任何食品的过多储存，以免食物变质。

自然，商业的各个方面，尤其是面向消费者的方面，都面临类似问题。消费者想要什么、何时想要，这些不确定性导致了需求预测的必要性。不幸的是，预测存在很大的局限性，第12章的"不确定性"一节将讨论这些局限性。

即便是商品退货，为了给消费者和企业提供可供其选择的最为便利的方式，也会涉及多种选择项。对于在线商家来说，退货尤其是个问题。一般来说，电商退货额占总零售额的约30%，远高于实体店的平均数额9%。[4] 如此高的退货率给零售商带来了逆向物流的成本和管理负担，并且在很多情况下，导致它们持有这些无法销售的产品。虽然美国并没有强制零售商提供免费退货的法律，但绝大多数零售商都会这样做。这在零售商之间造成了一种昂贵的竞争。

在与一位从事零售业的朋友一起去参观缅因州弗里波特的L.L.Bean服装旗舰店时，我清晰地理解了提供免费退货的一个主要原因。当我的朋友询问店内商品的退货比例时，店长回答是12%。朋友很惊讶，问为什么店铺仍然保持免费的退货政策，取消该政策是否会降低退货比例。店长笑着回答说，店铺希望能进一步提高退货比例！看着我那目瞪口呆的朋友，店长笑着说："当顾客来店里退货时，他们会购买3倍价值的商品……如果能让他们更多地退货就好了！"

然而，电商并没有享受同样的好处，它们提供免费退货的原因是顾客期望如此。事实上，91%的美国网购消费者认为零售电商的退货政策是其做出购买决策的重要因素。[5] 此外，如果退货方便，91%的消费者会再次从该零售商处购买商品。[6] 因此，尽管会产生物流和成本负担，大多数零售商不得不提供免费退货。

10 迅速增加的法规

——

　　理论上，地球上的所有国家都可以根据其原材料的储备规模、制造产能的大小和消费者对特定产品需求的多寡，来供应相应数量的所有产品。自然资源（可耕土地、气候、矿产储量和海洋资源）以及能力（劳动力、教育体系、创新系统和物流基础设施）定义了一个国家将原材料转化为成品的潜力。消费者的财富、生活条件和偏好定义了购买各种行业产品的潜力。

　　然而，一个国家或地区是否在实际上参与到特定供应链的运作，在很大程度上取决于当地和国家政府是否鼓励、控制参与。政府（无论是国家还是地方政府）通过贸易政策、经济发展政策、产品规范、环境保护政策、税收政策、就业规定、许可要求、汇率操纵等方面对供应链的形态产生深远影响。这种监管在 20 世纪末变得更加密集，增加了全球供应链管理的挑战。

对生产方式的监管

　　1970 年 4 月 22 日，世界第一个地球日，标志着环境法规浪潮的开端。这对制造业和供应链运营产生了重大影响。在 20 世纪 70 年代，美国通过了国家环境政策法、清洁空气法、清洁水法、濒危物种法、天然森林管理法和海洋哺乳动物保护法，并成立了环境保护局。为了减少工作场所发生的死亡、伤害和疾病事故，美国还在

1971 年成立了职业安全与健康管理局。

尽管每个国家都制定了自己的法规，但是各国在执行这些规定的严格程度上却存在着差异。国际组织开始对超越国界的问题制定规则。例如，1973 年的《国际防止船舶污染公约》开始对远洋轮船的各类污染（如海上溢油、有毒货物、污水、发动机排放物）进行规范，并在之后多次进行了更新和加强。另一个例子是 1987 年签署的《蒙特利尔议定书》，它对逐步淘汰氯氟烃和其他臭氧层破坏物质的使用启动了全球性的规范，并设定了相应的截止日期。次年（即 1988 年），政府间气候变化专门委员会成立，其任务是提供评估方法以便"为各级政府制定气候相关政策提供科学依据"。这些评估的目的是为协商限制温室气体排放的政策和法规提供支持。总体而言，国际环境协议的数量从 1970 年的仅仅 52 个增加到 2000 年的约 1000 个。[1]

政府还对特定行业及其提供的产品进行监管。毫不奇怪，制药业是面临严格监管的行业之一；制药供应链的多个环节都受到限制，如消费者触达、零售、分销、制造、原料供应商和产品开发。尽管各国的监管细节可能有所不同，但它们通常都致力于确保生产和管理的所有药品与经过临床测试和批准的物质必须具有相同的安全性和功效。因此，国际药物原材料和产品的供应商必须满足其生产或销售的所有地区中多如牛毛的规定。

大多数制药公司都遵守动态药品生产管理规范（GMP 或 CGMP），这是一套涉及面广泛、符合大多数国家和地区法规的指南与要求。①

---

① 译者注：GMP，Good Manufacturing Practice of Medical Products，《药品生产质量管理规范》；CGMP，Current Good Manufacture Practices，《动态药品生产管理规范》或《现行药品生产管理规范》。

对成分的监管

政府监管的物质数量在不断增加。这迫使公司在其供应链中需要控制和管理这些物质的使用。例如，2003 年的欧盟指令——有害物质限制（RoHS），对在电子和电气设备中的铅、汞、镉、六价铬、多溴联苯和多溴二苯醚的使用进行了规范。2015 年，欧盟在限制清单中又添加了 4 种化学物质（用于塑料软化剂的邻苯二甲酸酯类物质）。[2]

欧盟还增加了一项更广泛的法规，被称为化学物质的登记、评估、授权和限制（REACH）。这项法规涵盖了进口欧盟或在欧盟境内生产的超过 14.5 万种化学物质和化学成分。该法规的目标是对几乎每一种化学物质都要求更为全面的健康和安全测试；之后，又对所谓的高度关注物质进行了限制。截至 2022 年 10 月，高度关注物质的数量达到 224 个。[3] 这些与有毒物质相关的禁令影响了产品设计、制造和危害废物的处理。

一些行业，如食品和化妆品，有其特定的成分监管。这些法规通常定义了允许或禁止使用的成分列表，以及对致污物的管理。一些法规甚至规定产品中必须含有的成分，例如，在美国，"沙拉酱"必须含有不少于 30% 的植物油和不少于 4% 的蛋黄。[4] 所有这些法规都迫使食品制造商对供应商的运营进行审计和检查，以确保供应商提供符合规定的成分。

正如上文所提到的，法规在各个国家和地方之间都可能存在差异。尽管欧盟在食品添加剂方面比美国更加严格，但欧盟允许一些在美国被禁止的添加剂（例如，人工甜味剂环己烯酸盐、植物炭黑和苋菜食用染料）。类似地，欧洲允许销售在美国被禁止的未经巴氏杀菌的奶酪。这种相互冲突的法规限制了企业开发符合所有国家法规的全球性产品。在许多情况下，这些企业被迫为每种在特定国家销售的产品建立单独的供应链。这自然会降低规模效益，并增加成本，包括制造成本、原料采购成本和库存成本。这也增加了管理所有由此产生的供应链的复杂性。

"伪造肉谜团"的苦恼

2012 年 1 月，爱尔兰食品安全局对 27 种汉堡产品的牛肉进行了检测，分析结果震惊了欧洲。在这些产品中，10 种含有马肉 DNA，23 种含有猪肉 DNA。爱尔兰官员追溯这些伪造汉堡肉，找到了三家供应商，导致知名的欧洲零售商召回了 1000 万个汉堡。尽管"伪造肉谜团"可能是一个存在很久的问题，但低成本的 DNA 测试的出现将欧洲牛肉供应链的黑暗角落呈现在光天化日之下。

这一丑闻波及食品供应链各层中的知名公司，影响了至少 13 个国家的 28 家企业。一些大众消费品制造商，如雀巢和 Iglo 食品集团（生产 Iglo 和 Birds Eye 品牌的厂家）不得不召回产品。英国的超市巨头特易购，以及瑞典家居制造商兼零售商宜家销售的经典牛肉丸中被发现了马肉。瑞士的 Co-op 杂货连锁店销售的产品中也被发现了马肉。Co-op 公司一直以其销售的是有机食品、本地采购食品而自豪。此外，快餐连锁店汉堡王和塔可钟的欧洲分店也受到了此次丑闻的影响。英国环境大臣欧文·帕特森在英国议会上表示："很明显，我们正在处理一个涵盖欧洲范围的供应网络。"[5]

更令人不安的是，人们意识到食品销售商甚至食品制造商对其供应链了解和控制的程度极度有限。外包和全球化造就了一个复杂的中间商组织，它们散布在畜牧生产者和零售商之间，使得追踪来源、质量、成分和其他消费者所关心的产品特性变得困难。在冷冻食品制造商芬德斯的案例中，马肉产生于其欧洲食品供应链中的第 4 或第 5 层级，这使得确定伪造的确切发生地点和责任方变得非常困难。在供应链远端的罗马尼亚，马肉经过了屠宰场的合法处理，随后该批马肉通过一家荷兰经销商在塞浦路斯的经销商代表，被送往法国南部的一家工厂，之后再出售给在卢森堡的一家法国企业所拥有的工厂，最终用于在 16 个国家的超市里所销售的冷冻食品。在供应链的某个环节，不知何人将标签从"马肉"改为了"牛肉"。

罗马尼亚官员为其肉类产业的安全保障进行了辩护，马肉在罗马尼亚、法国和其他国家都是合法的食品。罗马尼亚总理维克托·庞塔表示："我们目前掌握到的数据没有显示罗马尼亚公司或在罗马尼亚经营的公司违反了欧洲规定。"[6] 罗马尼亚食品工业联合会主席索林·米娜表示："他们把肉交给了塞浦路斯的某个人。"这暗示伪造可能发生在供应链下游的中间贸易商里。在其他案例中，马肉被追溯到波兰和威尔士的供应商，这表明这起丑闻并不是由单一犯罪行为所引起的个案。

受影响的公司不得不进行大规模的召回。例如，宜家从货架和商店餐厅中撤下了可能受到影响的肉丸，并花费了一个月的时间识别出来源是波兰（这与罗马尼亚的来源不同）。在更换了供应商后，宜家才恢复了肉丸销售。由于宜家每年销售约 1.5 亿个肉丸，这一事件对宜家的影响很大。为了应对声誉损失，该零售商向欧洲食品银行捐赠了 350 万个"无误"肉丸。宜家发言人伊尔瓦·马格努森强调，从货架上撤下的含有马肉的肉丸已经被焚毁。[7] 公司还加强了针对所有食品供应商的标准，增加了对供应商的要求，并开始对这些供应商进行不事先通知的审核。

令人庆幸的是，欧盟对所有制作人类食品和动物饲料的公司都制定了食品追溯规定，[8] 其中包括"向前一步、向后一步"的要求 ①。当局费力地在各个分销渠道中追溯着错误标注的肉类，透露

---

① 译者注：即公司需要能够识别它们的直接供应商，以及它们的直接客户。

出企业几乎不太了解或不太能控制其自身的供应链。

贸易限制与政府干预

政府的贸易规定、关税、税收和补贴可以直接影响供应链的形态，这使得网络设计的经济逻辑变得更为复杂，不但如此，政府对规则的改变又增加了波动。在此之上，各国政府还使用不同程度的贸易制裁，对与被制裁国家（如俄罗斯、伊朗、叙利亚、朝鲜、委内瑞拉、缅甸和古巴）进行的供应链进出口实施直接惩罚。更令人不安的是世界上最大的两个经济体中美之间的贸易争端。所有这些限制都给企业带来额外的负担和责任，因为它们必须确保其供应链符合所有规定。例如，美国企业被限制购买来自特定地区的材料和产品。美国企业还面临禁止向特定国家出口某些产品的限制，如向俄罗斯出口高技术产品或向中国出口先进的半导体产品。此外，美国企业能否向任何受到禁运或制裁的国家销售产品，取决于具体国家和所涉及的物品，还需要从美国财政部、商务部或国务院获得特殊许可。

政府通过征收贸易关税来直接调控供应链成本有几方面的目的：支持本地产业、抵消外国贸易伙伴的所谓不公平优势或补贴、对其他国家的关税进行报复。例如，2018 年美国对来自欧盟、加拿大和墨西哥的钢铁和铝产品征收高额关税。作为回应，欧盟对一些典型的美国产品，如波旁威士忌酒、摩托车、花生酱和牛仔裤，进行了关税报复。

政府还控制其税收结构和税率。不同国家的税制差异导致企业采用转移定价会计法。当公司将业务部门设在不同国家时，管理层就有机会以人为价格将产品在这些业务部门之间进行转移。通过增加在低税收司法管辖区内的产品利润份额，母公司就可以将其总税款降至最低。[9]

对于管理层来说，税收的直接影响是使得管理层选择净税负最低的选项，即使这些选项增加了成本或降低了潜在收入。税收和法规变化的最终影响是，管理层会利用这些变化来调整供应链的结构。也就是说，管理层会将工厂、业务部门设在税收和监管负担最小之处，这种做法被一些人视为**监管套利**。[10]

为了增加当地经济活动和就业机会，各国和地方政府也在争取外部投资。这通常包括通过各种补贴吸引供应链运营（公司、工厂、配送中心和物流基础设施）入驻该地。包括美国在内的许多国家在鼓励全球贸易的同时，也在试图保护本地劳工免受全球竞争的影响。实现这一目标而不降低当地税收收入的方法之一是设立**自由贸易区**。自贸区承载着某些供应链的活动，如制造、产品组装和分销，只要生产的产品不进入该国市场而是出口，那么入境材料都不征收关税，且无限额。这特别有益于中间加工生产业务，例如将芯片进口到自贸区，并从该自贸区出口电脑主板；芯片实际上从未进入该国市场，但自贸区提供了本地建造主板的就业机会。

20世纪最后几十年和21世纪初，各国之间对贸易的限制，总的来说，呈下降趋势。例如，始于1979年里根总统提议的北美自由贸易协定，在1989年与加拿大部分生效，于1992年由三国正式批准，于1994年正式生效。不过，该协定直到2008年才移除了所有剩余的关税和限制。2020年，这项协定被特朗普总统签署的《美国—墨西哥—加拿大协议》所取代。欧洲经过数十年的一体化进程最终推出了单一市场、跨边界自由旅行和欧元货币。在全球范围内，1995年成立了世界贸易组织（WTO），其主要目的是"为了共同利益开放贸易"。自1970年以来，区域间贸易协定的数量从不到10个增加到2022年的354个。[11]世界贸易（进口与出口）占GDP的比例（被称为开放度指数）从1970年的25%增长到 2008 年的 61%，但之后下降到 2019 年的 56%。需要注意的是，美国以 23% 的数值，位列全球贸易开放度排名倒数第 3 位。这与以贸易为主导的经济体，如新加坡（338%）和中国香港地区（403%），形成鲜明的对比。[12]

11　追求环境和社会可持续性

——

完成企业基本业务是供应链管理者所期望实现的目标，但这只是众多目标之一。供应链管理者还需要完成：降低采购、制造和分销的成本；确保在零售店、电商履约中心和仓库中有货；缩短客户的交货时间；管理消费者所希望的五花八门的全渠道互动方式，等等。除此之外，供应链管理者还面临新附加的目标，这包括：将公司对环境的影响降到最低；确保供应链中的工人安全；确保没有供应商使用童工或强迫劳动；使自身员工队伍多元化，等等。不过，这些目标都不是用来取代企业基本业务目标的，管理者需要同时实现基本目标和新附加的目标。

气候变化可能对供应链产生影响

气候变化可能已开始对供应链产生影响，特别是在大宗商品的供应和物流方面。有人指出，在 2022 年，因为严重的干旱导致棉花产量极低，收获价不及成本，得克萨斯州的棉花种植者（承担美国 40% 的棉花种植）放弃了超过三分之二的作物。[1] 这场严重的干旱还影响了美国西部 60% 的地区。美国农业局联合会主席齐皮·杜瓦尔表示："不仅农民和牧场主会在未来几年中感受到这场干旱的影响，消费者也会。许多农民不得不做出伤心欲绝的决定，去出售他们数年来饲养的牲畜或者砍伐生长了几十年的果树。"[2]

2002 年，联合利华董事长安东尼·布鲁格曼斯以简单的方式解释了这一挑战，他讥讽地说道："没有鱼，哪有鱼条。"[3] 这句话暗示着，无论是产品交付，还是就业都取决于最重要的供应商：地球及其矿产资源和自然生态系统的产能。人们种植、提取、制造、购买或使用的每一种产品的每一个原子都来源于地球上的某个地方。然而，这种来源并不是理所当然的。"如果农业和渔业没有根本性的变化，那么在未来的 10 到 20 年内，我们将无法经营下去。"布鲁格曼斯说道。

气候变化也可能直接影响供应链的基础设施。例如，莱茵河每年大约运载 3 亿吨货物；欧盟官员希望到 2050 年将其运量增加 50%，以减少铁路和卡车所产生的排放。然而，随着气温升高和阿尔卑斯山冰川的萎缩，莱茵河正在干涸。2022 年夏季，为防止搁浅，船运商不得不减少装载量到正常船载货运量的四分之一。[4] 在美国，干旱导致密西西比河的水位下降，从而造成驳船搁浅被困。2022 年 10 月 7 日，美国海岸警卫队报告称，河流沿线各地出现了超过 2000 艘驳船积压的情况。[5] 这些被迫停运的驳船中有许多正在运送刚刚收获的玉米和大豆。这些作物必须要运往市场，所以对其他替代运输方式的需求也因此增加，成本也随之而升。不幸的是，主要的替代方式——铁路——每吨货运所产生的排放要比驳船高 39%（卡车产生的排放比驳船高 371%）。[6]

环境可持续性

为使人类生活舒适（和愉快）的许多供应链活动都在消耗地球上的各种资源，并影响到人类补充其他资源的能力。来自农场、矿山和工厂的有毒排放物危害着植物、动物和人类自身。采矿和钻探不可避免地将耗尽地球的矿产资源。过度使用水资源导致一些地区干旱，而在其他地区导致土壤中盐分累积。由于燃烧化石燃料用于发电、供暖和交通，大气中的二氧化碳越来越多，导致全球气温不断升高。

在供应链中衡量环境影响是困难的，对减少排放量采取实际行动更加困难。这不仅仅是因为气候现象本身错综复杂，而且因为供应链自身的规模和复杂性。虽然一家企业可以测量（并改进）其自身在能源、水资源、材料和土地利用方面的碳足迹，但这还不够。产品的环境碳足迹还包括供应链上游所有供应商的碳足迹以及零售、消费者使用和处置阶段的环境影响。显然，环境可持续性是一个供应链问题。

事实上，仅仅衡量一家公司的碳排放量几乎没有意义，因为公司可以通过将高碳任务交给供应商来减少自身的碳足迹。显然，这样的做法对应对全球性气候变化的挑战没有真正的缓解效果。

不幸的是，供应链中最深层次、最不透明的环节对产品的可持续性起着重要作用，因为它们涵盖了原材料的供应，如农产品和矿产。这些原材料通常对土地、水资源和生态系统影响最大。然而，正如第 4 章中"供应链层次的复杂性"一节所解释的那样，到供应链的最深层去追溯产品零件的来源是一种挑战，因为这些深层供应商隐藏在供应链的末端。

在碳排放量尤其是碳足迹方面，细节把控至关重要。针对有害温室气体的排放，尚不存在一个可以保证行之有效的供应链决策，即便是看似最直观的决策。例如，在本地采购而不是从远处采购，看起来更具有持续性；相比于来自数千公里之外的热带国家的鲜花，从本地几公里之外的温室运来鲜花所产生的温室气体排放肯定要少很多。然而，在本地温室种植花卉的碳足迹要远远超过几小时飞行的碳足迹。因此，只有进行全面评估或全面的**生命周期评估**（LCA），才能确定每个选项的整体影响。生命周期评估要对产品的每个阶段、所有供应链操作和最终使用进行全面的资源使用和污染物排放的核算。

对于某些产品来说，大部分碳排放量发生在消费者使用之时。汽车（使用燃料）、家电、小工具、照明（使用电力运行）以及清洁剂和洗发水（需要热水）都消耗着大量能源。因此，产品的碳足迹不仅包括供应链上游活动所产生的排放，还包括与产品的下游使用和废弃处置相关的排放。

对生命周期终止的产品进行废弃处置提供了原材料回收利用的机会，如此可以减少生产替代产品的碳足迹。许多环保主义者和一些政府希望产品制造商在确保产品安全处置方面发挥越来越大的作用。制造商被期望提供各种方式将产品收回、再利用，并安全地处理所有含毒材料。然而，这样的供应链系统必须处理从消费者那里回收产品的逆向物流，对其进行回收利用并用负责任的方式处理残渣，这增加了系统的复杂性。

解决社会不公正

2013 年 4 月 24 日，新闻媒体上充斥着一个可怕的画面。在孟加拉国拉纳广场，超过 1100 具尸体被从一幢倒塌的八层服装工厂的废墟中拖出。孟加拉国的诺贝尔奖获得者穆罕默德·尤努斯写道，这场灾难是"我们作为一个国家失败的象征"。[7]拉纳广场的事件并不是个案。在此之前六个月，孟加拉国的另一家服装工厂塔兹林时尚公司发生了火灾，造成 112 人死亡。孟加拉国的事件以一种悲惨的、具象的方式展现了一些公司全球供应链深处的恶劣生产条件。

在可怕地搜寻着拉纳广场废墟下的尸体的同时，另一场搜寻也在进行，即哪些西方公司向该工厂下过服装订单？事实上，供应商所使用的工厂建筑结构并不稳定；尽管在事故前一天，工厂墙壁上已经出现了巨大裂缝，但是工人们还是被迫继续工作。然而，大多数公司都否认使用过在倒塌的建筑物中运营的供应商。最终，本尼通、芒果、H&M、普利马克和绮童堡等知名公司承认当时或之前使用过这些供应商。在孟加拉国，工人安全并不是唯一的社会问题。当教皇方济各得知孟加拉国的最低工资只有每月40美元时，他说："这就是所谓的奴隶劳工。"[8]

许多公司的确不知道自己所使用的供应商是谁。在孟加拉国等国家，存在着不透明的经纪人、承包商和分包商的网络。例如，当塔兹林时尚公司发生火灾时，沃尔玛坚信自己与此无关，因为早在火灾发生一年之前，沃尔玛所聘用的审计师在对该工厂进行检查后，就宣布塔兹林具有"高风险"，沃尔玛因此已将塔兹林从其认可的供应商名单中删除。但是，沃尔玛的一个授权供应商将工作转包给了另一个授权供应商，之后，该分包商又将工作转移到塔兹林公司。[9]

然而，服装制造业并不是唯一有着令人发指的劳动环境的行业。2009年4月，人权活动家、"够了吧"项目创始人约翰·普伦德加斯特向电子行业的标杆公司写信。信中警告道，用于电子产品的四种金属（黄金、钽、锡和钨）可能是在强迫和暴力的条件下，从刚果民主共和国东部地区开采的。这些元素是冲突矿产，类似于所谓的"血钻"。也就是说，激进分子和恐怖分子通过暴力迫使公民开采矿石，为战争筹资。"够了吧"项目试图通过说服公司不要再购买冲突矿产，以避免西方成为冲突的间接资金来源。显然，收到信函的公司面临着声誉威胁。

英特尔立即采取了行动，询问其供应商金属的来源，但是大多数供应商并不知晓。[10]这些矿物质从供应商复杂网络深处的某个地方进入英特尔的供应链，并最终变成产品——英特尔的处理器。英特尔首先关注了钽，对其上游供应链勾画了细致的图谱，很快意识到必须关注冶炼厂。冶炼厂是供应链中最后一个仍然能确定矿石来源的环节。一个合乎逻辑的控制冲突矿产的方法是建立一个被认证的冶炼厂名单，从而确保矿石的来源。但这个方式存在两个困难。第一，它需要对全球的冶炼厂，包括对那些并不在冲突地区的冶炼厂，进行认证。第二，这些冶炼厂位于英特尔供应链的第6、第7层，远超过通常的业务关系范围，也不在买方对供应商的正常影响区间。为什么巴西的钽冶炼厂需要关心刚果的矿石，或者关心并不是其客户的美国芯片制造商呢？

更糟糕的是，试图封锁冲突矿产很快带来了意想不到的后果。一些冶炼厂最初的反应是简单地停止购买来自刚果民主共和国的所有矿石。然而，并不是所有的矿工都为武装分子工作，而且采矿业是刚果民主共和国两个主要的收入来源之一（另一个是农业）。对该国合法经济的破坏只会引发进一步的动荡。因此，英特尔必须了解每个冶炼厂的各自运营特征，以及其在追溯来自特定矿山和国家的矿石来源方面所存在的不足。例如，一些冶炼厂有文件表明矿石发货国，但欠缺关于矿石实际开采地的文件。由于金属（尤其是黄金）可以通过多个国家进行走私，这成为一个关键问题。

为得出结论，英特尔帮助成立了电子行业公民联盟（下文简称为 EICC），现称为负责任商业联盟（RBA）。这是因为英特尔只使用了全球电子产品中微小的一部分钽，其他公司的参与非常重要。通过 EICC，其中包括芯片制造设备供应商、芯片制造商、合同制造商和电子原始设备制造商，英特尔可以得到结果。该公司还与美国国务院和美国国际开发署合作，成立并资助了公私合作的负责任矿产贸易联盟。英特尔为此努力投入了大量资源，展示了挖掘社会不公正的来源及解决此问题的困难。在 2014 年 1 月，英特尔宣布，在接下来的一年中，其所有微处理器都将采购于"无冲突"的矿物供应链。[11]

其他公司也面临着类似的声誉威胁。例如，宜家依靠全球超过1600个供应商的网络，将木材、纺织品、泡沫和金属转化为公司标志性的"自己动手搭建式"家具套件和其他家居产品。宜家因为被揭露在 20 世纪 80 年代使用东德政治犯劳工，以及在 20 世纪 90 年代的非法伐木和砍伐森林而声名受损。[12]

在 2000 年，宜家实施了全面供应商行为准则——"宜家家居产品采购方式"（下文简称为 IWAY）。[13]IWAY 在供应商合同基本条款之上，还规定了额外的要求。基本条款规范着特定单位的原材料交付需满足一定的质量、时间和成本，而额外的要求包含了超过 100 个在环境和社会方面"应该做"和"不应该做"的事项。[14]IWAY 的环境标准涉及室外空气污染、室外噪声污染、土壤和水污染、能源减排、化学品处理、有害和非有害废物，以及室内工作环境。IWAY 还包括许多与儿童劳工、强迫劳工、工人工资、工作时间和工作条件相关的社会责任要求。

为了执行这些要求，宜家雇用了 80 名全职审核员。他们全部的工作就是审核供应商和二级供应商。除了自有员工，宜家还聘请第三方审核员对宜家自己的审核进行"验证"和"校准"。如果审核发现问题，宜家通常会给予供应商 2 周至 90 天的时间来解决问题；在问题解决之前，宜家可能会暂停接收供应商的货品。

效率：以更少的环境影响来生产更多的产品

人类所面临的核心环境冲突在于，一方面人们需要为地球上的居民提供其所需和所要求的所有产品与服务，另一方面生产和交付这些商品与服务会对地球环境造成负面影响。为了供应人们所需，企业需要在经济上可行并实现增长。对企业经营的任何限制通常都意味着更高的成本和更低的利润。无论是使用有机食品原料还是选择远在异地的认证供应商，企业的成本都会增加。然而，在某些情况下，环境可持续性和经济可行性的目标可以相互一致。原材料和能源既具有财务成本，也具有环境成本，这意味着所谓的**生态效率举措**可以使得两者同时降低。

能源和碳排放

根据西门子公司供应链负责人芭芭拉·库克斯的说法，为了提高内部能源效率，西门子于2006年开始实施一个"典型德国式"的四步方法。[15]西门子首先选择其中一个工厂进行改进，并进行"能源健康检查"，然后对能源使用进行分析，最后在该西门子工厂和公司总部之间签署绩效改进合同。[16]这个评估和改进的四步周期在很大程度上是一项生态效率举措，其目的是通过减少能源使用来同时降低成本和碳足迹。

例如，西门子在巴伐利亚的一家工厂中安装了价值190万欧元的新型节能设备和相关工艺。该项目使得该工厂的能源消耗减少了20%，且每年减少了2700多吨二氧化碳的排放量。当然，相对于西门子在2013年排放的273.7万吨二氧化碳，[17]以及2013年全球化石燃料360亿吨的碳排放量，这是微不足道的。[18]

然而，巴伐利亚工厂的改进只是西门子所采取的数千项举措之一。例如，在英国的纽卡斯尔工厂，西门子采取了13项举措，涉及现有建筑自动化系统的扩展、加热系统测量和控制技术的现代化以及节能照明的安装。此外，西门子在全球298个主要制造工厂中实施了四步节能过程。它还优化了大约7000个客户建筑物的能源使用。[19]其结果是，在2010年至2014年间，该公司的整体能源效率提升了11%，二氧化碳效率（单位二氧化碳排放的业务产出）提高了20%。[20]额外的努力还使西门子供应链的碳足迹在2014年至2020年间减少了一半以上（54%）。

这些例子表明，企业在环境可持续性方面的工作是一个广泛实施的过程，而不是一个"万能"的解决方案；减少环境影响需要多个干预点。西门子关注生态效率意味着它带来的改变也降低了成本。例如，上述巴伐利亚举措的成本大约是190万欧元，但每年节约了近70万欧元，这意味着该项目在四年半的时间内收回了成本（根据公司内部门槛标准）。纽卡斯尔项目的改进带来了类似的好处。[21] 然而，环境可持续性所面临的挑战并不仅仅是能源消耗和碳排放。

水资源

一个至关重要但常常被忽视的资源是水。它既影响着供应链，又受到供应链的影响。正如雀巢公司主席彼得·布拉贝克在2014年接受《金融时报》采访时所说："我们会在石油耗尽之前耗尽水资源。"[22]

相比于碳或能源，水更为复杂。这有两个方面的原因。首先，相对于人、工业和农业的现有需求而言，水资源的稀缺程度在不同地区差异很大，因此，在哪里消耗水非常重要。其次，使用水的方式很重要，因为有些只是借用水资源（提取，但之后返还干净的、经过处理的水）；有些会污染水资源（破坏下游使用）；有些会导致蒸发（使水资源无法供给下游使用）。

雀巢公司有约38%的工厂位于水资源紧缺地区，这一事实促使该公司在2010年至2020年间实施了500多项节水项目。[23] 这些项目将公司整体水提取量（按其产成品每单位重量所计算的水体积）减少了32%。其中，许多努力集中在31个高优先级制造工厂之中，这些工厂或位于水资源严重紧缺地区，或在雀巢水提取量中占有显著份额。[24]

如上所述，与能源使用不同，一些关于水的流程只是借用水资源而不是消耗水资源。例如，在墨西哥，雀巢建立了一家新的"零用水"工厂，用于生产奶粉和其他乳制品。该工厂使用的原料是牛奶，牛奶平均含水量为88%。通过凝结并回收蒸发奶所产生的蒸汽，该工厂每天可以收集约160万升水。工厂对这些回收水使用了两次：首先，用于清洁蒸发机器；之后经过再收集、净化和再循环，用于工厂的其他清洁活动和浇灌土地。这种水资源回收和循环过程消除了对该地区稀缺地下水的需求。[25]雀巢已经在20个工厂中实施了此类零用水系统。[26]总体而言，该公司在其全球工厂内采取三阶段方法来减少用水：减少每个制造流程中的水使用量；多次重复使用水资源；从原材料中回收水资源并用于其他流程。[27]

与能源和碳排放一样，企业的水足迹延伸到供应链条中。雀巢通过其强制性的雀巢负责任采购标准，与16.5万个直接供应商和62.5万名农民就节水措施和相关问题进行了合作。例如，雀巢在2020年培训了35.5万名农民，并与农民合作，帮助他们应对干旱和洪水等问题。[28]

材料回收

消费者和工业产品所需的材料在其提取和废弃处置过程中会产生显著的环境影响。为了减轻其中的一些影响，惠普公司对打印机墨盒进行了回收。惠普在全球设置了16 500个收集点，包括在零售商店，如史泰博、欧迪办公①、沃尔玛和百思买设立的点。惠普也从消费者处通过直接邮寄方式回收墨盒。惠普将回收的打印机墨盒送往回收工厂进行自动拆解。然后，将塑料部分粉碎，再送往加拿大魁北克的工厂。在那里，来自打印机墨盒的碎片与来自回收饮料瓶和衣架的碎片相混合，并用于制造成原料供下一批墨盒生产。[29]回收的树脂材料被送往惠普在亚洲和欧洲的墨盒制造工

---

① 译者注：欧迪办公是美国办公用品零售商，在美拥有1400多个实体商店。

厂。截至 2022 年，惠普已回收了 9.62 亿个墨盒、47 亿个塑料瓶和 1.14 亿个塑料衣架。[30]

总体而言，回收可以减少多类别的环境影响。惠普委托第三方就其墨盒回收计划进行了一项独立的生命周期评估。该分析将回收墨盒和回收其他塑料的收集、运输和处理与石油提取、原始塑料生产的影响进行了比较。结果发现，在研究所涵盖的 12 个维度中，墨盒回收计划对环境的影响更低——毒性减少 12%，碳足迹和水使用量分别降低 33% 和 89%。[31] 回收是创建所谓**循环供应链**（或**闭环供应链**）的关键要素。在循环供应链中，处于生命周期末端的材料从消费者处被收集并运输到处理站，在那里进行重新加工，成为可重复使用的材料，然后将其投入生产的供应链之中以向更多的消费者供应商品。惠普估算其部分墨盒已被回收利用了 10 多次。[32]

回收还可以成为一种生态效益策略，这是因为回收可以满足公司的一些重要经济目标，而这些经济目标并非以削减直接成本的形式来表达。比如，江森自控，全球最大的汽车电池供应商，早在 1904 年就回收了其首个电池，这比亨利·福特推出 T 车型还早了 4 年。到 2015 年，该公司回收了其在北美所销售的超过 97% 的铅酸汽车电池。该公司向零售商交付新电池时，每次都会回收旧电池。从退回的每个废弃电池中，江森自控可以高效地回收 99% 的材料。在其新铅酸电池中，80% 的材料是回收材料。[33]

江森自控循环回收策略的一个关键部分是同步回收铅以及电池的其他材料，这使得收集成本被分摊到更多的回收元素上。例如，该公司将回收电池的塑料外壳用于制造新的外壳，将回收电池的酸性电解液用于新电池或提供给洗涤剂和玻璃制造商。最重要的是，从回收电池中获取 80% 至 90% 的铅可以保护该公司应对全球铅市场价格波动的影响。从 2000 年到 2020 年，铅价格在每吨 500 美元到 3700 美元之间波动；由于面临着对二次铅冶炼厂日益严格的环境标准，回收铅的价格在不断上涨，但波动不大。事实上，江森自控在 2012 年公告，为符合新规要求，公司不得不进行新的投资，其北美地区铅酸电池的价格因此将上涨 8%。[34] 拥有国内铅供应，该公司减少了对在中国、澳大利亚和秘鲁等的国外铅生产商的依赖，这使得江森自控免受货币汇率波动和贸易摩擦的影响。

环境灾难

追求更高的生活标准（甚至仅仅是工作）而不是环境可持续性日益成为一个重要的问题。以纺织品生产为例，如加里·格里菲和斯泰西·弗雷德里克在 2010 年世界银行政策研究工作论文中所写，[35] 这是"国家发展的跳板，通常是出口导向型工业化国家的典型起始产业"。纺织品行业在全球至少雇用了 4000 万人，并帮助人们通过购买力的增加摆脱贫困。[36] 但纺织品生产可能带来严重的环境后果。自然资源保护委员会声称，"纺织品制造业是世界上最污染的行业之一"[37]，"一家纺织厂每吨面料印染要使用约 200 吨水。未经处理的有毒染料从工厂中排出，可导致河流变成红色，或者随着季节潮流的变化，而变成青蓝色或蓝绿色"。

陷入两难境地的供应链

供应链的日益复杂和加速的变化对企业管理，尤其是对供应链管理，产生了巨大压力。在企业供应链的一端，虽然客户自己向供应商提交着难以预测的订单，但希望得到顺畅可靠的执行和交付；在另一端，供应和生产系统必须应对新的地缘政治问题、突发事件、社会指令、成本压力和多变的需求。在这两个现实之间，公司必须处理艰难的决策、策略和战术，以确保充分利用生产能力，包括正确的人员和资产组合。

12 波动性、不确定性、复杂性和模糊性

出现在 1985 年的术语 VUCA（Volatility［波动性］，Uncertainty［不确定性］，Complexity［复杂性］，Ambiguity［模糊性］）是一个缩写，用来描述在许多情况下，决策者所面临的普遍环境就是波动的、不确定的、复杂的和模糊的。[1]最初，这个概念是美国陆军战争学院用来描述冷战结束后的世界军事状态的。然而，在 21 世纪 20 年代初，VUCA 完美地描述了供应链管理者所面临的世界。

波动性是企业所处的环境以意想不到的方式快速变化的倾向。它对企业产生重大影响，因为大多数企业缺乏迅速改变和迅速适应的能力。

不确定性是对未来事件缺乏可预测性和确信度。它源于对未来事件的进程缺乏完整的或确定的信息。

复杂性是一个系统的特性。系统具有许多组成部分；这些部分以多层复杂的、非线性的、随机的以及时变的方式相互作用。它可能导致系统产生新兴特性*。在本书此处，我希望读者们意识到供应链是复杂的。

模糊性是指一个事件或陈述具有多重解释。在供应链管理环境中，它描述了数据含义不清晰的场景。

---

* 新兴特性是由系统组成部分相互作用而产生的系统新特征，该特征并不是系统任何组成部分的固有特征。

波动性

新冠疫情对全球的影响只是全球波动性的最新案例。其他案例如，1973 年的能源危机显示了世界经济在面对原油这种单一原料中断时的脆弱性；2008 年的金融危机揭示了全球供应链中物流是如何依赖于资金流的。在世界各地回荡的半规则周期性的繁荣和萧条[①]导致了 1975 年、1982 年、1991 年和 2009 年的全球经济衰退，以及 1997 年、2001 年和 2012 年的低迷。供应链所经历的许多波动性根源是总体经济状况和地缘政治的不稳定。

2022 年 2 月，俄乌战争展示了地缘政治紧张局势下复杂的全球后果。经济制裁和对俄罗斯石油禁运导致全球油价飙升。由于欧盟和英国是石油海洋运输的金融和保险的主要提供方，因此他们的制裁有效地阻断了俄罗斯的大部分石油出口。

作为回应，俄罗斯限制了对欧盟的天然气供应，导致欧盟的天然气价格在 2022 年 8 月之前增长了 7 倍。[2] 这引发了欧盟能源价格的大幅上涨和对天然气及电力配给的担忧。（当市场了解到欧洲拥有大量库存时，天然气价格暴跌，但是波动性仍然持续。）较高的油气价格推高了基于化石燃料生产的衍生商品的价格，同时因为制造和交付任何产品都需要能源（即便是种植农产品也需要肥料，而肥料的生产必须使用能源），这意味着产品成本的增加。通货膨胀由此被引发。对供应链管理者来说，商品价格无法预测的震荡，以及原材料是否可以获得的不确定性的波动，造成成本难以控制，长期规划难以制定。

所有这些冲击对即便是远离俄乌黑海周边的国家的稳定也产

---

① 译者注：半规则周期性的繁荣和萧条是指经济发展有周期特征，经济增长或繁荣期与经济紧缩或萧条不断循环，但是这些周期虽然遵循着一种相对可预测的模式，繁荣与萧条在持续时间上或其他特征方面并不完全规则。

生了影响。联合国粮食权特别报告员迈克尔·法赫里表示："在过去的三年里，全球食品短缺和饥荒的比例一直在上升。随着俄乌战争的爆发，我们将在全球更多的地方面对即将出现的饥荒和饥饿的风险。"世界粮食计划署负责人戴维·比斯利警告说："没有粮食安全，就不会有和平。事情就这么简单。"[3]举例来说，斯里兰卡的政府就在 2022 年中期因食品和燃气价格上涨而倒台。

对于那些在全球皆需的产品中至关重要的自然资源，当其供应存在地理集中性时，供应链也会面临风险，因为政府可能对其国境内的大宗商品的对外供应设置限制。

近年来，全球向绿色能源的转变推动了对电动汽车和可再生能源系统所需的矿物质（如锂、钴、镍和铜）的开采扩张。一辆典型的电动汽车所需的矿物质投入是传统汽车的 6 倍，陆地风力发电厂所需的矿物资源是燃气发电厂的 9 倍。因此，不足为奇，2022 年墨西哥将该国的锂资源国有化。

西方国家也利用出口管制和经济制裁来推进其政治和安全目标。在俄乌战争后，欧盟和美国实施了资产冻结、旅行禁令和扩大的经济制裁。这些行动限制了俄罗斯公司获取高科技元件的能力，并限制了它们的进出口活动。由于地缘政治事件的影响，俄罗斯的某些制造和供应链运营受到了干扰。另一个例子是，美国限制向中国公司出口半导体以及超级计算机制造和测试设备、元件和技术。

不确定性

人类对知晓未来的渴望与人类自身一样古老；人们一直希望能够预知未来。例如，确定天气、确定人所害怕的动物或人所猎取为食的动物的活动、确定敌对部落的行动等，对早期人类来说，这些都是生死攸关的问题。早期文明依赖于那些被认为在预测未来结果方面具有特殊禀赋和能力的人。这类先知、巫师、预言家的预测质量，以及占星术、手相术、读茶叶术和读塔罗牌术的预测质量，取决于这些人在预测时对系统和人类状况理解的能力。他们的"预测"通常以笼统的方式来表达，用以涵盖各种可能性。即使在今天，一些最受欢迎的网络搜索词仍是"梦境解析"和"星座计算"，这些现象证明了人们对了解未来的持续渴望。

对于供应链来说，未来最大的不确定性之一是客户需求：如消费者以什么数量、在哪些地点以及什么时间订购哪些产品。只要客户期望所需的商品能够随时随地可获得并快速交付，那么公司就必须随时准备好在客户要求时提供相应的商品。因此，他们必须提前预测客户的需求。

例如，像拉夫·劳伦或耐克这样的品牌服装零售商，它们需要预测未来销售季节对其产品的需求——有多少消费者想购买多少数量的哪种产品，以便向供应商下正确数量的订单。这两家公司都依赖于东南亚的合同制造商。对于这个行业的大多数公司来说，从产品设计到抵达零售店的货架或电子商务履约中心可能需要 6 到 12 个月。因此，这些公司需要提前几个月就做好准确的预测。

问题在于，即便不考虑每种产品的各种尺码，仅纱线种类、布料种类、不同颜色和众多的服装类型，就有上万种组合的可能性。事实上，时尚产品的需求很难预测，因为它受制于不断变化的品味趋势和消费者的突发欲望，也受制于品牌代言人的兴衰。对于功能性的日常产品（如尿布或白色 T 恤），历史销售数据可以作为预测此类产品流程的基础，但每个新季节的时尚单品都没有历史数据，并且去年的热门款式很有可能已经过时。实际上，对于功能性产品来说，预测误差可能为 10% 到 15%，而对于时尚单品来说可能达到 50% 到 80%。[4]

为了解决这个问题，供应链经理们采用了预测技术，这些技术采用了基于由客观数据所决定的特定逻辑和规则的数学系统，而不是基于具有特殊能力的人的预测。例如，巨型电商亚马逊面临着一个真正艰巨的挑战。该公司在全球 185 个国家或地区销售超过 4 亿种产品。在每个地点为每种产品维持大量库存是不经济的。为了预测客户将要购买的产品，该公司对已知统计方法进行融合，其中一些方法是内部开发的。所有这些方法由大约 200 名数据科学家所组成的统计预测团队来管理。预测系统使用机器学习算法，利用历史销售的类似产品和竞争产品的实践状况，以及当前页面浏览量对模型进行训练，然后来预测每种产品的需求量和需求地点。[5]

然而，每个预测，无论是如何发展而来的，都只是一种有根据的猜测。所以，预测的第一个原则是："预测总是错误的！"因此，供应链经理必须接受这样一个现实，即他们刚刚采购的产品的类型、颜色、数量和其他特征将与人们实际想要购买的产品存在差异。如果供应链经理订购过少产品会导致库存不足和短缺，并使顾客沮丧，且将顾客推向竞争对手；订购过多则会导致库存积压，并被迫通过促销、公司直营店和折扣店以亏损的价格销售剩余产品。因此，即便是预测质量方面的微小改善，也会带来显著的经济效益。这就是亚马逊和其他每个零售商及制造商都投资于预测系统的原因；这些系统可能并不完美，但可以提高预测准确性。然而，尽管现代预测可能比以前的更好了，但预测仍然"总是错误"的。

预测无论以何种方式被做出，都存在一个明显的限制。它们的基本假设都是：在一定程度上，未来会与过去表现相似。当需求的基本模式发生变化时，基于过去行为的预测就会失效。例如，在新冠疫情期间，人们不仅停止去餐馆，而且他们所购买的用于在家庭里消费的食物也不一样了：新鲜农产品减少，而罐头、面食和其他慰藉食品增加。在 2022 年底，对经济衰退的担心和通货膨胀导致购买习惯再次发生变化，人们更偏爱价格较低的产品。这些变化迫使管理者不得不重写他们的技术预测系统，这正如第 16 章中"应用语境：否决算法"一节所解释的那样。

供应链中的不确定性：牛鞭效应

大多数婴儿以稳定的频度使用着尿不湿，他们对供应链管理问题毫无意识。每周，沃尔玛、家乐福或奥乐齐所出售的尿不湿数量基本上是恒定的。然而，在 20 世纪 90 年代初，宝洁公司，即帮宝适牌和乐芙适牌尿不湿的制造商，发现了一些令人困惑的销售规律。尽管当时美国的出生率稳定，婴儿使用尿布的速度也是稳定的，但宝洁的尿布经销商向其工厂发送的订单却出现了显著波动。此外，宝洁还注意到，其向原材料供应商如 3M 发送的订单波动更大。[6]

宝洁公司将这种现象称为**牛鞭效应**，指的是随着向供应链上游的推移，订单和库存水平的振幅越来越大。惠普在审查其在欧迪办公的打印机订单和销售时，发现了类似的规则。甚至意大利的面食制造商百味来在 20 世纪 80 年代也体验到来自经销商的订单大幅波动，尽管意大利人对面食的消费量本身没有变化。牛鞭效应也导致经销商的库存水平随机波动，并且出现了 6% 至 7% 的断货率。[7]

在供应链中，当收到货品时间滞后于下订单时间，且需求数据不明确时，就会产生牛鞭效应。促销是一个真实需求信息被扭曲的例子。促销会导致销售的波动，这会被错误地解释为产品需求的长期变化，而实际上顾客只是在简单地囤货。沃尔沃所经历的故事是一个需求数据不明确的例子。在 20 世纪 90 年代中期，这家瑞典汽车制造商存在过多的绿色汽车库存。为了销售这些汽车，销售和营销部门开始提供有吸引力的特价优惠，甚至为了清理库存而亏本销售。绿色汽车因此销售良好，但是没有人告诉制造部门有关促销的信息。制造部门注意到绿色汽车销售增加的数据，将其解读为消费者喜欢绿色，因此，制造部门增加了绿色汽车的生产，这使得问题更加恶化，并损害了公司的盈利能力。[8]

要了解牛鞭效应在供应链中的运作方式，可以一个零售商为例思考，假定其库存是一个月的产品销售量。假设零售商的销售出现了 20% 的下降，由于预测是基于历史销售数据而来的，该零售商推断未来的销售也会较低。如果零售商预测未来的销售较低，那么，它应该准备的库存将小于在前期销售较高时所累积的库存，由此，该零售商向批发商下订单时，就会减少 30% 至 40% 的订单（这反映了未来销售的降低，以及降低当前高库存的需要）。看到来自零售商的订单下降了 30% 至 40%，批发商必须计划未来销售较低时的状况，以及考虑他们当前库存过多的事实，因此，作为应对，批发商将对制造商的订单削减了 50% 至 60%。在供应链的每一层，客户需求的下降都会引发供应商订单数的更大下降。每家公司都认为它需要通过削减生产和减少过多的库存来应对销售的下降。

当需求恢复时，牛鞭效应模式逆转，因为每一层都增加了订单量；这既是为了覆盖预期的销售增加，也是为了迅速补充耗尽的库存。同样，效应向供应链上游放大，对上游的订单规模越来越大。然而，由于在经济衰退期间进行了产能削减，上游公司需要时间来响应订单。随着订单涌入，交货时间变长，供应商开始按一定比例向客户分配货物，而客户则通过进一步增加订单量来争取获得更高比例的分配[①]。

触发牛鞭效应的最初需求变化也可能是由经济周期的繁荣和衰退，以及显著改变某些产品需求的危机（如新冠疫情）所引起的。

---

① 译者注：通过人为夸大订单量，即便供应商在客户中的分配比例保持不变，该客户也可以从供应商有限的产量中获得更多的分配，满足其真实订单的需求。

这一现象在新冠疫情期间以及 2020 年至 2022 年的复苏过程中得到了充分展示。在疫情高峰期,许多产品的需求暴跌,公司因此减少了对供应商产品和零部件的订单,导致供应商裁员甚至关闭工厂。当需求恢复时,公司大幅增加订单。然而,由于制造能力不足和运输瓶颈导致产品何时到货存在不确定性,因此,许多公司进一步加大了订单,但随着运输状况的改善,导致这些公司在 2022 年下半年面临严重的库存积压。不幸的是,由于美国和欧洲的通胀和衰退压力,许多产品的需求同期暴跌。因此,当零售商和制造商处理过多的库存时,他们也在减少对供应商的订单,这为下一波牛鞭效应铺垫了根基。

总的来说,对需求变化原因的不了解会导致猜测——所看到的变化是暂时的还是永久的?是预示着越来越高的需求趋势,还是越来越低的需求趋势?公司因失去销售(而如果市场实际上在增长)或因囤积库存(而如果市场实际上在减小)所产生的焦虑会导致供应链参与者对需求的临时变化过度推断。供应商离消费者越远,距离真正了解需求变化的原因就越远,因此,它们特别容易过度推断。

虽然牛鞭效应最初被描述为特定公司供应链中的效应,但它可以发生在更广泛的范围内。当 2008 年的金融危机来袭后,无论是经济下滑还是复苏期间,牛鞭效应在全球范围内都发挥着作用。在经济衰退期,美国的零售下降了 12%,然而美国制造商的库存下降了 15%,制造商的销售下降了近 30%;同期进口暴跌超过 30%。[9]类似地,对 125 家荷兰公司的调查发现,最终客户的第 1 层和第 2 层的供应商收入下降了 25%,而处于第 3 层和第 4 层的公司收入下降了 39% 至 43%。[10]

当金融危机缓解时,经销商和零售商开始重建库存以期增加销售,导致在零售销售回升了 7% 时,进口激增了 27%。

13 建立韧性

供应链中断有多种形式，既有日常运营故障，也有导致消费者面临商品短缺和涨价的轰动的、小概率的、影响力大的事件。常见的中断包括工厂停产、港口关闭、零部件交付中出现意外质量问题、运输延迟、材料和货物的关税增加等。公司通过保留额外的安全库存（包括零部件和成品）、使用多个供应商、加急交付等策略来应对此类事件发生的可能性。这样的措施通常足以缓解客户罕有体验的供应链中断的影响。

针对这些中断的大部分预案都基于对过去经验的统计分析。然而，小概率事件，根据定义，罕有发生，以至于无法使用统计方法来计算它们的可能性。此类事件的例子包括 2005 年卡特里娜飓风对新奥尔良的影响、2011 年的日本东北部地震、新冠疫情以及俄乌战争。尽管无法预测此类重大事件，但仍然有必要来应对它们。

全球竞争的加剧以及客户期望的提高使得公司更加关注韧性，并对韧性进行投资。韧性是一个来源于材料科学的术语，指的是物质或物体在变形后能够恢复其原有形状的能力。在商业世界中，韧性指的是企业能够迅速从中断中恢复并恢复至其原有的生产水平、服务水平或其他重要的绩效类别的能力。以下几节将讨论企业在其供应链中建立韧性所采用的策略。

库存

防止产品短缺的首要防线是保持零部件和产品的高库存水平。在新冠疫情期间，这个问题经常出现在新闻中；然而，尽管媒体声称准时制（JIT）是导致疫情引发产品短缺的罪魁祸首之一[①]，但库存的案例更加复杂。事实上，所有企业都保持着相当数量的库存。此外，由美国统计局所跟踪的库存销售比显示，在 2013 年初至 2019 年末之间（即疫情暴发之前），该指标一直处于增加的趋势。[1] 尽管一定数量的库存是不可避免的（比如处于制造过程中的半成品），但是大多数库存是特定经济决策的结果。

保持库存的主要原因是防止意外的供应链中断或意外的需求增加。这种库存被称为**安全库存**。具体而言，这部分零部件和产成品的库存使得任何供应链参与者都能够在供不应求时继续满足客户需求，从而使客户的需求不受到供应可获得性的影响。

然而，需要意识到的是并非所有产品都相同，因此安全库存策略也有所不同。只有当公司的利润率允许时，公司才能保持大量的安全库存。例如，考虑一个专利药物的制造商。尽管制造和分销成本微不足道，但专利使得该公司能够制定较高的价格。在这种情况下，如果产品在库存中变质而需要被处置，公司只会损失制造和分销成本。相比之下，如果产品缺货导致公司失去一笔销售额，其影响将基于产品的价格，而该产品的价格远高于其成本。因此，制药公司通常会对受到专利保护的药物保留大量库存。

在另一方面，对于低利润产品的制造商（例如医用手套）来说，库存持有成本（仓储、保险、维护、报废和资金成本）大于产品利润。因此，对于低利润产品，保持大量库存对公司来说在经济

---

① 译者注：媒体认为 JIT 就是零库存，因此企业强调 JIT 会导致缺货。

上是不可行的。这在疫情期间变得显而易见。

　　然而，在一些情况下，为防范大规模中断的发生，持有大量库存是必要的。例如，美国的战略性石油储备举措。该举措是当年美国政府为防范石油禁运对本国造成影响而启动的。石油公司和其他用户都不能随意动用这些储备，也不能利用它们来调节日常价格。只有美国总统才能在指定条件下授权释放这些储备。

冗余

　　如上所述，额外的库存是一种冗余形式，但它不是唯一的冗余形式。其他形式的冗余可以减轻风险，但也会带来相应的成本并引入其他风险。每种冗余策略的好处必须与一些考量因素相平衡。

　　安全攸关的系统通常都有并行的、冗余的内部结构。例如，客机具有三个液压系统，这显著降低了单个组件故障可能导致的事故风险。当然，三重冗余组件的成本不仅是单一系统的三倍，它们还会增加飞机重量，需要更多的燃料（这又增加了飞机在起飞时的重量）。

　　同样，为所需的每种材料、零件或服务提供多个供应商似乎是一种简单的韧性策略。这可以避免单一供应商发生故障时所导致的生产的完全中断。理论上，如果一家公司有两个供应商提供某种材料，那么当其中一个供应商发生故障时，剩下的供应商也许可能加倍交付。在最糟糕的情况下，公司也应该能够继续生产正常产量的一半。然而，多个供应商会增加成本并涉及新的风险。

　　与双重或多重供应商策略相关的成本增加源于采购量必须分配给两个或更多的供应商。因此，公司无法获得将其全部采购量集中于单一供应商时，可能获得的采购量折扣。公司也可能失去其关键供应商的"优先客户"地位，结果可能是在物资短缺时无法优先获得物料和零件。此外，随着每个新增供应商的出现，合同、审计和建立沟通的成本也会增加。

与额外供应商有关的风险还包括对公司声誉的风险。供应商的数量越多，其中某个供应商卷入社会公正问题或环境违规行为的风险就越大，这将拖累公司的声誉和销售。这就如第 11 章中"解决社会不公正"一节所述的塔兹林时尚公司的事件。供应商的数量越多，存在一个"坏苹果"的可能性就越大。

公司可以通过在全球设立多个工厂来建设内部冗余。例如，德国化工巨头巴斯夫在设计其供应链时，就要求在需求变化时，或者在中断状态尚未完全恢复时，公司能够重新部署其网络的产能。该公司位于莱茵河路德维希港的主要工厂消耗着相当于整个瑞士用量的天然气。[2] 2022 年，在俄乌战争爆发后，欧洲能源成本高企，该公司利用其内部冗余，将其许多业务从欧洲转移了出去。

同样，沃尔玛的配送网络的设计也是通过对部分冗余容量的集中和管理来减轻局部中断的影响的。截至 2023 年初，沃尔玛在美国所运营的 170 多个配送中心为其在美国的 4742 家门店提供服务。[3] 自然灾害（如飓风）有时会通过破坏区域设施或引发灾前灾后蜂拥而至的需求，导致该区域配送中断。

为了解决中断问题，沃尔玛马不停蹄地采用了"邻居帮助邻居"的方式，即使用配送网络中未受影响的配送中心来与受影响的配送中心共享一些已经计划的冗余产能。具体而言，（与受影响区域）直接相邻的配送中心为受影响的配送中心提供服务，而这些直接相邻的配送中心的邻居再与这些最直接介入解决中断的配送中心共享部分产能。实质上，所有配送中心的服务都在向受影响的区域倾斜。

运营冗余无法解决所有问题。例如，冗余并不能解决大传染病期间对某些产品意外激增的需求。在新冠疫情期间，人力资源和物资短缺影响了大多数公司和行业。结果，当一个供应商无法交付时，几乎不存在其他供应商可以接替的情况。没有公司拥有足够的库存来承受如此大规模、长期的中断。

在其他情况下，诸如拥有多个供应商之类的冗余措施也不是可选项。制造那些仅有几个原子厚度的芯片所涉及的复杂度依赖于高度专业化的、独特的化学物质和专业知识。在某些情况下，按照英特尔公司全球供应链运营副总裁杰基·斯图姆于 2012 年所说，全球只有一个供应商（有时甚至只是那个供应商的一个工厂）知道如何使分子"以恰当的方式舞动"。[4] 与具有独特能力的供应商合作使得开发领先的产品成为可能，但也产生了对供应商的依赖；当该供应商遭遇中断时，这可能带来挑战。在 2011 年日本东北部大地震和海啸灾害后，英特尔由于使用尖端技术，就无法即时切换供应商（参见第 4 章中"供应链层次的复杂性"一节）。

通过标准化实现灵活性

芝加哥著名的西尔斯大厦（后改名为威利斯大厦）在风中的摇摆幅度可近 1 米。这展示了一个简单的原则："如欲不断，则须柔软。"供应链的灵活性取决于管理者能够迅速改变运营方式的能力。实现这种灵活性的秘诀在于建立在标准化（包括标准工厂、标准零部件、标准设备和标准流程）基础上的互换性。标准化使公司能够有效地应对中断。下面的例子可作为说明。

英特尔有个策略叫"精准复制！"对于其每一个半导体制造工厂，英特尔都会按照完全相同的规格建造，从而在全球范围内设置可互换的工艺和工厂。"精准复制！"将英特尔在全球的所有工厂转化为一个单一的、大型的虚拟工厂。晶圆*可以在一个工厂中进

---

* 晶圆是一种薄薄的半导体材料，如晶体硅。它被用作基底使得微电子器件可以构建在其中或其上。一个晶圆是一个大型芯片或成千上万个微小芯片（集成电路）的基础。

行部分加工，然后再运送到另一个工厂完成，而不会影响产出。因此，当 2003 年亚洲爆发非典疫情时，该公司能够相对容易地调整生产。

使用标准零部件可简化制造商所提出的要求，在需要时更容易地快速引入新的供应商，因此，这提高了企业的韧性。在多个产品线上使用相同的零部件也可简化预测需求，这是因为使用同一零部件的所有型号的需求可以聚合（回顾第 9 章中"更快的交货时间和更好的服务"一节所讨论的风险聚合）。在某些情况下，标准化零部件非常普遍，以至于它们对生产灵活性的贡献被人们视为理所当然。例如，在 2000 年，当福特汽车公司召回其探险者 SUV 所使用的 650 万个轮胎时，汽车轮胎尺寸的标准化使得福特能够快速地从其他轮胎制造商处采购轮胎。如果轮胎硬件和尺寸非标准化，那么为顾客提供安全替代品所需的时间可能长达数月。

美国西南航空公司拥有近 800 架飞机。它们都是波音 737 型飞机。使用单一飞机类型意味着西南航空公司可以在天气、拥堵、机械故障或其他问题影响其运营时方便地更换飞机和机组人员。西南航空公司对标准化的热衷延伸到最细节之处：虽然飞机驾驶舱技术多年来一直在发展，但公司仍然对驾驶舱进行标准化部署。可互换的驾驶舱意味着飞行员可互换，并节省了培训成本。因此，使用标准设备增强了韧性。当然，如果 737 型飞机存在设计问题，那么西南航空公司就会面临风险。正如 2019 年，所有波音 737 Max 型飞机都不得不停飞一样。

1994 年，肯塔基州路易斯维尔遭遇突如其来的冰暴。因道路不通，UPS 的员工无法到达 UPS 的航空运营中心——UPS 世界港。成千上万个客户期望交付的包裹滞留在中心。尽管 UPS 清理了跑道，飞机可以在路易斯维尔起飞和降落，但世界港的工作人员无法从家里赶到机场。不过，由于 UPS 在所有航空站和航空运营中心都使用了标准化的工作流程，这使得它能够使用从其他城市飞来的工作人员，来维持世界港的运营。

总体而言，使用标准化零部件、工厂、设备和流程，是在为应对变化做出反应的灵活性与为针对特定或局部用途做出更合适的定制之间，采取的一种权衡。专为特定用途制造的零部件可能更高效，但标准化的零部件可以更快地进入市场，可更方便获取，并具有更低的库存持有成本。使用标准化设计扩大了供应商的来源，使得公司在（或当）某一家供应商中断时，能够从其他供应商处进行采购。然而，这要求在设计新产品时，具有更高水平的内部协调和控制。

通过合作实现灵活性

乍一看，丰田的准时制系统似乎相当脆弱，容易受到干扰。然而，它拥有一项独特的优势，可以帮助其从干扰中恢复过来，那就是与供应商之间牢固而可靠的关系。

1997年2月1日星期六，日本刈谷市爱信精机公司1号工厂在黎明前突发大火。大火摧毁了该公司用于制造刹车阀的506台专用机器的大部分。爱信是向丰田绝大部分车辆提供这种价值10美元的零部件的唯一供应商。即便要修复几台机器，供应商也需要至少两周的时间，而要满足丰田的需求，恢复正常运行，则需要六个多月的时间，这样才能得到所需的专用机器。

因为缺乏爱信精机的零部件，丰田的33条装配线中有20条被迫停工。最后一批使用爱信刹车阀的车辆在星期日早上下线。随着丰田的停产，所有依赖该汽车制造商业务的供应商以及服务提供商也将停产或放缓工作节奏。要体会此问题的严重程度，可以想象一下，每天的停产将减少日本总工业产值的约0.1%。[5]

为了恢复生产，丰田和爱信精机利用了其供应商网络的灵活性和产能：36家丰田供应商和22家爱信精机供应商同意尽可能多地生产刹车阀。另外150家二级供应商，包括72家机床制造商，对志愿供应商提供支持，并帮助爱信精机进行重建。[6]

爱信精机分发了设计图纸、原材料、未受损的钻头，并派遣工作人员支持紧急救援工作。火灾发生后仅三天，首批1000个零部件就开始到货。到星期四，丰田一些工厂已经重新开工。接下来的星期一，生产已经恢复到接近正常的水平。最终，通过额外的轮班和加班，丰田仅损失了五天的生产时间。

在中断事件发生后，丰田曾考虑过双重供应商策略；但对这些关键零部件，最后还是选择继续独家供货。丰田高级常务董事池渊浩介表示："许多人认为可能需要将生产分散到不同的供应商和工厂，但这样必须考虑在每个地方配置昂贵的铣床的成本。我们重新认识到我们的现有系统是有效的。"[7]

再来看最近的一个通过协作来支持韧性的事例。美国最大的批发杂货供应商，规模达到300亿美元的C&S杂货批发公司，在新冠疫情期间需要更多的工人和卡车。面对需求激增的杂货量，它需要更多的配送能力来处理需发送到其所服务的7000多家零售店的杂货。通常，招聘会耗费很长时间，需要打招聘广告、面试、评估、对候选人进行背景调查、联系选定的新员工、引导新员工入职和培训。整个过程时间太长，而C&S的首席执行官迈克·达菲马上就需要工人。

达菲回忆说，他认识美国食品公司的首席执行官兼董事长彼得罗·萨特里亚诺。价值240亿美元的美国食品公司是一家向餐馆和其他机构配送食品的配送商。当时由于消费者待在家里，美国食品公司的客户——餐馆、学术机构和其他企业——都关闭了，美国食品公司面临需求暴跌的情况。达菲打电话给萨特里亚诺，问道："你是否有可以使用的资源，包括人员和卡车？因为我们需要2000

名员工。"萨特里亚诺同意了。两家公司商定了一项安排,即美国食品公司的工人仍保留在自己公司的岗位,但暂时被重新分配到附近的 C&S 工厂工作。达菲说:"在一周内,(萨特里亚诺的)员工就进入了我们的工厂,接受我们的设备培训,第二天就可以投入工作。"[8]

萨特里亚诺在不久之后向《超市新闻》表示:"通过合作关系来撬动我们的配送产能是支持我国零售商的一个很好的例子,我们非常重视这个重要机会。"[9]达菲与其他餐厅和机构食品配送商,如性能食品集团和西斯科公司,签订了类似的安排。零售食品行业的其他参与者也采取了相同的措施来满足不断增长的劳动需求。例如,连锁超市艾伯森与餐饮和酒店行业的 17 家公司建立了合作伙伴关系,得以迅速引进 30 000 名兼职员工。[10]达菲谈到这次集体努力时说:"很高兴看到跨行业的合作,大家齐心协力,共同保障我们社区的食物供应。"[11]

更好的检测系统

应对供应链中断的第一步是尽快了解中断是在何时何地发生的。公司越早发现问题,就可以越快着手来缓释其影响,并使得对客户的影响最小化。然而,由于复杂和广泛分布的供应链结构,"检测灾难"这种看似简单的行动实际上非常复杂。持续地匹配和监控全球数千个设施和服务,而且考虑到这其中的每一个都对运维至关重要,是一项艰巨的任务。

2005 年,本迪亚·瓦基尔从 MIT 的运输与物流中心获得了供应链管理硕士学位。她加入了硅谷的思科公司。在五年的工作时间里,她经历了多次供应链中断。这个经历使她意识到公司实际上并不知道其供应商是在哪里从事生产的,而这个信息非常重要,特别是当某个国家发生自然灾害时，公司需要知道是否会因此受到（所波及的）影响。她在一次采访中解释说："我们所掌握的地址是公司办公室或发货地点，而不是生产物品的工厂地址。"[12]

获取每个供应商的每个零部件的供应工厂位置，对于公司和其供应商来说，都是一项繁琐的工作。例如，思科有1000多个供应商，包括四家大型合同制造商，并采购了50 000种零部件用于200多个产品系列，生产了12 000多个产品。[13] 思科的许多供应商也是大公司，如伟创力，其在全球拥有100多个制造地点和16 000多个供应商。思科的工作人员需要联系每个供应商，并询问他们制造每个零部件的位置，而每个供应商的工作人员又需要对这些零部件继续追踪。仅思科一家的产品，供应商已经难以应付了，如果许多公司都试图绘制自己的供应链的话，那么供应商将被淹没在所有客户的位置数据请求中。

瓦基尔认为，要使得绘制供应链信息的工作具有成本效益，则"需要通过统一的平台"。[14] 第三方服务提供商可以一次性地从每家供应商那里获得大部分数据，这样就可以将收集信息的成本分摊给多个客户公司。由于在同一行业中的许多公司所使用的供应商有重叠，因此，为一个公司绘制供应链将降低该行业其他公司绘制供应链的成本。瓦基尔从思科辞职，带着绘制和跟踪任何公司及其供应商的所有设施的梦想，于2010年创立了供应链弹性公司Resilinc。

为实现这一目标，在确保供应商的数据安全的情况下，Resilinc对自己客户公司的供应商进行调查和绘图。这些调查涵盖了多方面的风险管理问题，如供应商工厂位置、分级供应商的位置、业务连续性计划、恢复时间、紧急联系数据、使用冲突矿产，以及其他考量。Resilinc还收集了公司的每个产品的零部件数据（BOM），以此，Resilinc可以确定在供应商中断交付零部件时，公司的哪些产品可能受到影响。最终，供应链绘制图可以将供应商的工厂，以及受这些工厂中断影响的公司的产品相连接。Resilinc 甚至进一步将公司的客户，以及这些客户从公司购买的产品联系起来。因此，当中断发生时，Resilinc 的系统会立即计算受影响的产品，并确定公司中的哪些客户正在使用这些产品。由此，Resilinc 可以迅速确定公司的"风险价值"，即由于缺乏某些所需零部件而可能损失的收入金额。公司在了解哪些客户将受到影响以及如何受到了影响后，可以优先考虑其应对措施，并关注正确的客户。

为了检测供应链中断并向客户提供警报，Resilinc 大约监控了涵盖 100 种语言的 150 000 个新闻来源，获取超过 40 种事件类型的新闻。该公司创建了一种基于人工智能的程序——EventWatch AI，来监控所有这些新闻，并帮助客户发现可能影响其遍布全球的供应地点网络中的任何节点的事件。瓦基尔说道："通过应用我们在供应链事件及其实际影响方面基于十多年历史数据的洞察，我们的数据科学团队能够通过机器学习过程'训练'EventWatch，识别事件的相关性及其影响。"[15]

瓦基尔描述了在疫情期间的工作："我们监控了社交媒体 X。2020 年 1 月，我们向客户发布了第一个定制警报，通报了不明原因的传染病。我们对一些地区进行了地理围栏设置，当警报被发给客户后，他们就可以通过他们的移动应用程序监控关于这些地区的事件的信息，他们可以看到有多少供应商在受影响地区设置了工厂，哪些工厂在那里，哪些零部件来自那里，哪些产品使用这些零部件，等等。"她补充说："此外，由于我们进行了供应链绘制，我们的客户知道供应商在该国家或世界其他地区的备用场所，可以用于恢复生产。"[16]

应对中断

为应对重大中断干扰，许多大型组织都设立了危机管理中心或紧急运营中心。这通常是一个大空间，里面配置了全面的通讯技术、监视屏幕、白板和一排排为电力及网络接入而装配的桌子。这些中心是公司受影响部门的高级决策者可以聚集和协作解决问题的地方。在较为平静的时期，该中心可能只有一些风险管理人员，负责监测各种新闻源、天气情况以及组织内部的保安活动或报警系统，以发现可能产生问题的迹象。

庆幸的是，大规模的全球性中断并不常见。严重的区域性中断偶尔会发生，适度的局部中断更为频繁，而小问题则随时可能出现。2012 年，当时任伟创力公司首席采购和供应链官的汤姆·林顿表示："我有 14 000 个供应商。我敢保证，在这 14 000 个供应商中，至少有一个今天遇到了麻烦。"[17]

伟创力为了持续监控其庞大的全球供应链，建立了一个名为伟创力脉搏中心的供应链可视化场所。这个类似于圆形剧场的房间里有一个显眼的巨大带状显示屏覆盖了整个前墙，它拥有 22 个大型的高分辨率交互式屏幕。墙上呈现出各种实时信息，如灾害新闻、社交媒体信息流、全球在途货物的地图、库存水平的热力图、收入百分比饼图、异常情况的地图、交货时间的图表，并且还有空间接入数百种其他类型的供应链数据。全球生产基地的实时视频以及集成的视频会议功能，使其能够与全球各地的伟创力站点建立直接联系，实时解决问题。[18]

伟创力在全球建立了九个脉搏中心：两个在美国，两个在中国，此外，在奥地利、印度、以色列、墨西哥和波兰各有一个。每个伟创力脉搏中心都充当着网络运营中心的角色，为需求、库存、制造、质量和交付提供即时的、集成的展示。伟创力的首席采购和供应链官林恩·托雷尔及其团队在新冠疫情期间使用了伟创力脉搏中心来管理供应链。托雷尔表示："为应对新冠疫情，我们创建了一些特定的仪表板。这样，我们就可以了解客户层面、工厂层面以及零件层面可能受到的影响。"[19]

伟创力脉搏不只是将人们聚集在一个实体场所的九个中心，它还是一个供 10 000 名员工协作的数字平台。伟创力将数据、仪表板、可视化功能以及脉搏中心的深度查询功能带到公司供应链人员的计算机、平板电脑和手机上。使用脉搏数字平台和实体中心一样，可以根据位置、客户、产品、BOM 等对数据进行筛选。用户可以针对任何问题查看持续的信息流，了解其状态，并了解该问题距离解决方案还有多远。

此外，伟创力公司的脉搏供应链可视化系统更像是供应链高速公路上的交通摄像头，而不是供应链公路上的收费站。它将传统的自上而下的、命令与控制的过程转变为自下而上的、由当地决策并由顶层监控和调整的过程。因此，通过伟创力脉搏平台进行协作决策的转变不仅仅是技术上的变化，也是文化上的变化。

无论是对中断流程的修复，还是对现有过程的改进，其方法基本相同：参与者都需要合作、共享数据、提出行动方案、实施这些方案并监测进展。伟创力脉搏中心的经验展示了危机管理中心的概念是如何从仅仅在最困难的时期才使用的"作战室"转变为在最好的时期也可广泛使用的改进运营的工具箱的。

为最坏的情况做准备

面对越来越多的风险（例如，深层次供应商的中断）以及客户对服务持续增加的期望，在业务的持续性和恢复方面，企业都面临着越来越高的要求。即便在出现问题时，企业仍然被期望能继续提供服务。因此，企业使用业务持续性规划来为最坏的情况做准备。通过直接或间接的中断事件，以及"假设"场景演练，企业制定了针对不同类型灾难的所谓行动手册。这些行动手册概述了有效地应对每种类型的中断时的职责、流程和检查清单。

例如，当新冠疫情暴发时，巴斯夫公司已经准备好了一本针对大流行病的行动手册。作为一家在风险管理和安全方面有着极其严格的流程的全球性化学公司，巴斯夫早已制定了针对各种可能的中断事件的行动手册。尽管行动手册永远无法预测实际事件的每一个细节，但它确实提供了一个大致的框架，可以用于理解可能产生的影响和合适的应对措施。

巴斯夫欧洲仓库物流运营高级副总裁拉尔夫·布舍回顾了公司应对新冠疫情的情景："当人们从奥地利和意大利北部的滑雪胜地回来时，很多人被感染了。这个消息出现在新闻中，而我们有（且一直有）一份大流行病的应对计划……我们会使用基本上已经计划好的方法，并且一直对此很认真。现在我们在现实中有了真正的试验，计划好的方法真的有效吗？这时，我们必须看具体情况，而现实情况与我们计划中的情景有些不同，毕竟，不是每一件事情都可以被计划到。"[20]

尽管针对设施不得不被关闭的情况，巴斯夫的确制定了应对计划，但由于公司充足的准备工作，其主要设施在新冠疫情期间都没有停工。总的来说，类似巴斯夫这样的公司使用了情景规划、行动手册、模拟演习和实践来准备和培训应对中断的能力。罗克韦尔自动化公司也采取了类似的方法。时任制造运营副总裁特里斯蒂安·坎瓦尔解释说："根据近年来的各种危机，我们制定了行动手册，指导在中断时应该采取哪些行为和措施。当新冠疫情暴发时，我们将这些行动手册投入使用，这使得我们能够按照预定义的流程高效地处理情况。"[21]

仅有行动手册并不意味公司对未来做好了准备。使用行动手册的人员需要通过在演习和中断模拟中运用行动手册来理解和调适行为。在这种练习中，针对中断场景，管理人员使用行动手册指导行动，并对这些决策所模拟出的影响进行分析。事后的反馈有助于鉴别计划中的缺陷，解决行动手册中的问题，发现机构中隐藏的风险，并提高管理人员对如何处理中断的理解。

数字通信技术巨头思科已经创建了至少 14 个供应链事件管理行动手册。该公司对行动手册的态度是"如果你被抓到两次，那就是你的错"。[22] 由于各地所经历的中断类型通常不相同，因此各地的行动手册也有所不同。例如，得克萨斯州经常发生龙卷风，而泰国则有季风和洪水。随着世界变得更加动荡，这样的准备变得越来越有价值。

重返本土：钟摆回归

虽然全球化显著提高了全球范围内的生活水平，但离岸的好处并没有被均匀分配。反对全球化的人包括：工会领导人，他们关注失业问题；[23] 环保主义者，他们关注发展中国家不严格的法规和全球运输中的碳排放；[24] 民粹主义政治家，他们有着民族主义政治议程；[25] 社会活动家，他们对一些国家的不道德做法感到不满。[26] 与大流行病相关的综合影响，包括一些国家更加限制性的贸易政策、物资短缺、工厂关停以及港口和其他交通枢纽的拥堵，引发了人们将运营带回国家（**重返本土**）的兴趣，以便消除对海外政权的依赖。大多数国家意识到不可能完全割裂与他国之间的联系，许多政府主张将运营转移到更友好的国家（**友邦外包**）和更近的地理位置（**近海外包**）。

然而，重返本土和近海外包并不像在购物时简单地从城里另一端的杂货店移步到最近的杂货店。这有几个原因。第一，许多供应链（例如亚洲地区的供应链）是几十年的投资和发展累积的结果。西方公司通过大规模技术转让和培训发展了中国供应商。到了21世纪20年代，这些供应商已经被证明是创新性的、复杂的和具备能力的，而且有价格优势。因此，为了保持竞争力，重返本土的公司必须发展整个供应链生态系统，包括制造商、供应商和潜在的成千上万的次层级供应商。在某些情况下，真正重返本土也许是不可能的，比如，本地区不存在该行业所需的矿产商品，或者由于当地环境法律的限制而无法开发。

第二，重返本土可能需要十多年的努力。在任何地点聚集足够多的制造和供应链运营设施都需要时间。要吸引一批所需的劳动力，如工程师和技术人员，或吸引专业服务行业，如熟悉行业特定需求与问题的会计和法律服务，都需要集聚体。同样，为了满足建立货运服务所需的容量和频率，也要求"集聚"。[27]

第三，在西方进行新的制造业务将需要更多熟练的劳动力，这是大多数西方国家面临的问题。例如，世界领先的先进半导体制造商台积电（TSMC），于2022年在美国亚利桑那州开工建设了一家先进芯片工厂，然而，由于高昂的建设成本，以及最重要的是，由于美国缺乏工程人才而需要将工程师派往台积电总部进行培训，因此，在美国亚利桑那州制造芯片的成本可能比在中国台湾地区制造要高出至少50%。[28]

第四，将生产迁回本土可能会将一个中断风险置换成另一个风险。本地运营，无论是在北美还是欧洲，都会受到天气和其他自然灾难中断以及劳资纠纷和执政党更迭时政府政策的影响。此外，如果一个国家或地区面临严重的当地扰乱，那么，将所有生产能力集中于此地，就意味着将所有的鸡蛋放在一个篮子里，即使这个篮子是在本国内。

一些公司也不太可能重返本土，因为它们已经优化了全球的地点组合。巴斯夫公司的拉尔夫·布舍说："我们将在华生产，因为我们在华生产的产品是为了服务中国或亚洲市场的。"[29]布舍描述了巴斯夫公司如何将上游工厂（生产大量常见的关键成分化学品）设置在靠近原材料（如原油和天然气）来源地的位置。这样可以最大程度地减少原材料的运输成本。巴斯夫将下游工厂（生产复杂的成品化学品）设置于客户附近，以最大程度地提供客户服务，尤其是优化交货速度。

在一个"打地鼠"的世界中[①]，疫情、贸易政策和地方性灾难在不同的时间、不同的地点发生，并对生产、流动或消费商品产生影响。依赖单一地区的采购都不会安全。相反，拥有多地生产网络，不但可以用当地生产来服务当地客户（这也取悦了当地政府），而且为应对产能的中断风险提供了韧性。

---

① 译者注："打地鼠"是一种游戏。这款游戏有一个大型立式机柜，机柜顶部有许多孔，类似于鼹鼠的洞穴出口。机械鼹鼠会随机而短暂地从这些孔中冒出。在游戏中，玩家使用木槌，在鼹鼠冒出时敲打它们，并在成功击中时得分。

3

第三部分
供应链条中的重要链接：
人类

14 机器人的来临：即将到来的灾难？

根据 2020 年世界经济论坛的估计，到 2025 年，人工智能可能会消除 8500 万个工作岗位。[1] 美国审计总署在 2022 年进行的一项研究发现，9% 到 47% 的工作可能会被自动化取代，尤其是那些对教育水平要求较低或更为常规的工作。[2]

毫不奇怪，工人，尤其是低技能工人，认为自动化（特别是机器人）对他们的工作构成了威胁。一项 2022 年发表在《应用心理学杂志》上的研究调查了员工对工作场所内机器人的反应。研究发现，员工中接触机器人越频繁者，他们的工作不安全感就越高。这一发现适用于各行业，包括那些并没有受到机器人威胁的行业。[3]

针对那些偷走工作的机器，人们产生恐惧和不满并非新鲜事。在历史上一系列交叠的工业革命中，许多工作的确为机器所消减或取代。然而，随着时间的推移，其他新工作也被创造出来。

机器的进军

石器制作起源于 260 多万年前的早期古人类。主要制作的工具是可以用于切割、塑形和作为武器的利石。经过数万年的发展，石器工具不断改进，在大约 12 000 年前的新石器时代，出现了斧头和凿子。无论是使用木材、青铜、铁还是钢铁，人们不断发明和改进工具，并将这些工具用于制造自己所需和想要的东西。这些工具扩大了人类的成就。

随后的技术发展提高了人们工作的能力和速度，从而减少了执行任务所需的工人数量。事实上，即使是非常简单的装置也可能对工人产生影响。例如，最早的节省劳动力（并导致工作消失）的创新之一可能是编织的篮子或容器。在古代，使用新发明的大篮子，一个人可携带的谷物量与 100 个没有工具只能用手捧着谷物的人一样。（当然，获取篮子材料、编织它们并分发篮子也创造了一些新的工作。）再后来，一个人驾驭马车可以替代大约 100 个用篮子搬运的人。如今，一辆半挂卡车可以替代约 500 辆马车；卡车一天行驶的距离是马车的 25 倍，并且能够携带单个马车的 20 倍的负载。

与简单的工具相比，最早的机器可能是织布机。早期版本的织布机出现在公元前约 4000 年的美索不达米亚，以及大约 1000 年后的中国。然而，这些都是简单的、非动力的机器，只涉及很少的工作流程。日益强大的设备和技术使每个工人能够做更多、更快、更便宜或更好的工作。

过去的三个世纪见证了发电、制造、管理、交通和通信等方面的众多创新，而这些创新共同推动了经济的快速增长。经济学家和历史学家倾向于将这些创新和增长的时期分为一系列所谓的工业革命。不过，这些工业革命之间没有明确的分界线，后续的革命实际上是从早期革命中无缝地延续出来的。事实上，许多表征着一个革命的技术和工艺发展是在前一个革命期间就已经开始了。

第一次工业革命（1750—1850 年）

第一次工业革命出现于 18 世纪中叶，持续到 19 世纪上半叶。它始于英国，其重点是纺织品生产的机械化。它从纺纱开始，然后发展到织布。第一次工业革命标志着从手工制品向高功率机器和新制造工艺制品的过渡。在这次革命中，由水力或蒸汽驱动的织布机取代了人力驱动的织布机。

当然，由此产生的生产力提高意味着较少的工人可以在极短的时间内生产出极多的布料。此外，相比于手工织布机，动力织机所需的工人技能更低（给工人的薪水更少），也就是说，动力织机降低了织布过程的技能要求。事实上，随着自动化的改进，织布机的使用变得非常容易，甚至一个孩子都能够操作，而且童工比成年工人更便宜。当纺织技工的业务被机械化的工厂取而代之时，工人开始攻击机器，导致了后文"抵触"一节所描述的卢德分子暴动。

蒸汽机后来被用于船舶。第一艘商业化成功的蒸汽船是美国工程师罗伯特·富尔顿于1807年建造的。此后蒸汽船进一步发展，并使海上贸易摆脱了风的左右。这个时期还见证了蒸汽机车的发展，尤其是由乔治·斯蒂芬森于1814年至1825年之间在英国发明的蒸汽机车。这些机车比以往任何依赖牲畜的运输方式都能更快速地运送更多的货物。

第二次工业革命（1850—1950年）

许多观察者将19世纪中叶到20世纪上半叶这段时期定为第二次工业革命的时间，这次革命也被称为技术革命。在这个时期，工业开始探索合成材料和产品，如塑料。同样重要的是新能源和技术，如电力、石油和天然气的使用。制造业通过工厂中的新组织概念而转型，例如亨利·福特的流水线使许多行业有了大规模生产的概念。

19世纪末，蒸汽船、铁路和电报线路的大规模扩张引发了前所未有的人员和思想的流动。尤其是蒸汽船被描述为"第一波全球贸易的重要驱动力"。[4]第一波全球贸易一直持续到第一次世界大战开始。当时全球范围内的主要出口商品为纺织品和工业品。这些趋势一直延续到20世纪初电话被发明。在这个时期，从第一次工革命中延续下来的一个事态是熟练工人被从事简单重复工作的流水线工人取代。

第三次工业革命（1950—2010 年）

第三次工业革命始于 20 世纪下半叶，也被称为数字革命，这是因为计算机和电子控制系统在此间发挥了关键作用。这期间显著的进步包括大型计算机、小型计算机、个人电脑、智能手机、光纤和互联网。在这段时间里，全球化得到了大幅发展，这得益于多个因素，如通信技术的进步、海上货运通过使用集装箱所获得的成本效益的大幅提升、航空进步及连夜运输服务。随着工厂在世界各地的建立，公司将制造和供应商外包到劳动力成本较低的地区，全球化得到进一步扩展，也因此带来了全球供应链的时代。这个巨大变革的结果之一是高工资国家的工作面临着新压力。

1995 年，亚马逊和易贝（eBay）开始运营，引领了电子商务时代的到来，并导致许多实体零售企业的逐步崩溃。亚马逊于 2002 年推出了亚马逊网络服务，几年后，云技术成为许多行业运营模式的一部分。

第四次工业革命（2010 年至今）

21 世纪的第二个十年标志着第四次工业革命或"工业 4.0"的开始，它的特征是：广泛使用的个人连接设备；工业中的物联网将无生命的物品连接到互联网；人工智能的兴起使得智能自动化和先进机器人成为可能；会话式计算的产生；其他相关技术。从 20 世纪 90 年代开始，这个时期也被称为信息革命。在 2009 年至 2019 年期间，以市值为基准，在美国最大的上市公司中，科技公司的数量从前十强中只有一家（微软）增长到前五强都是科技公司（谷歌母公司 Alphabet、亚马逊、苹果、脸书和微软）。

这一时期的特征还包括将物理的、数字的和生物的世界进行融合的技术。例如，可在任何智能手机上使用的谷歌导航应用程序。该程序利用全球定位系统（GPS）获取使用者的设备位置，然后提供详细展示的数字地图，以及用于地址验证的"街景"位置照片。它通过道路网络进行快速路线计算，并基于其他手机用户的数据和道路传感器的信息提供实时交通拥堵信息。它使用人工智能来预测未来的交通状况，因此，其路径建议可以使驾驶员尽快抵达目的地。这些路线计算会根据新信息不断进行更新。导航 APP 只是 2022 年 iPhone 上近 500 万个应用程序中的一种。[5]

另一个例子是，通过人工智能技术，医学领域的一些突破性发现正发生在生物学和计算机科学的交界处。例如，制药巨头辉瑞与以色列数据科学公司 CytoReason 合作构建了免疫系统的模拟模型。利用生物学实验中所产生的大量数据（比如，一滴血中的数千个细胞的每一个都可以产生约 20 000 个数据点），CytoReason 使用高速计算机，与其他数据源一起对这些数据进行分析和开发。科学家们使用这些数据为特定疾病创建疾病模型，然后在适当的模型中测试潜在药物，例如预测哪些患者对特定治疗可能有最好的反应。在未来，这种方法可以在进行昂贵的人体临床试验之前，利用数字模型实现对潜在新药的低成本测试。

在这一系列的工业革命中，随着机械化和工厂的扩张，对工作岗位的威胁引发了各类情境下持续的劳工忧虑和不安。

抵触

早期阻止人被机器取代的事件之一是一项关于机器对社会潜在影响的皇家判决。1589 年，威廉·李发明了机械织袜机。他希望能够获得发明专利，因此，他向伊丽莎白一世女王送去了一双黑袜子。然而，由于担心机械将对手工编织行业的就业产生影响，女王拒绝了他的请求。

卢德分子

200多年后的1811年3月11日，一群英国纺织工人聚集在英格兰诺丁汉郊外六七千米处的阿诺德。他们闯入该地区的工厂，摧毁了63台纺织机械。不过没有其他破坏行为，也没有暴力冲突发生。这些英国纺织工人，因为逐渐增加的机械化纺织机和编织机的使用而担心工作。然而，此举之后，类似的砸毁纺织机械的袭击事件席卷了整个英国乡村。抗议者自称为卢德分子（Luddites），这是以一位年轻的学徒奈德·卢德（Ned Ludd）命名的，据说在1779年，他在曼彻斯特摧毁了一台纺织机。

没有证据表明卢德真实存在过。传说中的他像罗宾汉一样，生活和活动于谢尔伍德森林。卢德分子被认为是听命于一位想象中的"卢德将军"，该将军发布命令和进攻宣言。卢德分子主要是经验丰富的工匠，他们花了多年时间学习和掌握手艺。随着纺织业的工业化，相比于高度熟练的工匠，操作织机和机械的非手艺工人更便宜、生产力更高，工匠因此无法与之相竞争。卢德分子的目标是阻止企业安装更多机械，许多人走上街头，强行进入工厂，破坏已有的机械，并放火烧毁建筑和设备。

在一些冲突中，他们与公司保安交火，后来发展到与政府军队交火。英国政府采取行动镇压了这一运动。政府部署了数千名军人，并通过一项法律允许破坏机器者被判以死刑。

1812年4月，一群集聚的卢德分子准备袭击哈德斯菲尔德附近的一家工厂。然而，政府军队已经在那里等候，军队开火射击，几名抗议者因此而丧生。这标志着卢德分子运动结束的起点。其余的成员被捕，数十人被绞死，剩下的被流放到澳大利亚。卢德分子暴动发生在第一次工业革命期间，但他们不是第一个，也不是最后一个担心机器将取代工作岗位的群体。

劳工运动和法规

随着机器使得越来越多的工作岗位不再需要技术工人，流水线工作变得简化和"低智化"。对于公司，工人被视为是可替代的棋子。工人所具备的智能潜力在公司管理者那里失去价值，导致了工人的低薪和被剥削（尤其是妇女和儿童）。工人实现改善工作条件的唯一途径就是团结和组织起来。

这些因素与 20 世纪 30 年代的大萧条结合在一起，导致美国工会会员和工会活动的大幅增加。例如，在 1932 年 3 月 7 日寒冷的天气里，美国汽车、飞机和车辆工人联合会的数千名会员在福特最大的汽车工厂——迪尔伯恩的红河综合体工厂内游行。他们要求安全的工作条件、公平的薪酬、结束种族歧视、享有建立组织的权利和其他权益。迪尔伯恩位于密歇根州底特律附近。迪尔伯恩警方使用催泪瓦斯驱散他们，并用棍棒殴打游行者。当一些游行者向警察投掷石块时，警察和福特安保人员开枪回击，这导致 4 名游行者丧生，许多人受伤。

底特律的这次"饥饿游行"只是工会和公司老板之间关系紧张的一个例子。多起罢工以暴力结束，包括发生在 1892 年的匹兹堡宅地钢铁罢工、1894 年的芝加哥铂尔曼罢工、1912 年的马萨诸塞州劳伦斯"面包和玫瑰"罢工等众多事例。

为了应对暴力罢工，美国于 1935 年 7 月 5 日通过了瓦格纳劳工关系法案，为成立工会提供了准则，并设立了国家劳工关系委员会。

尽管长期存在抵制机械化的历史，但一些有工会组织的公司能够与工会合作，在适当的领域引入自动化。例如，重型设备制造商豪士科集团公司在 2022 年通过与劳工工会合作，安装了机器人，在加强工人安全保障的同时，实现了自动化在提升公司竞争力方面的优势。机器人取代了工厂中一些更危险的工作，例如喷漆和焊接工作，但这些机器仍然由人类操作员进行监控。

法庭上的诉讼

软件平台在 21 世纪激增，并带来了新的竞争对手，特别是那些提供"双边"市场的软件平台。换句话说，这些平台允许买家和卖家直接通过平台进行协商并完成交易。如股市应用程序、打车应用程序、短期租赁应用程序、小任务应用程序、送餐应用程序等。这些新的商业模式为现有的工人和企业带来了新的竞争对手。在某些情况下，受到影响的工人和企业选择通过法庭来对他们认为不公平的竞争进行诉讼。

最近的一个例子涉及优步和伦敦出租车司机。正如后文"技术如何颠覆就业"一节所述，优步和其对导航应用的使用对伦敦出租车司机产生了巨大的影响。优步司机招揽乘客，但作为独立承包商，他们无资格享受福利，因此，优步的运营成本要低于传统出租车司机。这使得优步车费较低。不过，出租车司机认为这并不公平。出租车司机没有采取暴力手段（如卢德分子那样），也没有通过工会组织游行（如美国汽车工人那样），而是呼吁伦敦市长要求优步保障最低工资、休假、带薪不工作时间等权益来改善优步的工作条件。这些变化将增加优步的成本，使其接近出租车司机的成本水平。2017 年，出租车司机获得成功。受伦敦市市长管辖的伦敦交通局取消了优步在该市的运营许可。不过，该决定后来被撤销，但于 2019 年又再次实施。诉讼最后进入法院。2020 年，优步对伦敦交通局的决定进行了上诉，并获得法庭判决的胜利，从而确保了优步在伦敦的未来。但在 2021 年，英国最高法院裁定优步司机享有工人应有的权利，这实际上给予了出租车司机一个胜利。

公众认知

另一种阻断采用新技术的方式是影响公众对技术变革的认知，从而引导政府对新技术进行立法或监管限制。例如，在 20 世纪 90 年代初，当美国国会开始考虑允许在全国公路上使用 2 到 3 个挂车（在澳大利亚，这被称为"公路火车"）时，铁路公司为了避免其货运业务的损失，进行了一场数百万美元的广告宣传活动。全国范围的电视广告都在呈现这样一种情景：一名女性驾驶着车，通过后视镜看到一辆拉着三个挂车的大卡车正逼近她的汽车。她的三个孩子在后座嬉闹，卡车越来越近，女性的焦虑感也越来越强烈。随后，卡车从旁边超过，一个声音响起："一些公司希望拥有这些大卡车。如果你不希望这样的事发生，那么请拨打这个免费电话号码。我们会告诉你如何阻止它们。"[6] 尽管统计数据表明这些更长的卡车的安全性高于均值，但利用恐惧的策略确实起到了作用。

历史可能重现于自动驾驶卡车的发展中。自动驾驶卡车领域已经吸引了大量投资。可以想象，将存在针对自动驾驶的猛烈攻击运动。某些组织将利用公众对大型自动卡车的恐惧煽风点火。在涉及个人安全问题时，消费者、选民和政治家的接受度是不同的。例如，当今的飞机可以自动飞行。波音 787 几乎就是一架无人机。然而，当驾驶舱中没有一位（或两位）飞行员的情况下，很少有乘客愿意搭乘飞机。同样，目前尚不清楚公众是否会接受大型无人自动驾驶卡车在高速公路上飞驰的情况。

政治变革

第三次工业革命末期和第四次工业革命开始时，失业、工资停滞和社会变革加速的步伐加剧了工人，特别是低技能工人的焦虑。

像他们的前辈一样，他们被视为易被其他国家的廉价劳动力所取代的商品。这些担忧是 21 世纪初美国和欧洲民粹主义运动以及一些独断专行的领导人崛起的重要因素。

这些社会喧嚣的运动，随着唐纳德·特朗普当选为第 45 任美国总统转化为地动山摇。类似的社会压力也导致巴西的贾尔·博尔索纳罗、匈牙利的维克托·奥尔班、波兰的法律与公正党以及欧洲的许多其他势力崛起。尽管这些势力并非始终掌握权力，但它们在第三次工业革命末期和第四次工业革命中不断壮大。这些势力在反移民立场上保持一致，在很大程度上，这源于这些势力对工作安全的担忧。这种立场恐怕也是 2016 年英国脱欧公投的决定性因素，并导致英国退出欧盟。

隧道尽头的光可能只是迎面而来的火车

截至本书撰写时，专家们在第四次工业革命对劳动力的影响问题上持有不同观点。世界经济论坛（下文简称为 WEF）的创始人兼执行主席克劳斯·施瓦布等人认为，现有的和新的数字技术即将释放巨大的生产力增长，从而带来经济增长。然而，施瓦布也承认，随着机器越来越多地取代人类的角色，这些变化可能导致大规模失业。[7]

WEF 提出的一个更为谨慎但乐观的估计是，（到 2030 年之前）将有 9700 万个新工作岗位被创造，"仅有" 8500 万个工作岗位将被淘汰。[8]然而，像拉里·萨默斯和保罗·克鲁格曼这样的顶级经济学家认为，西方世界面临着"长期停滞"，即漫长的低增长时期。[9]在这样的环境中，对失业的担忧可能会蔓延并导致新的紧张局势。最悲观的预测之一来自达芬奇研究所的高级未来学家托马斯·弗雷，他声称到 2030 年，将有约 20 亿个工作岗位消失。[10]一些研究表明，运输、仓储和制造业可能最早实现自动化，从而大规模减少低技能工人在供应链相关职位上的就业机会。[11] 目前尚不清楚将会失去多少工作岗位，将创造多少新岗位；但比较清楚的是，新的工作将是不同的，它可能需要不同的技能和教育水平。因此，即使最乐观的预测成为现实，就业市场仍有赢家和输家。本书的第四部分将提出解决这个问题的方法。

剖析被机器替代的物流工作

仓储和运输是物流的两个基本功能。当前，在这两个领域大规模自动化的尝试，可能会导致物流专业人员的失业和工作变动。

仓储自动化

截至 2021 年，仅在美国就有约 200 万人在仓库工作。[12] 虽然如今他们的工作已经得到了机器和机器人的辅助，但在未来，越来越多的自动化设备将在这些巨大的建筑中执行几乎所有的任务。[13] 例如，机器人取货系统可以从货架和箱子中取出物品，并将它们放在传送带上；而分拣机则将物品定向到各个工作站；摄像头和人工智能可以确定每个货物的最佳箱子尺寸，并命令机器人构建、填充和密封该箱子；无人机可以在存储通道之间飞行，读取数字识别和条形码标签，提供库存的最新状态；自动驾驶叉车可以装卸货物托盘，并在仓库内移动托盘。截至 2023 年，一些这样的技术已经被使用，而且毫无疑问，它们将在未来变得更加复杂和普遍。此外，肯定还有新的技术被继续开发出来。

对于某些仓储任务来说，自动化系统可以比人类表现得更好，比如，它们可以在货架之间快速地移动，可以连续接收和放妥包裹而无须休息。但在另一方面，人类更擅长挑选多样性的物品，尤其是那些需要灵巧性来处理的物品。我们人类的祖先住在树上并食用水果，人类灵活的手指和多用途、可对立的拇指有着数百万年的处理易碎物品的经验。命令一个仓库机器人去拿一罐豆子，它会表现得非常出色；但如果告诉它去拿一个熟透的梨，水果则可能会被弄坏。然而，即使这一点也可能很快就会改变。MIT 的研究人员正在探索精细运动控制和柔软触感，以便让机器人具备操纵脆弱物品（如酒杯和水果）的能力。[14] 亚马逊已经拥有了更灵巧的机器人样机。[15]

许多公司都在建造几乎没有员工的所谓无人仓库。例如，2018年，中国第二大电子商务零售商京东，在上海郊区开设了一个占地七个足球场大小的自动化仓库。这里每天处理 20 万个订单，但仅雇用了四个人。[16] 除了自动化仓储，京东还在测试机器人送货，并计划在中国西南地区建设 200 个无人机机场。[17]

即使在劳动力成本相对较低的中国，劳动力的重要性也愈发凸显。阿里巴巴、京东和拼多多等中国电子商务公司之间的激烈竞争要求它们在不增加成本的前提下达到更快的交付速度。这凸显了在可节省劳动力的自动化方面不断追加投资的必要性。

副驾驶辅助或全自动驾驶：自动驾驶的车辆

卡车技术的众多改进简化了驾驶任务，包括数字路线规划、无线调度、下一次装载合同的订立，等等。虽然这些技术有助于减轻驾驶员的工作负担（并创造了其他类型的工作，比如编程、维护和改进机器），但 AI 和自动化的终极目标是无人驾驶汽车和卡车。无论是特斯拉，还是汽车行业的老将、最大的科技公司、新兴初创公司，都已经投入了数千亿美元来开发自动驾驶汽车和卡车。在供应链领域，自动驾驶车辆有助于解决卡车司机短缺的问题，并通过协助驾驶员来减少人员流动率，或许还可以承担一些当前需要卡车司机离家数日的长途驾驶任务。

尽管投资巨大，有权威背书，还有关于无人驾驶车辆在试点项目和展示行程中行驶了数百万公里的消息，但人们还没有完全准备好在公共道路上不受限制地使用无人驾驶车辆。汽车工程师学会（SAE）定义了六个级别的自动化，从无自动化（0级）到驾驶员辅助，如定速巡航（1级）；到部分自动化，在这种情况下，驾驶员仍然持续监控情况并在需要时接管控制（2级）；到有条件自动化，在这种情况下，车辆可以在良好条件下进行大部分驾驶，但在条件改变时仍需要人工接管（3级）；到高度自动化，人类控制是可选项（4级）；到全自动化，无需驾驶员（5级）。

截至2022年，在北美，大多数消费者车辆仍停留在2级，即部分自动化，如自适应巡航控制和车道保持。即使是特斯拉所谓的完全自动驾驶模式和通用汽车的超级巡航[①]，也仅属于2级，因为它们仍然需要（并假定）驾驶员保持警觉并随时准备接管驾驶。

目前，该领域的大部分工作集中在自动驾驶卡车上。事实上，谷歌母公司的自动驾驶部门Waymo一直在得克萨斯州测试自动驾驶卡车。然而，自动驾驶汽车和卡车的所有进展都仅限于交通不那么拥堵、日常时间较空闲、开放的高速公路以及全年气候条件良好的地区。

尽管存在各种大肆宣传，截至2023年，全面自动化何时成为现实还不清楚。自动驾驶汽车和卡车在进行左转、融入车流、因受到低照射或冰雪反射产生盲点以及在多云和半黑暗环境下识别物体等方面仍然存在问题。此外，道路上混有驾驶员和机器人时会对安全带来独特挑战，因为某些需要机器人理解的驾驶和信号约定难以被编程或让算法学习。例如，当交通灯显示为绿灯，但有人（警察？迷路的人？困在路上的驾驶员？）站在路上做手势时，算法应该怎么做？

---

① 译者注：Super Cruise，超级巡航是通用汽车开发的驾驶辅助技术。

更一般地说，如果道路上的自动驾驶车辆数量不断增长，可能还会出现一个问题使得出行变得更糟：自动驾驶车辆出于对责任问题的顾虑，会以过于谨慎的方式运行。因此，相同的程序化行为可能导致无人驾驶汽车和骑自行车者之间的僵局（参见第16章的"理解语境"一节），这可能导致拥堵、持续瓶颈，并可能导致出行体验的大规模退化。

一家正在测试自动驾驶卡车的货运公司的首席执行官，汤姆·施密特说道："就在你认为这项技术几乎要来到的时候，它仍需要五年时间。"[18]缓慢的技术进展和法律许可的潜在延迟，显示用技术取代所有卡车司机将需要很长时间，可能性更大的是部分性或协作性的部署。

目前，对于未来自动驾驶卡车技术的使用有两种协作性部署模型。第一种是"中转站"模型，在这种模型中，人工作业和自动驾驶会根据驾驶条件的复杂性而分离。

2022年，Waymo公司在得克萨斯州达拉斯开设了这样一个中转站。其想法是无人驾驶卡车将在中转站之间运输货物，而人工驾驶员则在第一米和最后几百米（即装货和交货）操作卡车。根据这个方案，无人驾驶操作将发生在具备以下特点的开阔的州际高速公路上：这些公路及周边环境的地图绘制是完备的；具有平滑的车道，没有复杂的转弯；所有车流向相同的方向行驶；大部分车流行驶速度相似；并且没有交叉口或行人穿越。当在城市狭窄街道上需要进行特殊、谨慎或具有挑战性的操作时，人工驾驶员将接管驾驶。

需要注意的是，这种架构可能会在高速公路出口设置特殊的卡车停靠点，中转站很可能会位于那里。那里可能还会有加油站、修车库、数字和物理检查设施、零件更换店等。此外，中转站还包括为城市司机提供服务的设施。司机将把拖车与（可能是电动的）牵引车连接到一起，然后入城。重要的是，这类设施的巨大增长预计将创造许多新的就业机会。

另一种模型仍基于人工驾驶员，并且可以采取两种并不互斥的形式。第一种形式涉及使用先进的驾驶辅助技术，如盲点警告、自适应巡航控制、车道偏离警告等。这些技术已经可用，并减少了工作负荷疲劳，同时提高了安全性。这些技术还可能放宽对卡车司机在途最长时间的限制，使得司机增加工作时间。

第二种基于驾驶员的模型涉及一种称为车队编组的实践。此操作通过无线技术将卡车相连接。在这种配置中，一个或多个（可能的）无人驾驶卡车将保持着紧密的距离，跟随着人工驾驶的前导卡车。车队中的卡车通过无线技术持续进行通信。这种方案减少了空气阻力，并提高了燃油经济性。它还可以让一个主驾驶员操作多辆卡车。

尽管近年来有许多技术进步，但一致的共识是驾驶员仍然是需要的。截至 2020 年，美国有 300 万卡车司机。事实上，在 2014 年，卡车司机是 29 个州最常见的职业。[19] 考虑到卡车自动化的缓慢进展，这些工作岗位的大部分（如果不是全部）在相当长的时间内可能是安全的。此外，卡车行业中的许多工作不涉及驾驶，截至 2020 年，该行业雇用了 800 万人（不包括自雇人员）。[20] 这意味着行业中的大多数工人从事机械师、经理、规划员、调度员、计划员、物流工作者等职业，即使自动驾驶卡车成为现实，这些职业也不大会消失。

技术如何颠覆就业

新的工作场所的技术可以通过多种方式颠覆就业：通过降低执行某项工作所需的技能（和薪资）；提高现有工作人员的生产力（从而减少特定产量所需的工人数量）；通过替代而完全取消人的

工作。对工作产生颠覆的这三类形式在不同的背景下出现，并对就业产生不同的影响。

降低技能要求

正如本章"抵触"一节所提到的，新技术使得较低技能（和薪资）的工人可以完成原本需要较高技能（和薪资）的工作。也就是说，一些创新"降低了"工作的技能要求。例如，1804 年的雅卡尔织机使用穿孔卡片，这使得低技能的织机操作员能够轻松地编织出非常复杂的图案，从而减少了对高级织工的需求。这一发明还创造了第一批程序员。他们是编织工匠中的精英，知道如何制作穿孔卡片图案以生产精美的布匹。

随着第二次工业革命的到来，亨利·福特的流水线将复杂产品"汽车"的制造过程分解为众多的简单任务，每个任务仅需使用较低技能的工人来重复执行。福特的系统还实现了其他效果。通过将部分组装好的汽车和零部件传送给装配线上的工人（而不是让工人在静止的汽车和零部件堆之间来回穿梭），福特减少了工人移动中的劳动浪费，从而使更少的工人能够完成更多的工作。我们将在下一小节中讨论这个现象。

降低技能要求的一个当前案例，正如本章"抵触"一节所提到的，是伦敦网约车司机和越来越多的出租车司机对数字地图和路线规划的使用。在此前，要成为伦敦的出租车司机，申请人必须花费数年时间学习，并记住被称为"知识"的伦敦复杂如迷宫般的 25 000 条街道和 100 000 个地标与商业区。然后，他们还必须花费平均 4 年的时间来通过一系列越来越难的口试。这项最初针对驾驭马车的车夫，且已经持续了一个多世纪的考试，被称为"世界上最难的考试"。[21]

2012 年，优步进入伦敦，上万个司机可以仅凭导航应用程序就在伦敦载客。这是一个完全去技能化要求的例子。相比于获得"知识"认证的合法出租车司机，优步司机既没有更好，也没有更快。两者都以相同的车速、相同的距离运送相同数量的乘客。然而，优步司机所需的技能要求要低很多，就业障碍也少很多，当然，收入也更低。

规模化：用更少的人做更多的事

在早期的工业革命过程中，工业机械减少了对手工艺工人的需求，工厂以更少的劳动力、更低的价格提供更多的产品。其中一些（以及现代）技术的设计目的是增强人力或技能，从而使得一个人能够处理更大量的工作。例如，得益于机械辅助工具，仓库工人的工作量一直保持着稳定的增长。这些工具包括：19 世纪的手推车来运送袋子或箱子；1917 年开始使用的叉车来装卸货车；2003 年开始使用的机器人将物品送到装货员面前，免除了员工行走的时间。

另一个例子是，一个熟练的动力机床操作员可以取代一个全是手工工匠的车间。蒸汽铲消除了许多无技能要求的体力劳动岗位，不过也增加了少量高技能岗位。一个由三人组成的团队（铲子操作员、蒸汽工程师和负责指挥挖掘的地面经理）能够执行之前需要几十个或更多挖掘工人才能完成的工作。

更重要的是，随着时间的推移，同一种机床的更大的或更快的版本可以让同一位熟练操作员在每小时内生产更多的产出。农业工作是一个引人注目的案例。数千年来，农民依靠牛和马等役畜来耕种土地，为农场工作提供动力。在 1913 年左右的美国，大多数农民每次犁地需要 1 到 4 匹马，具体马匹数量取决于土壤的情况。[22]相比之下，亨利·福特于 1917 年推出的第一款拖拉机提供了相当于 10 匹马的牵引力，这使得农民每天能够犁更大面积的土地。随着内燃机的动力的逐步增加，拖拉机采用了日益庞大的发动机，最终达到了数百马力。

由于机械化的农场用更少的劳动力提供了更多的粮食，因此更强大的农机减少了农业劳动力的需求。在 20 世纪，这种机械化大大减少了美国农业的就业人数。1900 年，美国有 41% 的劳动力从事农业工作。这个数字在 1930 年降至 21.5%，1945 年降至 16%，到 2000 年仅为 1.9%。[23]

被淘汰的工作

一些新技术完全淘汰了某些工作，这意味着机器真正替代了人。以 20 世纪 30 年代所采用的转盘式电话为例。在 19 世纪 80 年代，最初的电话网络需要由电话操作员来手工操作交换机。当有人拿起电话通话时，人工操作员会接听并询问要向谁（按姓名方式）拨打电话，然后通过将正确的电缆插入正确的插座而将呼叫者与接收者连接起来。电话号码的发明使操作员的工作变得更加简单（同时技能要求也降低了一些）。但电话服务提供商仍然需要数十万名人工操作员，他们需要询问每一位打电话者其所呼叫的号码并手动连接。20 世纪 30 年代，电子技术的改进使得转盘式电话成为可能。转盘式电话将电话号码编辑成一系列脉冲；同时，自动化交换设备使得连接过程完全机械化。对于大部分通话，操作员的工作不再被需要。

第一次工业革命中巧妙的机械装置和第二次工业革命中的电子电路使得许多工作被替代。在第三次工业革命中，由于许多之前在机械或电子形式中复制成本高昂的任务可以通过软件编程来执行，工作被替代的趋势得到了加速。需要注意的是，在过去，"计算机"是一个岗位名称，它是指被指派处理复杂数值计算的工人[①]。这些

---

① 译者注：computer=compute+er，er 是表示"人"的后缀。

工人不但被一台机器淘汰了，而且这台机器也取代了他们的岗位名称。计算机技术，尤其是个人计算机和办公软件应用程序，减少了对速记员、打字员、秘书和簿记员的需求。[24] 早期的客运飞机需要5名机组人员（飞行员、副驾驶、导航员、飞行工程师和无线电操作员），但电子和数字技术的进步使得后3个职位的几乎所有工作都实现了自动化，这些岗位被淘汰，只留下飞行员和副驾驶员还保留着工作。

被颠覆职业的棘手现实

自然地，这些工业革命期间的许多创新带来了多重颠覆性影响。例如，一台使用汽油的农用拖拉机为农民提供了更大的"马力"，在增加农户生产规模的同时，也减少了食品供应链中对所需农户人数的要求。然而，拖拉机也代替了马匹，从而消除或减少了其他许多工作的就业机会，例如照顾马匹的所有人，包括马厩员、饲料供应商、马具制造商、马蹄匠和大动物的兽医。

动力织机的发明和改进是一系列颠覆性变化的典型例子。首先，由机器操作员操作的动力织机取代了高级织工，这可以看作淘汰了高级织工的工作或者将该工作所需技能的降级。随着机器变得更加可靠、更快速和能够织造更宽的布料，一名操作员可以监督多台机器和更高速的生产。操作员的就业机会通过生产规模化而减少。对机器的进一步改进促使操作员的工作技能需求进一步降低，男性机器操作员被（更）低薪的妇女和儿童所取代。如此，动力织机的每一代更新都减少了纺织工人的数量，同时随着劳动力从高级织工转向成年操作员，再转向童工，这些工作的薪资水平也不断降低。

降低工作的技能要求通常是对就业产生威胁的技术所发挥影响的第一阶段。技术消除了对专业知识的需求，从而使工人的薪资降低。第二阶段包括技术帮助操作员完成工作，使得工厂雇用较少的工人就可以生产出与此前相同的产出，而剩余的工作通常则需要更高的技能水平。

自助服务

自动化发展的最终阶段是使客户能够自行完成工作。如今常见的例子包括自动取款机（ATM），它取代了银行职员；超市自助结账机，它取代了收银员。但通常，这些自助结账机还是要求客户对放在袋子里的每件商品进行扫描。基于无线射频识别的新系统甚至不再需要扫描。例如，日本服装零售商优衣库为其所有商品配备了极薄的射频识别标签，这些标签可以用于自动结账等目的。顾客只需将他们想购买的商品放入一个容器中，该容器会扫描其中的所有物品并显示容器内的物品名称、每件物品的价格和总价。顾客刷卡支付后即可带货离开店铺。

最终的零售自动化也许可以在亚马逊无人超市（Amazon Go）中体验。在无人超市所进行的交易无需任何人工操作、扫描或与付款相关的活动。超市没有收银员、收银机，甚至没有自助结账台。当顾客走进店铺时，系统会对其进行识别，顾客可以随意拿取想要的商品，然后离开。重量传感器、摄像头和机器学习技术的系统会收集有关顾客从货架上取走（和没有放回）的商品的数据，并自动向顾客收费。亚马逊将这个系统称为"拿了就走"（Just Walk Out）技术，并向其他零售商推广。[25] 截至目前，尚不清楚自动化零售交易技术的高昂成本是否会因劳动力成本的降低、盗窃的减少、销售额增加或商品展示空间的扩展而得到补偿，也不清楚消费者（除技术爱好者外）是否愿意接受这种高度监控以避免在结账队列中等待。

这样的系统显然旨在减少零售店的劳动力需求。虽然作为客户体验的一部分，一些零售商增加了技术应用方面的相关工作（如与"智能"试衣间和镜子一起工作的客服和购物顾问），但肯定会有一些工作岗位会被削减。

最后，这些自动化系统引发了公平性问题，因为对于那些没有信用卡、智能手机和所需的应用程序的人来说，他们可能会被拒绝进入这些店铺。一些消费者无法在这些自动化系统中使用现金的事实限制了其适用性。一个复杂的因素是，尽管美国联邦法律没有要求零售场所必须接受现金，但许多州和地方政府确实有此要求。比如，自 2020 年 11 月起，纽约市的商店必须接受现金，除非这些商店配备了将现金转换为预付卡的机器。此外，商店还不得因为消费者使用现金而收取更多的费用。因此，亚马逊无人超市无法在纽约市运营。

自主开发

去技能化的自动化技术的本质在于更多的人和公司能够直接使用复杂的技术、产品或服务。例如，以前创建一个功能齐全的消费者电子商务网站并提供送货上门服务需要庞大的资金来建立网站、创建后端会计系统、设立仓库并购买一支车队。这样的创业项目需要雇用一整套的软件开发人员、产品摄影师、营销经理、司机，等等。

但现在不再需要满足这么多的要求。以纽约市的亚洲水果、蔬菜和干货批发商奇安·泰·布为例，过去他用笔和纸来跟踪价格的变动。当新冠疫情暴发时，其面向餐馆和机构客户的销售量骤降。他的儿子约瑟夫·布帮助他将业务转型为向消费者直销。[26] 布使用电商服务平台 Shopify 建立了一个网站，用手机拍摄产品照片，在照片墙和脸书上进行营销，通过自由职业者平台 Upwork 雇用帮手，并使用物流公司 Onfleet 安排物流交付。创建和经营在线直销业务的大部分复杂流程都被这些在线平台有效地自动化了。

在我 2020 年出版的书《全球新常态：疫情后商业与供应链的重塑》中，我讲述了与艾莉莎和杰夫·科赞互动的故事。在新冠疫情暴发初期，因为餐馆、社区杂货店和其他机构关门，他们向机构销售新鲜农产品的业务遭受了重创。这对夫妻从零开始建立了一个向消费者直销新鲜农产品的业务。艾莉莎使用免费工具开发网站、建立社交媒体粉丝群、引入条形码甚至跟踪货运。作为顾客，我在疫情期间使用了他们的服务，并与这对夫妻结识，这个案例在上面的书中有详细的描述。[27]

这些例子表明，智能手机、应用程序和基于云的系统提供了越来越多的半自动化应用和服务，这些应用和服务包含了高技能的管理和日常事务工作，如簿记、会计、薪资管理、电子商务、库存管理、履约、物流，等等。这些工具使自雇人士和小型企业能够将各种企业功能外包给低成本的数字服务提供商。

本质上，这些工具挑战了大公司过去才能享受的规模经济优势。大公司可以负担得起专业的高薪专业人员和复杂的数字系统。但自动化增加了更多小型企业进入市场的机会。我的同事约书亚·C. 委拉斯开兹·马丁内兹（Josué C. Velázquez Martínez）是低收入企业转型（LIFT）实验室的创始人。该实验室是 MIT 的运输与物流中心的一部分，其使命是通过提高企业供应链管理能力来促进发展中国家微型和小型企业（MSEs）的生存和发展。这些小型企业，在很大程度上，不具备生产力，它们的频繁倒闭造成了重大的经济和社会成本损失。该实验室为墨西哥城和其他拉美城市提供了专门开发的非常简单易用的库存和订单管理系统，以及与供应商进行沟通的工具。它关注数字工具对现金流的有效管理来确保微型和小型企业的生存与增长。这些工具使得企业能够提供简单的电子商务、追踪和追溯、进行数字采购和客户细分。当然，要使这些工具易于使用，需要复杂的方法论。

云层中的一线光明

如上所述，许多技术似乎"淘汰"了一些工作岗位。电梯操作员、电话操作员、砸冰人、售烟女郎、扫马路的清洁工以及电报传递员已经不存在了；在其他一些情况下，技术使得少数人就可以完成一项以前需要更多人来完成的工作。例如，铁路不再需要司炉工和旗手；客机——正如前面提到的——只需要两名驾驶舱工作人员。然而，过度关注工作岗位的失去会忽略掉因改善供应链、企业和经济绩效所带来的收益。从长远来看，许多颠覆性创新不是只减少就业岗位，它们也会增加就业、提高生活水平和促进经济增长。

例如，ATM 自动取款机似乎有能力消除大部分客户交易（如取款、存款和余额查询）中对银行出纳员的需求。然而，尽管引入了 ATM，美国的出纳员人数还是从 1970 年的约 30 万增加到 2010年的约 60 万。事实证明，因为 ATM 使得银行分支机构可以减少出纳员的数量，银行开设了更多的分支机构，在此过程中创造了更多的就业机会，不仅如此，还提高了客户服务水平。

正如刚才给出的例子所示，技术进步的一个重要亮点是增加了生产量，进而增加了公司内部和整个供应链中的就业机会。当工人使用更少的劳动力生产更多的商品时，成本下降，需求增长，制造业扩大，进而又雇用了更多的工人。例如，尽管福特的装配线简化了工作，使得岗位不再需要复杂的技能，但仍促进了汽车产量的巨大增加，世界各地装配线上的工作岗位也相应增加。随着产量激增，福特的员工人数，在 1908 年 T 型车推出时，大约为 450 人，到 1925 年 T 型车生产高峰时，已经增加到 155 552 人。[28]

但与汽车工业增长相关的就业并不仅限于生产线工人。销售代理商、维修车间甚至是"缴费接收员"（停车计时员）等相关岗位也增加了。此外,汽车工业及其基础设施还创建或扩展了许多其他新行业,如酒店业,提供了数以百万计的工作岗位。汽车旅馆,一个将"汽车"与"旅馆"混合的词,正是由于汽车被大量拥有和使用而产生。当然,酒店和餐厅此前已经存在,但随着二战后汽车拥有率的增长,许多新的旅游场所开设了必需的酒店、餐厅和娱乐点,这导致了就业机会的爆炸性增长。

类似地,将一架客机的驾驶舱工作人员数量从 5 人减少到 2 人,不仅降低了每位乘客分担的劳动成本,还释放了空间和运载能力,这有利于获得更多的付费乘客;同时,反过来又进一步降低了每位乘客的票价,鼓励了更多乘客搭乘飞机。乘客数量的增加又促进了规模创新,包括能够搭载更多人的大型飞机,从而进一步降低了每位乘客的成本。随着每位乘客的成本下降,旅行繁荣起来;在 1970 年至 2019 年间,全球国际旅游人数增加了约 9 倍。其结果是旅游和观光行业的就业进一步增加。2020 年,全球有近 7 亿人从事旅游业的工作。[29]

货船的演变也遵循了创新引领下劳动力数量的降低、价格的下降、容量的增加,以及在规模上的进一步创新。东印度商船是一种三桅货船,由东印度公司建造和使用。从 17 世纪中叶至 19 世纪中叶,该英国公司控制了亚洲与欧洲之间的贸易。"东印度商船"是通用名称,指的是在 EIC 特许下运营的船只。东印度商船的最大船只重达 1500 吨,有 150 名船员。蒸汽机和内燃机的出现,以及航海、通信和数字控制方面的创新,减少了船员人数并实现了规模化。现代的马士基三 E 级集装箱船(第 3 章的"运输"一节提到)是一艘重达 210 000 吨的船只,可容纳超过 20 000 个标准集装箱。这个庞然大物只需 13 名船员操作。巨型船只推动的集装箱革命,再加上同时期的通信革命,使得航运成本大幅下降,并成为全球进入供应链时代的一个重要因素。

所有这些创新和连锁效应也增加了专业工作和管理工作的数量与复杂性。设计先进的机械、电子设备和数字设备需要聘请更多的人；此外，管理复杂的大规模组织、工厂和机械也需要更多的人。从 1910 年至 2000 年间，专业人员、技术人员和相关工作岗位的就业份额翻了 5 倍，从不到 5% 增加到近 25%，而经理、官员和业主的比例从 6% 增加到 14%，增长了一倍多。[30]

这次是否不同？

在以往以技术推动的工业革命中，虽然一些工作很快就消失了，但工业革命引发了经济增长和生活水平的提高。从长远来看，这尤其如此。每一次革命都带来了许多新类别的基础设施（例如铁路、电力、道路、电话和互联网）和新消费品（例如汽车、收音机、电视机、家电、电脑、智能手机），它们促生并支持着新产业，推动了零售业的创新（例如百货商店、邮购、购物中心、大型连锁店和电子商务）。

在早期的工业革命中，大部分工作岗位的损失集中在劳动领域：动力机械系统取代了农场、制造、船只、建筑和其他领域的劳动力。之后，计算机开始取代白领劳动力；不过这些白领通常是文职工作中低技能层级的人，也算是一种白领体力劳动者。然而，第四次工业革命，相比以往的工业革命，似乎对技能层次更高的工作也产生了影响。很多人担心的是，机器学习和基于人工智能的算法将能够替代更为广泛的劳动力，包括工程师和经理等高学历的专业人士，以及艺术家和作家等创意工作者，或降低对他们的技能要求。而且，这些被降低了技能水平的工作可能更容易在下一波技术浪潮中实现自动化。

机器学习是人工智能领域的一个子领域。截至 2023 年，它已经涵盖了大部分的人工智能应用。目前的机器学习系统，特别是深度学习方法，可以针对特定问题来处理大数据，在不需要对目标问题进行特定编程时，就可以发现可预测的模式和相关性。例如，在预测产品需求时，机器学习方法可以基于数据中潜在的模式来运行，而不仅仅基于用户或分析师已经确定的模式。而数据也不仅是数字，还可以包括文本和图片。而第 15 章的"具有创意的协作机器人"一节将详细讨论的新一代人工智能——生成式人工智能，甚至能够根据人类的提示和指导编写或创作艺术品。

对数字技术的担忧在第三次工业革命的早期就明显可见，人们看到微处理器有可能将所有工作都自动化，担忧它会取消工厂中的所有工作。1978 年，《数据化》杂志刊登了一个笑话："未来的工厂只会有两个雇员，一个男人和一只狗。男人在那里喂狗。狗在那里防止男人接触设备。"[31]

在第三次和第四次工业革命中，技术变革的速度急剧加快。在以前，技术取代劳动力的转型需要几十年甚至几代人来逐渐渗透到经济活动中，例如农业机械取代田间工人。工人有充分的时间准备，要么在原地工作直到退休，要么缓慢地转到其他职业。企业也有时间进行调整。以前的这些革命之所以是缓慢地发生着影响，部分原因是这些新技术（例如蒸汽机、汽车、电气设备、集装箱船等）的提供商需要设计和建造全新的工厂（和新的供应链）以不断扩大生产规模。这些技术的采纳者同样需要时间来采购、接受交付、安装和调试这些新设备。

但类似机器学习、人工智能、移动应用和云计算等技术则不同，对它们的采用和规模化可以迅速到令人难以置信。首先，支持这些技术的软件开发不需要大量且昂贵的资产。其次，新技术相比之前可以更容易、更快速地被采纳。这是由于人们工作中的数据越来越多地被包含在数据库中，并经数字通信渠道进行传输。可以这么说，通过切换电子开关，所有人工使用的数据都可以发送给替代人的人工智能产品。最后，以前的技术依赖于设计出物理资产，并且大规模生产出物理资产（如蒸汽机、电气设备、集装箱船等），而数字技术主要基于专业化的软件。大多数公司已经拥有了可触达云服务和云应用所需的物理基础设施和资产（宽带连接、个人电脑、平板电脑和智能手机）。一旦有人通过软件创造了有用的自动化程序，将其传播到全球每个数据中心和每部移动手机都是相对简单且几乎即时的。

我们可以通过特斯拉提升汽车性能的案例，来看一下技术传播的方式和速度与之前有什么不同。要修复车辆问题并升级车辆性能，特斯拉持续地"通过空中（无线）"发送更新软件，数百万辆车的系统得以同时进行升级。由于特斯拉的大部分组件都由软件驱动，可无线进行更新，因此无须车主去经销商或修理厂更换硬件，这减少了经销商和修理厂的工人需求。

技术开发在加速是基于至少两个因素。第一，很多机器学习版本是通过试错来训练软件的，对这些系统的广泛使用可以增强对其训练的机会，从而使其逐渐变得更好。其次，新一代的软件机器人可以通过训练来编写计算机程序，甚至编写可使用机器学习的程序。结果，这些机器人不仅得到了优化，而且会被更广泛地运用。

在新冠疫情期间，采用先进技术来取代工作岗位的趋势在大幅增加。当为避免疫情传播而要求工人居家办公时，公司被激发去寻找机器人解决方案。在疫情后世界经济复苏期，普遍存在的工人短缺加速了公司采用自动化的动力。不仅收费员、旅行代理人和零售收银员被机器取代，机器人还开始清洁地板，在自助餐厅切沙拉，向酒店客人递送毛巾，还能执行一些建筑和制造工作。

鉴于这些大趋势，我们也不用惊讶于科技乐观主义者所描绘的一个乌托邦图景：在其中，人类沐浴在阳光下，享受着悠闲的生活，而机器在完成一切工作。唯一在动的手指是机器人的手指。当然，这些技术人士从未解释过在这个技术天堂中，失业的公民将如何负担起理想的、悠闲的生活中所需要的食品、住所、衣物和所有所需的装置。这些担忧，特别是对采用人工智能所带来的潜在后果的担忧，导致对技术忧心忡忡的专家、微软创始人比尔·盖茨写道："我属于担心超级智能的阵营。起初，机器会为我们做很多工作，但并不具备超级智能。如果我们能很好地管理它，那应该是积极的。"他随后补充道："但几十年后，智能将足够强大而成为令人担忧的存在。我同意埃隆·马斯克和其他一些人的观点，我不明白为什么有些人不担心。"然而，其他人，比如微软研究主管埃里克·霍维茨认为，虽然人工智能系统可能实现意识，但对人类的威胁很小。[32]

人工智能：工作岗位的杀手还是创造者？

人工智能技术已经广泛应用于众多领域，但是应用方式各不相同。基于人工智能的解决方案可分为三类。

单点解决方案——这类人工智能系统有助于解决定义明确的挑战。例如，人脸识别使用人工智能来解锁手机。在通常情况下，这样的解决方案可以升级现有产品或流程，但不与任何其他流程互动。这种应用不会导致任何工作岗位的流失，只会增加安全性并加快打开手机的过程。

业务流程解决方案——这类人工智能系统专为特定工作而设计，并对与之互动的人员产生一定影响。例如，银行贷款评估或保险理赔的处理可以由人工智能系统完成。在这种应用中，系统解决简单的情况，而将更复杂的情况升级给熟练工人或经理。它影响了某些工作的执行方式以及客户与企业的互动方式。

系统解决方案——这一类别包括改变企业所提供的产品和服务的人工智能系统。例如，谷歌的广告定向系统为谷歌带来巨大的回报。一经构建和完善，该系统就不需要被持续监控并可以自主做出决策。

以上这些分类并不是界限分明的。例如，单点解决方案也可能具有广泛的影响。用于开启 iPhone 的技术——人脸识别，可能对隐私、政府监控等产生无穷的意想不到的结果。

人工智能的转型潜力主要存在于系统解决方案领域，其在该领域的影响体现在新系统和服务的创新。对人工智能的系统性解决方案的使用不是基于劳动力的节省和工作岗位的消减，而是基于新商业和业务的增长，基于以新的方式提供产品和服务，甚至创造更多的工作岗位。开发新的、尚未想象到的企业、服务和工作岗位需要时间。目前，许多人工智能的实施侧重于业务流程解决方案，关注的是节约成本（主要是劳动力成本），这引发了工人们的担忧。

因此，一些关于自动化的辩论可能忽略了一点，即技术将带来发展，不过这些发展是什么，目前并不能得知；其中一些发展是有益的，一些则不是。正如本节的一些例子所示，技术发展所创造的工作要多于它所消除的工作。通常情况下，新创造的工作将出现在之前并不存在的新行业，而不是出现在大量工作被消减或有显著变化的原有行业。对所有关于技术和工作的讨论，这都是一个重要的问题。失去的工作是已知和具体的，我们可以想象到失去工作的人并对他们产生同情；未来的新工作对这些人没有任何帮助，因为这些工作尚不存在。实际上，人们甚至不知道这些工作将会是怎样的。

15 作为同事而非竞争者的机器人

在过去几个世纪中，工人们一直担心技术会夺走他们的工作。随着人工智能和智能机器人的发展，这种担忧变得更加明显，甚至更多。正如前面所提到的（参见第 14 章中"抵触"一节的最后部分），关于工作岗位流失的预测存在较大差异。然而，2019 年的一项综合研究从另一个角度描述了公司采用机器人对其劳动力的影响。[1] 该研究的合著者、沃顿商学院的教授林恩·吴表示："所有工作岗位的流失都来自没有采用机器人的公司，它们失去了竞争力，不得不进行裁员。"[2]

本部分的余下内容将指出，机器人和人类可以互补。机器人可以接管需要重复工序的任务，甚至是复杂的多步骤任务，并以高度精确和一致的方式来执行。人类可以根据复杂的背景因素来判断是否使用机器，在需要时指导机器进行改变，纠正机器的错误或替代它。

这种功能上的互补表明，人与技术的合作要远胜于各自单独的表现。对 1599 家公司所做的一项研究发现，相比于在短期用机器人替代人工，人与机器共同工作取得了更大的绩效改善。在这些情况下，人增强了机器人的能力，而机器人优化了人类的表现。这种将人与技术结合的策略催生了协作机器人的概念。[3]

许多潜在的人机合作可以看作部分自动化，其中机器人更像是一位同事或合作伙伴。物理的或数字化的协作机器人可以从事对机器人来说容易的任务，这通常是工作中较不吸引人的、危险的、低技能或单调的任务。而人类工作者则可以专注于工作中更高技能、更模糊、可能更广泛和更有回报的部分。其结果将是对人和机器人在不同时间段的不同工作任务的分工。这种合作策略将重复的、明确的任务最大化地进行了自动化，同时对并不明确的决策过程中人的角色进行了优化。然而，正如本章"具有创意的协作机器人"一节描述的，具有人工智能的应用所接管的任务范围正在扩大。

本地物流协作机器人

每个高技能的工作都包含一些低技能的任务。例如，作为一个职业，护理需要丰富的医学知识和技能，这包括监护和照料病人。病人有着各种医疗需求，例如检查、诊断、持续治疗或急症护理。然而，作为一项工作，护理还包括许多低技能的后勤任务，如取送药物、物资、实验样本、设备以及患者和医生需要的其他物品。医院护士的大约33%的工作时间被后勤任务占用。[4]

为了使护理工作中单调乏味的"去取物"的杂务工作更少，"去治愈"的成就更多，医院开始使用类似Moxi这样的协作机器人。"Moxi不是护士或护理职位，或任何职务的替代品，"克里斯安娜家庭健康公司的首席护理执行官兼总裁里克·康明说，"它是护士及其团队的额外资源……Moxi将搜寻和汇总（后勤）任务，如获取设备和物资，而这些都是护士今天正在做但完全不需要做的事情。"[5]

类似地，仓库中也有一系列的低价值和高价值的活动。2012年，亚马逊收购了Kiva系统，一家制造平面仓库机器人的公司。这些机器人可以将1000磅的负载举起，并移动到指定的目的地。亚马逊使用了该版机器人以及随后改进的版本，将装满商品的货架送到工人那里，这样工人就可以在亚马逊巨大的仓库和配送中心中进行拣选工作，而无须浪费时间四处走动。Kiva 系统在亚马逊仓库实施了福特生产线的一个关键原则："把工作送到人面前，而不是将人带到工作面前。"[6]

在收购 Kiva 十年后，亚马逊的员工撰写了一篇关于公司十年来使用仓库机器人经验的博文。他们说："即便在收购 Kiva 的早期，我们的愿景也从来不是人和技术对立的二元决策。相反，这是人和技术在一起安全地、和谐地共同为我们的客户提供服务。"[7]尽管亚马逊购买了超过 50 万台仓库机器人，但这并没有以人的工作为代价。在 2017 年至 2021 年间，亚马逊的员工名单增加了 100 多万人，截至 2021 年 12 月，员工人数达到 160 万。[8]

在关于人和机器人之间如何分配工作的进一步研究中，像科纳普（Knapp，一家奥地利仓库自动化公司）这样的企业已经开始重新设计仓库的工作流程。随着机器人功能的改善，以及接管更多的拣选和包装任务，Knapp 正在修改物品流向工作台的路径：在拣选和包装之前，物品将会被评估，以确定人工拣选员和机器人谁更适合执行任务。

截至 2023 年，在线超市奥卡多采用了专门的自动化存储和取货系统（AS/RS）：机器人游移在网格框架上，网格框架之间是存放商品的容器，机器人从容器中取货并将其带给工人，然后由工人对订单进行打包。该公司当前正在测试和安装机器人手臂来执行最后一项任务。在这些案例中，工人会接受再培训来监督机器人。但当然，所需的工人人数将更少。

工厂里的协作机器人

工厂里的工作也混合着高技能和低技能任务。工厂协作机器人可以在与人的协作中帮助处理这些单调且体力消耗较大的任务，而人可以负责制造过程中更需要技术的方面。例如，制造业和供应链中的许多工作要将较重或形状不规范的零件或箱子从一点移动到另一点，因此，这些工作涉及重复的弯腰、伸手和扭动动作。这些劳动是艰苦的，也存在更大的受伤风险。

德国斯图加特的梅赛德斯 - 奔驰工厂采用了基于 AI 技术的协作机器人来负责重物搬运，而工人则引导机器人的动作或处理制造过程中更为精细的步骤。机器人可以使用手持平板电脑进行简单的重新编程，用以满足奔驰客户的要求。与美国不同，大多数德国消费者都会定制他们的汽车。因此，汽车工厂的工作流程不断变化，以此适应奔驰为客户提供的各种车身风格、发动机、座椅、仪表板和其他选择的组合。在装配过程中，流水线上执行的工作类型也在不断变化。机器人充当工具，帮助工人完成许多任务。虽然一些精细的工作仍由工人完成，但大部分的工作都是机器人辅助完成的，工人对机器人进行指挥和监督。[9]

有趣的是，2022 年，为了提高灵活性，奔驰在它的一些工厂里削减了机器人的数量。原因是汽车制造商增加了每条生产线上的产品种类，包括内燃汽车、电动汽车和混合动力模型。随着定制需求变得越来越高，在可靠、重复地执行不断变化的任务上，人的灵活性和敏捷性超过了机器人。这种变化涉及利弊权衡：一方面，由于人工的增加，奔驰预计其位于辛德尔芬根的最新工厂的成本将上升，但另一方面，公司也预计工厂的效率将得以提高。[10]

也许协作机器人的最终形式是可穿戴的外骨骼，也称为外骨骼套装，它将人与机器结合起来。人们穿戴这种机器人框架，可以帮助支撑或增强个体的力量和动作。除了使力量较弱的人能够执行体力要求较高的任务，这些协作机器人还减少了重复性劳损伤害的可能性。

可穿戴外骨骼并不是用来取代人类，而是使得人们在年龄增长时依旧可以工作。现代汽车集团的机器人实验室负责人金东贤表示："人口越来越老龄化，工厂工人也越来越老龄化，这意味着与工业事故相关的成本正在上升。可穿戴设备在降低这些成本方面变得越来越重要。"[11]

办公室中的协作机器人

供应链经理（和其他办公室工作人员）在处理工作中的一系列任务时，也面临着高技能和低技能的结合。在一个网状的供应链中，数百万个零部件运往全球，用以制造数百万个产品，服务数百万个客户。在产品流动的同时，更多的数据也在流动。这些数据包括订单、发票、状态信息和与所有这些活动相关的报告。在机器人臂、拣选器、放置器、分拣器、运输设备和自动驾驶车辆将工厂和仓库的工作进行自动化的同时，一些白领的知识性任务也可以被自动化。

文书工作的流动可能不需要物理机器人，但仍可以得益于数字机器人的帮助。机器人流程自动化（下文简称为 RPA）是一种软件机器人，它可以重复办公室人员在计算机或移动设备上所进行的例行工作，并进行自动化。在写好的动作和简单规则下，RPA 可以处理重复性任务，例如批准发票、汇总数据进行每周报告、发送提醒和重新订购物品。任何一项通过键盘和鼠标可重复进行的工作都可以成为 RPA 的候选对象。

与物理机器人一样，RPA 机器人在速度和准确性方面远超人，但缺乏人的认知灵活性。因此，RPA 机器人通常处理重复的标准任务，而人则处理异常情况，并可以改进流程，而不仅仅是执行流程。

对 RPA 的采用确实需要人们改变对工作的看法。强生公司消费者健康部门和交付部门的全球供应链副总裁梅丽·斯蒂文斯解释了新冠疫情如何改变她的同事们对使用 RPA 等数字工具的看法："如果你需要每分钟做出 1000 个决策（在没有数字助手时，这根本无法做到），那么，你的自我价值就不再取决于你能管理多条（生产）线，而在于你能够为患者保证药品的供应。"她补充说："更快的决策需求，获取对境况清晰了解的需求，迫使人们采用新的工作方式，而且将永远不会回到过去。"[12]

实质上，RPA 机器人已经成了一名虚拟的下级员工。接受采访的一家高科技公司将 RPA 机器人视为其员工，由人力资源部门来对这些机器人进行管理。人力资源部门跟踪机器人的任务表现，并像对待人类员工一样管理机器人的访问凭证。[13]

计算协作机器人

另一个对人类来说困难，但对计算机来说简单的任务是处理大量数字、选项组合和与数学有关的事务。可能最常见的例子是智能手机上的路线规划应用程序和车辆导航系统。它们利用道路网络的所有可用数据（如连接性、距离、方向性、限速、施工区域、交通拥堵和高速公路偏好）为驾驶员提供任意两点之间的最快、最短或首选路线。企业版的这类路径算法还加入了更为复杂的优化要求：它需要在满足车辆容量、交付与预约的时间窗口以及其他限制条件下，从长长的目的地列表中找到最佳的交付路径。

商业路径算法和无数其他企业应用程序属于**决策支持系统**的范畴。大部分成功的决策支持系统都基于运筹学方法，但越来越多的系统开始加入机器学习算法。这些系统的本质是提出解决方案而不是实施解决方案，这便展示了人类和算法角色的不同。

一个可以示范此类系统运作方式的案例，是在整车运载运营中如何匹配具体司机与具体承载货物的问题。大型整车运输公司经营着数千辆卡车，雇用了数千名司机，从起点到目的地直接运送数千件商业货物。当发货人（例如制造商、零售商、经销商）要求一辆卡车时，承运商必须决定是否接受货物以及应该指派哪位司机。这其中有非常多的可能性，必须考虑的因素不仅是司机的偏好和设备的均衡。事实上，承运商主要的业务考量，是在卡车完成目的地的货物交付后，将分派给该卡车什么样的任务。承运货物到目的地是否具有吸引力取决于承运商在到达目的地后可迅速地装载新货物，然后离开该目的地的概率。如果目的地没有即时可装的货物，那么卡车或者需要在该地滞留数天等待机会出现，或者空载离开去寻找其他地点的货物，但无论哪种选择都会给货运公司带来额外的成本。

2000 年，我联合创办的一家公司（Logistics.com Inc.[*]）开发和扩展了一种基于数学优化的软件系统来处理所有这些决策。该软件提出司机与货物的分配方案，用以在一定的时间范围内最大化承运商的利润。[14] 然而，在运输公司采用这项技术的过程中，情况明显显示，一些调度员毫不犹豫地接受软件的建议，而另一些调度员则一直否决建议。开发人员对情况进行了调查。他们发现，第一组接受每一个建议的调度员并没有思考，尤其没有考虑到例外的情况。在某些情况下，系统无法获得一些只有调度员才可能具有的信息，如有关司机、道路或客户的背景情况；在这些情况下，调度员本应该否决系统的建议。对于第二组，如果调度员否决了系统大部分建议，这意味着他们又回到了他们旧有的、并不是最优的经验方

---

*　在 2003 年，Logistics.com 被曼哈顿联合软件公司（Manhattan Associates Inc.）收购。

法，例如将每辆卡车根据距离分配给那些离得最近的货物，而不考虑该卡车目的地及其之后是否有可用货物和盈利能力。开发人员意识到两种类型的调度员都需要重新培训，才能更好地理解系统，从而获得最佳结果。事实证明，最佳组合是调度员采纳 80% 到 90%的建议，并否决或调整其余建议。这意味着人工调度员必须不断监控系统并决定何时介入。该系统甚至生成了"原因代码"用以对建议进行解释，帮助调度员做出利润最大化的决策。

其他决策支持系统的例子包括：工厂或项目时间表的优化；箱子、卡车或集装箱装载物品数量的最大化；调整商店货架以实现销售最大化；确定分销网络的仓库数量和位置，以在预算限制得以满足的同时向客户交货的时间最小化；等等。所有这些复杂的决策任务都共享一个类似的过程，即通过处理无数的可能选项，在满足所有约束条件（如满足箱子尺寸、满足客户截止日期等）的情况下，优化一些目标（如最低成本、最快交货时间、最高产量、最大利润等）。

类似的决策支持系统可以进行强大的计算，然后根据指定的标准推荐"最佳"行动方案，并说明其预期的影响。人们可以评估解决方案并修改底层数学模型的参数以根据不同的假设条件获得不同的解决方案。

作为中介的协作机器人

在哥伦比亚卡塔赫纳的古城中，许多狭窄而蜿蜒的小巷里有本地艺术珍品出售。在我们去那里的时候，我和妻子看上了一对彩色的陶瓷蝴蝶。然而，店主一句英文都不会说，而我们的西班牙语只限于"你好"和"谢谢"。不幸的是，交易需要一些解释和讨价还价。当我们即将离开商店时，大家都感到沮丧。突然，店主大声喊道："谷歌！谷歌！"现在，我们可做生意了。通过使用谷歌翻译，我们完成了交易。这花了一个多小时，但主要是因为我们愿意了解店主。双方通过 Siri 识别语音和听取翻译，在我们游览结束时，他已经与我们分享了家族历史，并聆听了我们的故事。

共享同一语言似乎是人与人之间进行思想交流和进行贸易的先决条件。然而，即使是世界上最广泛使用的语言——英语——也只有 15 亿人口能够说，这还不到世界人口的 20%。巴别塔[①]的故事表明，在多语言世界中，语言差异在传统上会给供应商和客户之间的相互发现和贸易带来障碍。

然而，尽管存在语言巴比塔，技术可能重新团结人类。2014年，易贝实施了一个自动翻译系统，它可以在英语和西班牙语等语言之间进行翻译。这个系统被称为易贝机器翻译（eMT），它通过检测易贝用户的 IP 所在国位置，将搜索查询和结果快速地翻译成该地区的语言。例如，对于一个讲西班牙语的买家，易贝将买家的搜索词翻译成英语，以便搜索相关的英文列表，然后将搜索结果翻译成西班牙语供买家查看。在实施这项创新之后，美国通过易贝向以西班牙语为母语的拉丁美洲国家的出口在数量上增长了 17% 以上，在价值上增长了 13% 以上。[15]

正如我以前的同事、MIT 教授埃里克·布林约尔夫松（Erik Brynjolfsson）所写的那样："历史上阻碍贸易的语言差异将随着机器翻译的发展逐渐变得无关紧要。历史上，因语言或地理距离障碍而相分隔的国家，它们之间的贸易较少。我们的研究发现，机器翻译所带来的贸易增加相当于将国家之间的距离缩短了 37%。"[16]

全球有约 64 万名翻译工作者。自动翻译可能会取代其中的一

---

① 译者注：Tower of Babel，巴别塔。巴别是巴比伦的古城，诺亚的子孙拟在此建立通天塔。上帝因此发怒，乱其语言；建塔人因为持有不同语言，无法沟通，最终未能成功建塔。

部分人。[17]目前，人工翻译的高成本意味着全球供应链中只有极小一部分信息能够支付得起信息传递的费用。超低成本的自动翻译将使供应商和客户组织中数以亿计的人能够与其他国家的人进行每日交流。易贝的例子表明，在商业领域中使用自动翻译可以减少分歧并增加对供应商和客户的触达。

具有创意的协作机器人

生成式人工智能（在第 14 章的"这次是否不同？"一节中提及）是一种基于机器学习的新型系统；它能够生成新的内容，而不仅仅是分析或处理现有数据。在对查询或提示做出回应时，它会根据输入的描述自动合成图像、声音、文字或产品设计，产生新内容。基于此，生成式人工智能可以被看作一种协作机器人，它仍然依赖人类具备的创造力和智能来呈现一个好的想法，并识别该想法是否令人满意。

这种机器学习系统能够基于其在训练过程中所"学到"的内容创建新的数据。一旦在样本数据集上进行了训练，它们就可以利用所学到的模式生成新的类似的样本。正是这种能够创建新信息的神奇的能力使得生成式人工智能具有巨大的潜力，并打开了一个充满潜在可能性的新世界。

人类的大部分学习是通过观察他人、分析案例（这展示了他人是如何解决问题的）或通过正式实习和学徒制度（这在许多职业中都需要）来进行。值得注意的是，生成式人工智能系统的学习方式与人类非常相似，即通过观察。只不过它们以机器的速度而不是人类的速度学习，并且机器可以处理人类难以想象的大量数据。一旦生成式人工智能系统经过训练，它的应用就是多种多样的。

例如，Jasper AI 是一款使用机器学习来生成博客文章、电子邮件和其他内容的软件。它专注于生成吸引读者兴趣的高度可读的文案，因此它的一个主要用途是开发广告材料。还有许多基于机器学习的艺术生成器，可以将文本提示转化为图像。诸如 NightCafe 和 Dall·E 2 等应用程序可以使用文本指令以特定风格生成图像，例如"具有真实感的一位骑马的宇航员"。[18] 一款名为 Syntheia 的应用程序是一个视频生产程序，它基于文本描述或菜单驱动过程使用虚拟角色来创建视频。还有许多基于人工智能的音乐生成器，如 Ecrett Music 等，可以将一系列场景、情绪和音乐风格转化为原创音乐。生成式人工智能的"创造力"不仅限于艺术领域，还有多个应用程序可以生成高质量的计算机代码。例如，GitHub Copilot 可以在十几种计算机语言中生成代码；Tabnine 是一款基于人工智能的代码自动补全应用程序；CodeT5 可以根据文本描述生成代码。另外还有其他几款类似的应用程序。

这种生成式人工智能似乎挑战了人类独特能力的最后堡垒之一——创造力。如果机器都能够创造出有创意的产品，那么人类还剩下什么可做的呢？事实证明，人类仍然能够掌控一切。

过去，创作一幅好的图像（例如照片、绘画或平面艺术品）需要相当的技能、经验和设备。成为一名专业摄影师或艺术家需要多年时间，只有很小一部分人能够创作出好的作品。生成式人工智能程序使得非专业人士也能够创造出创意产品的大部分内容，无论是博客文章、绘画、歌曲、电影、评论文章还是软件需求。由于它实际上让更多人能够从事创意工作，扩大了人们获取创造性工作的可能性，因此，它是一种降低技能要求的创新。然而，第一代此类系统可能还无法生成非常高质量的输出。在大多数情况下，这些程序会根据文本描述生成一个起点（"第一稿"），然后通过用户的指导来进一步改进。

需要注意的是，图像生成工具引发了隐私和版权问题。这两个问题来自于这些工具系统在训练时会使用大量带有标注的图像。隐私问题源于模型确实会记住训练集中的图像，就像记住人的姓名和面孔一样。不幸的是，这些模型有泄露敏感信息的风险，比如肖像照片甚至私人健康数据。版权问题源于用于训练集的照片或绘画可能是受到保护的知识产权。目前尚不清楚 AI 公司是否可以在没有许可的情况下使用它们。最终，这些挑战将在法庭上通过立法来解决。[19]

生成式人工智能不仅仅是一种艺术工具，它甚至可以支持某些创意业务，并减少执行这些业务所需的劳动和技能。它之所以能够做到这些得益于"好的技能"，这些技能获得于系统中广泛的训练数据和大量的在各种情境下的优秀设计。之前，从一个想法的框架到完善的产品需要中间的专业技能，而此类人工智能缩减了对中间技能的要求。

例如，欧特克（Autodesk），一家为制造业生产软件产品的跨国公司，其生成式人工智能将人类的任务简化为描述需求，以及对人工智能生成的结果进行识别以判断是否符合要求。欧特克开发了一款名为 Dreamcatcher 的计算机辅助设计软件。该软件是一种生成式设计系统，它通过让设计师阐述设计目标和约束条件来引导设计师完成对其设计的释义。通过迭代过程，系统生成替代的设计方案。设计师可以根据要求，在不同方案之间进行权衡取舍。

示例：ChatGPT

截至目前，世界还处于生成式人工智能技术的早期阶段，然而，这项技术的能力已经显现。例如，ChatGPT 是由初创公司 OpenAI 于 2022 年 11 月发布的大语言模型。它可以用于自然语言处理任务，包括文本生成、语言翻译、文本摘要甚至情感分析。尽管训练 ChatGPT 所使用的数据集的规模不为公众所知，但据信，其规模达到了 2000 亿个单词。它最令人惊叹的特点是针对提词（prompt）能够快速回应，生成类似人类文本的能力。

然而，就像任何其他基于机器学习的大语言模型一样，ChatGPT 在某些方面存在局限性。首先是它对训练数据的依赖性。因此，模型结果的质量和准确性将取决于其训练数据的质量和代表性。例如，ChatGPT 是以一定时间段内的数据进行训练的。因此，当在 2023 年 1 月被询问"今天波士顿的天气如何？"时，模型回答道：

> 很抱歉，由于我的知识截止于 2021 年，我无法提供实时天气信息，并且我没有互联网连接。我建议您查看天气网站或移动应用程序来获取最新的信息。

其次，该模型无法理解语境。因此，它无法对抽象或定义不清晰的提词生成响应。如果未明确说明提词的上下文，它也无法理解提词的语境。然而，需要注意的是，ChatGPT 和类似的模型可以在一定程度上以类似人的方式进行回应，这是因为它们的训练数据包含了各种情境下多种情绪反应的大量的示例。[20]

第三，在某些情况下，模型结果不可靠，有时还存在推理错误，甚至事实错误。这是因为 ChatGPT 在技术上只是一种基于单词序列模式的统计模型，而不是一个世界是如何实际运作的模型。由于语言通常是人们所生活世界的反映，并且为在物理世界中发挥作用而不断发展，自然地，ChatGPT 的结果常常是正确的，但其正确性并不是百分之百的。令人不安的是，ChatGPT 有时会"编造"事实，包括不存在的虚假参考（书籍、文章和网页链接）。[21]正因为 ChatGPT 可能存在这种潜在缺陷，人类需要对算法结果进行监督和控制。

最后，需要指出的是，虽然因为生成式人工智能模型降低了写作和其他创意任务的技能要求，再次引发了某些专业人士对工作消减的担忧，但它们基本上还是新工具。事实上，开发 ChatGPT 的公司 OpenAI，认为它是人类作家的辅助工具，而不是替代品。对于掌握 ChatGPT 的人，生产力会得以提升，并带来更好的最终产品。与 ChatGPT 一起工作所需的专业知识包括准确地、简洁地阐述提词，了解 ChatGPT 的优点和局限性，并能够通过与软件的迭代交互、人机协作获得最好的可能结果。

ChatGPT 所代表的技术以及上面提到的所有生成式人工智能应用都是新鲜的。因此，它们在某些时候仍然存在错误和不稳定性，会给出错误答案，而且它们的潜力尚未被充分理解。对于那些原本非数字化的企业来说，风险在于它们忽视人工智能的变革潜力，并面临着已故哈佛大学教授克莱顿·克里斯滕森所说的**创新者困境**。[22] 克里斯滕森指出，忽略那些小的、新出现的竞争对手（它们可能以劣质产品进入市场，并服务于不同的细分市场），将市场让渡给初创企业，大型企业是在做出合理的商业决策；然而，随着这些初创企业产品的改进并占据更大的市场，它们在后来可能会对大型公司构成威胁。

克里斯滕森举了许多例子，包括小型钢铁厂的兴起和日本汽车制造商的成功，这是由于大型现存公司的投资天然倾向是针对似乎成功的已有产品、服务和流程，而不是冒险进入特定小群体市场。生成式人工智能产品可能会按照克里斯滕森所描述的模式发展。尽管目前这些产品的市场可能很小，而且其中一些产品可能质量低下、成本高昂且被高层管理人员误解，但这种情况可能会因技术突破、消费者观点的变化或强大的（可能是外国的）竞争对手的崛起而迅速发生改变。

16 仅有技术是不行的

2018 年，京东积极推动自动化仓储和配送，其 CEO 刘强东曾表示："我们现在拥有超过 16 万个全职工作岗位。在未来 10 年内，我希望我们的员工数量将减少到不到 8 万人。"[1] 然而，现实证明情况并非如此。尽管京东的业务在 2018 年至 2020 年间仅增长了 70%，[2] 但京东的员工数量在这段时间内几乎翻了一番，增至 31 万人。具体来看，不仅总人数增加了（尽管在自动化方面进行了投资），而且每一美元收入所对应的工人数量也增加了。

此事例，以及之前关于银行出纳员数量增长的例子，给就业增长描绘了一幅积极的图景。管理咨询公司德勤在一项全面研究中，就技术、机器人和自动化对英国经济的影响进行了报告。在 2001 年至 2015 年的 15 年间，它们使 80 万个工作岗位流失，但同时创造了近 350 万个就业机会。这些新岗位需要更高的技能，并且薪酬更高。[3] 更重要的是，这些例子还表明，即使一些工作在理论上和实际上可以完全自动化，但人仍然是必不可缺的。

克服僵化性

"犯错误是人性，但要真正搞砸事情，你需要一台计算机。"这句俏皮话于 1969 年首次以文字方式出现。[4] 它反映了计算机的局限性。即使出现了程序错误、数据错误或电路板故障，计算机仍将僵化地、不懈地执行要求它们做任务的程序。因此，即使硬件和软件按预期工作，计算机的僵化性也会导致一些问题，而这些问题只有人才能解决。

一些公司，即使他们在工作中最充分地使用计算机，也意识到了这些缺点。例如，新冠疫苗的领先开发者之一，现代生物技术公司莫德纳，就是信息系统的富有远见的采纳者。莫德纳的首席数字和运营卓越官马塞洛·达米亚尼表示："我们的策略是这样的：我们有一个（基于 mRNA 的疫苗和药物）平台；我们想要构建多种产品；从第一天开始，我们就尽可能地数字化。我们关注的是信息技术如何帮助莫德纳改进其产品、增加规模、提高效率、极大地改善我们正在构建的产品质量，以及我们如何构建一个以数据为中心的公司、如何使用算法来帮助公司实现所有这些改进。"[5]

对僵化性的认识影响了莫德纳实施自动化的方式。达米亚尼说："如果你过早地自动化，并且你的流程不稳定，那么就会因为自动化而变得非常僵化，从而减缓了变革的速度。"在应对僵化性上，他解释说："一开始，各部分的自动化都是孤立的。随着流程的成熟，我们再将这些孤立的自动化连接起来。"[6]

随着子系统的稳定，再对组织中越来越多的部分逐步自动化的策略似乎意味着组织中的大部分（如果不是全部的话）最终将被自动化，并且对人员的需求将越来越少。然而，这种推断是基于一个假设，那就是公司的产品技术、外部世界、供应链、竞争对手和客户本身是稳定和不变的。事实上，正如第 14 章的"这次是否不同？"一节所提到的那样，部分因为数字技术变化的速度，世界正在以越来越快的步伐发生着变化。此外，由于通信的快速和采用了各种新的数字共享平台的高效，变革的传播速度也迅速增长。在一个变化加速的世界中，稳定性只会在短期、有限的环境中出现（例如，在专门生产特定产品和使用特定生产过程的工厂中）。

这种推理指出了在哪些领域数字系统比人类更擅长，在哪些领域不及人类。只要环境是稳定的并在预期参数范围内运行（即"正常"环境），那么算法可以有效地运行并维持系统运转。然而，真实世界的环境是不断变化的，且变得越来越不稳定。在这些情况下，机器就需要由高技能的人类操作员进行监督和手动控制。

人的稳健性

一张有趣的互联网图片展示了一家理发店的大型招牌。在招牌的文字下面，有一个所谓的英文翻译，上面写着"Could not connect to translator service"（无法连接到翻译服务）。这个有趣的例子说明了一个事实，即如果组织中没有人知道自动化系统应该如何运作，那么当系统出现错误行为或产生不恰当结果时，组织中也不会有人能够觉察。

完全依赖自动化可能存在风险，除上述原因外，还有其他原因。系统面临的一个特殊的危险是灾难性故障。例如，必应的服务中断不仅会影响使用必应搜索功能进行答案搜寻的人，还会影响所有使用必应地图的用户。在许多情况下，这些用户就是自动化系统，它们依赖持续信息流而运行。一旦服务中断，（因缺乏信息流）这些系统可能会同时崩溃。同样，企业供应链软件公司或主要的云计算提供商（如亚马逊网络服务 AWS 或微软 Azure）也可能会遇到故障。事实上，AWS 曾经多次经历故障，其中包括 2018 年的一次持续超过 24 小时的故障。其他云服务也偶尔发生故障。这样的故障会立即导致许多公司运营瘫痪并破坏它们的供应链。当太多公司依赖相同的云功能、软件系统或数据流时，它们都面临着同时中断的影响，从而引发系统性和大范围的故障。

数字系统的另一个软肋是它们容易受到网络攻击的威胁，攻击者可以利用一家公司系统中与其他公司系统共享的部分来使得其他公司瘫痪。例如，2017 年 6 月，丹麦哥本哈根的巨型集装箱航运公司马士基的员工看到他们的电脑屏幕突然变成了黑屏。在短时间内，马士基在 76 个港口和 800 艘船上运行的计算机系统全部瘫痪。但这次攻击并不是针对马士基的，而是俄罗斯黑客对乌克兰进行的网络攻击。此举导致乌克兰政府数据的大幅破坏，以及整个国家的停电。然而，俄罗斯黑客释放的恶意软件无选择性地攻击了世界各地的计算机。除了马士基，无数公司都被迫停摆，包括宾夕法尼亚州的医院、制药巨头默克、食品生产商亿滋、联邦快递的欧洲子公司 TNT，等等。该病毒甚至传回俄罗斯，攻击了国家石油公司 Rosneft。仅几小时，破坏就传播到全球。[7]

在每一家受到影响的公司中，人们不得不拂去旧计划的浮尘，重新采用旧计划，并尽可能地人工操作直到影响消除。因此，从这次攻击中得到的第一个教训是，系统得以恢复依赖于了解系统如何运作的技术人员。当计算机停止工作时，人们对系统与流程的理解、管理和操作的能力可以减小损失，并在其他人恢复计算机系统的同时，保持企业运转。这种知识只储存在物理文件和人们的记忆与经验中。

第二个教训是，与连接的计算网络不同，基于人的系统很少会同时发生故障。极少会发生全球范围内某一职能的所有工人突然都停止工作这种情况。人类在个体层面上更独立、稳健和具有适应力，因此基于人的系统在整体上不容易受到单点故障的影响。

网络攻击可能会使计算网络、机器人、自动驾驶车辆和物联网系统瘫痪。然而，基于软件的供应链中断并不仅限于网络安全漏洞。软件升级和操作设置的故障也可能引发连锁故障。

在列夫·托尔斯泰的名著《安娜·卡列尼娜》中，有一句名言："幸福的家庭都是相似的，而不幸的家庭各有各的不幸。"供应链中断也是如此。每次中断都有其自身的一系列原因，并产生了自身的冗长悲境以及一连串影响。没有两次供应链中断是完全相同的。当这些中断发生时，中断会创造出具有新挑战的新的全球环境，这些挑战需要知识、经验和同理心来理解和解决。

不确定世界中的韧性

莫德纳公司的达米亚尼指出，成功的自动化依赖于稳定的流程。[8] 然而，重大干扰可能会破坏组织的日常运营流程，因此，所有通常由自动化系统处理的情形，都需要例外的管理措施。例如，2011 年 3 月 11 日，当日本发生大地震时，向全球汽车产业提供产品的日本供应商（它们也向通用汽车等美国汽车制造商提供产品）遭受了严重破坏。由此造成的零部件的短缺对通用汽车产生了威胁，共有 16 个生产工厂在三周内关闭。

为了处理危机，通用汽车创建了一个专门的项目组。该项目组配备了合适的人员和流程，用以应对严峻情形下有效措施的建立、协调和执行。通用汽车首先结集了一群对公司产品、供应商和生产系统有深入了解的人员，包括公司工程和供应链领域的经验丰富的专业人士。随后，该危机团队从以下五类任务入手：确定中断的零部件、对中断的零部件寻找更多现有的供应以延迟停产、对于受到影响的供应商寻找方法重启生产、寻找和验证替代零部件、优化中断期间的生产。

其次，通用汽车为危机团队和公司中的许多高级领导和管理人员制定了新的日常工作程序。每天早上 6 点的电话会议上他们将向高层领导汇报最新进展和即将面临的挑战。各分组也在一大早会面，以协调他们当天的活动。到 8 点，危机团队向所有团队发布信息。10 点 30 分，危机团队向销售、服务和营销团队更新情况。下午 4 点，跟进会议总结当天的进展和经验教训。

通用汽车为处理重大中断而设立了专门配置的物理工作空间，设立的三个"危机室"分别用于中央协调、受影响零部件的供应链解决方案和工程解决方案。这三个危机室均设立在极其现代化的车辆工程中心。该中心涵盖了通用汽车的工程和设计功能，以及其供应链管理组织。该中心坐落在距离通用汽车底特律复兴中心总部约 24 千米的沃伦。通用汽车的其他地点也设立了较小的危机室。

为了跟踪危机，通用汽车创建了一种特殊的可视化工具，叫作**白空间图表**。该图表是一幅跨越整个房间的、针对通用汽车每一个主要装配厂的时间表。图表的近期端显示的是每条生产线何时可能面临的某种零部件短缺。图表的远期端显示的是通用汽车预计何时可通过以下三种方法之一来恢复生产：原供应商的恢复；使替代供应商投入生产；找到工程解决方案。两端之间是每条生产线令人生畏的"白空间"：因零部件短缺的停产期。

为了帮助危机团队和高管了解白空间情况，通用汽车创建了标记和颜色的图形代码，用于传达针对每条装配线潜在中断的类型，例如某些车辆可选项的部分中断、一个潜在的问题或可能不得不完全停产的时间。此外，他们还使用红黄绿的颜色编码来表示在创建和执行计划方面的进展。时间点、标记、颜色和白空间提供了对情况以及团队解决问题的进展的有价值的概览。通用汽车的员工还使用这套颜色标记来讨论不同产品的状态："我们油漆的状态是红色"或者"我们加热座椅模块的状态是黄色"。

正如第 4 章中"供应链层次的复杂性"一节所提到的，危机会随着团队对全范围内的问题的逐步发现，变得越来越严重。在通用汽车的案例中，最初只是 390 个零部件（由通用汽车在日本的直接供应商生产）的潜在中断，然后增加到 5830 个零部件（包括那些由非日本供应商生产的零部件，这些供应商的零部件或原材料依赖于在供应链上游深处受到灾难影响的日本供应商）。然而，危机团队在寻找额外的、隐藏的零部件供应方面取得了重大进展，停产时间从而从三月底推迟到四月中旬，然后又推迟到五月中旬。每次推迟停产都给予了团队更多的时间去寻求供应商恢复和替代方案。除了因为将稀缺的芯片重新分配给更受欢迎、利润丰厚的大型卡车的生产，导致小型卡车停产一周之外，通用汽车的其他生产依然能够持续，尽管有段时间没法获得某些颜色的车辆。[9]

在大规模的中断中，如扰乱常规运营的自然灾害中，人们必须迎接挑战并应对危机。非同寻常的事件需要非同寻常的行动，包括复杂但暂时在管理、结构、优先事项、流程和沟通协调上的变化。对于缺乏可供参考历史经验的大规模 / 低概率事件，尤其如此。

理解语境

自动化系统最大的缺点可能是它们无法理解语境。语境是某事物存在或发生的环境、背景和境遇。它是一个自动化系统在采取行动时可能无法考虑到的"大局"，因为自动化系统可能不了解对人类来说显而易见的道德准则、合理目标或常识。

例如，考虑一下在亚马逊上与知名卖家竞争的无名二手书卖家。知名卖家希望对一本书收取更高的价格，而无名卖家则希望将书的价格定在略低于知名卖家的水平，虽便宜一点，但尽可能赚取更多的利润。两个卖家可能都在使用体现各自策略的自动定价算法。2011 年的一个案例展示了这些自动算法在互动中会出错。

2011 年 4 月，两个书商在亚马逊上推销彼得·劳伦斯撰写的《苍蝇的结构》的新印刷本。原著是于 1992 年出版的发育生物学参考书。这两个书商中高端卖家的策略是将价格定得高于另一家书商的定价，而另一家书商的策略则是将价格定在略低于前者的水平。当另一家书商将价格调整到略低于前者的定价时，前者则将价格提高。另一家书商再次提价至略低的水平，而前者再次提高价格。这种自动的"低价和提价"的调整模式不断重复，4 月 18 日，该书价格达到了 23 698 655.93 美元（加上 3.99 美元的运费）。而与此同时，其他卖家所出售的二手书价只有 35.10 美元。[10] 在这个案例中，两个不同的，但每一个都合理的定价算法策略的互动，导致了一个荒谬的结果。

然而，定价动态变化只是算法决策带来意外后果的一个例子。当一位自行车手和一辆显然懂礼貌的自动驾驶汽车在十字路口相遇时，他们的表现展示出安全算法可能对他人行为过于敏感。双方在试图经过十字路口时，都不愿意挑战对方，导致了整整两分钟的僵持。[11] 对自动驾驶车辆规避风险的了解，甚至可能被狡猾而好斗的人类驾驶员利用。[12]

我们需要认识到人类对语境应用的能力是惊人的，但又是自然而然的。对语境的应用是人们理解他人、情境、观念和挑战的基本过程。人们根据当前问题的语境对刺激作出反应，而 AI 难以应用人类的语境。因此，如果告诉机器人从设备间拿一个扳手，机器人可以去执行。但如果告诉它"帮下那个愚蠢的发电机"，机器人将一筹莫展。理解语境是"常识"的一个关键元素。正是语境或常识，使人们能够根据竞拍二手书的出价，来审视新印刷品的价格，从而意识到所显示的 23 698 655.93 美元的价格是不理智的。

应用语境：否决算法

像大多数零售商一样，总部位于美国新英格兰地区的萧氏超市使用计算机模型来预测未来需求，从而确保其商店在适当的时间备有适量的合适商品。这家杂货店利用需求模式数据来了解人们将需要什么以及将在何时需要，并使用该系统的结果去进行商品采购。然而，当2008年金融危机来临时，计算机模型产生的结果变得无法理解。

总的来说，这家零售商认为由于人以食为天，因此相对来说，零售店业务不会受经济衰退的影响。然而，虽然食品的总销售量没有发生变化，但由于消费者开始变得节俭，并设法节省地使用有限的预算，他们的偏好发生了显著改变。之前高价（和高利润率）的商品销售发生下滑，而商店的自身品牌[①]和低成本的主食（如面食和金宝罐头汤）的销售却在增长。经济衰退之前收集的数据无法帮助萧氏超市对经济衰退期间的销售进行预测。基于计算机的销售预测必须进行手动调整之后才能解释这些突然的变化。算法本身无法识别到境况已经发生了改变，环境已由稳定变为不稳定，消费者也改变了他们的偏好。[13]

同样，2020年初的新冠疫情对依赖于历史销售模式的预测产生了严重破坏，一些产品的销售激增（例如卫生纸、面食、消费电子产品、家庭运动设备和休闲车辆），而其他产品的销售下滑（例如餐厅餐点、汽车、商务服装和化妆品）。雪上加霜的是，疫情大流行期间的销售数据对于预测未来的销售也不一定有用。在卫生纸需求激增不到一年后，这种必需品的销售量下滑到比疫情前的水平还低。[14]同样，汽车销售逆转了在疫情间下滑的趋势，造成供应短缺和产品涨价。

重要的是要认识到，大多数预测模型，无论是经过验证的统计回归模型还是基于现代机器学习技术的模型，在很大程度上都依赖于历史数据。这些数据被用于校准随时间变化的产品需求模型

---

① 译者注：商店自身品牌商品通常价格较低。

结果，因此可以反映出，比如像过去一样：人们对花的需求在情人节时增加，人们对汤的消费在夏季减少。然而，对过去数据的依赖带有一个重要但危险的假设：隐藏在整个大数据/统计预测/机器学习方法中的假设是"未来的结构与过去相似"，并且历史数据中的模式将在未来重复出现。然而，这并不总是事实。实际上，随着经济、社会、技术和中断所带来影响的变化，结构模式可能会发生改变。

关于未来预测的另一个挑战是，互联网似乎成为个体趋势和网络模因（meme）[①] 极好的放大器。社交媒体创造了因恐惧而迅速传播的信息（例如，关于卫生纸短缺的自证预言），以及由有影响力者所推动的欲望（例如，在 TikTok 上变得热门的产品，如勃肯鞋，导致了产品需求的突然转变）。[15] 简而言之，通过机器学习能实现优化预测的高速数字化技术，也会扰乱预测过程。

供应链是社会化网络

供应链并不是无个性的公司和交易流程。供应链组织中有专门部门对这些流程进行指导和调节。在供应链中做决策时，如处理异常情况或将问题升级时，公司内部人员与客户和供应商之间的个人关系非常重要。伟创力公司的首席采购和供应链官员林恩·托雷尔在谈到该公司在新冠疫情期间的运营时解释道："我们与供应商有过几次激烈的电话。我们接到电话，并且需求紧急。通常，那是我认识多年的某个人。我们经历了艰难的谈判，然后共进了美好的晚餐，一起度过了一些时光，我们总是在不同的活动中见面。我认为人情非常重要，尤其是随着时间的推移建立起来的关系和

---

① 译者注："meme"是在网络上由用户向其他用户传递的图片、视频。

信任。"[16]

人与人之间的交流有助于对正在发生的事情以及双方考虑的行动提供非结构化的信息。它有助于对解决方案的协商，并对行动取得相互承诺。"你可以精通技术，"托雷尔说，"但归根结底，你必须拿起电话，看看你能否得到解决方案。"[17]

供应链中的客户和供应商关系会非常复杂。大型机构会在供应商和客户之间建立起一个个人关系网络，它跨越彼此企业的多个层次或职能。操作和行政人员为解决采购订单、装运和付款问题，可能经常互动；双方企业的工程师在开发新产品和实施新技术时进行互动；经理和高管进行战略讨论和谈判互动。

为建立长期的人际关系，公司通常会为特定知名客户设立专门的服务团队。良好的人际关系在公司之间形成了一种社会纽带，调节着它们之间的相互交往方式。例如，宝洁公司就在阿肯色州本顿维尔市开设了一个办公室，紧邻沃尔玛的办公室。这个办公室有几百人，全都致力于宝洁与沃尔玛的合作关系。其他许多供应商也在沃尔玛周围设有这样的办公室，该地区因此被称为"供应商小镇"。

在与战略客户和供应商打交道时，这种关系会延伸到高管层。例如，在面对颜料短缺时，阿克苏诺贝尔公司的全球颜色采购总监伊格纳西奥·帕拉指出，人际关系帮助他们解决了某些成分的短缺问题："问题的解决依赖于一个充满活力的跨职能团队的帮助，更不用说我们CEO的支持。我们CEO不断地对我们的供应商施压，要求向我们供货。"[18]同样，在2011年日本东北部地震后，通用汽车面临芯片短缺问题时，首席执行官丹·阿克森利用他在芯片制造商飞思卡尔董事会上的职位，寻找到芯片替代供应来源。阿克森说："我打电话给飞思卡尔的首席执行官说：'我知道你们制造这种类型的芯片。'最后，我们找到了解决方案。"[19]

行业范围的合作回应

如同赢创工业公司在一次业务中断时所展示的那样，供应链中所隐含的社交网络超越了供应商与客户的连接。2012年3月31日，在赢创工业坐落在德国马尔市的化学工厂中，一个装满易燃性丁二烯的储罐发生了爆炸。熊熊的火焰和滚滚的浓烟从环十二烯工厂冒出。这个化工综合体拥有约7000名员工，位于高度工业化的鲁尔河谷。大约130名消防员连续奋战了15个小时，才阻止了火势蔓延到工厂的其他部分，并最终将其扑灭。这次爆炸和火灾造成了2名工人死亡，并严重损坏了工厂设施。[20]

环十二烯听起来像是一个晦涩的化学物质，事实上它可用于合成环十二烷、十二酸和月桂内酯。这个事实听起来可能对大多数读者来说没有什么意义。但是环十二烯是制造某类聚酰胺的关键成分，这类聚酰胺是一种高强度塑料，常被称为尼龙。具体来说，环十二烯被用于制造一种高科技型尼龙，PA-12。这种尼龙因耐化学腐蚀、耐磨和耐久性而备受推崇。这使得PA-12成为汽车行业的首选材料。这种高强度塑料可用于燃油管道、刹车管道和塑料外壳。如果这还不足以说明该材料的意义的话，另一个应用是使用尼龙和其他塑料及聚合物复合材料可以使汽车更加安静和节油。2021年的普通轻型汽车使用了超过400磅（约181千克）的这类材料，而1960年仅有20磅（约9千克）。[21]

使用这些材料的不仅仅是汽车制造商。PA-12还用于太阳能电池板、运动鞋、滑雪靴、光纤、电缆导管和铜线的阻燃绝缘材料。环十二烯还是制造众多其他化学品，例如溴系阻燃剂、香料、热熔胶粘剂和防腐剂的关键前体。2012年3月德国的爆炸和火灾几乎摧毁了全球近一半的环十二烯生产能力。更糟糕的是，在爆炸发生时期，环十二烯的供应，因为其在蓬勃发展的太阳能电池板行业中的使用，已经变得非常紧张。对于汽车公司来说，赢创火灾的潜在影响可以说与 2011 年日本地震的潜在影响相似。汽车中的大量零部件都依赖于 PA-12。火灾对车辆生产造成了重大且持续的中断威胁。

针对赢创火灾，在 TI Automotive 这家生产燃油管道和刹车管道的制造商提升了火灾严重后果的警告等级后，整个汽车行业采取了行动。该行业于 4 月 17 日在密歇根州特洛伊召开了一次紧急峰会。峰会由一个中立的第三方——汽车工业行动组织主持。这是一个由志愿者组成的非营利组织，为汽车行业的约 4000 个成员公司提供关于质量、企业责任和供应链管理的专业技能、知识和标准的分享。峰会有代表着 8 家汽车制造商和 50 家供应商的共 200 人参加。他们来自受火灾影响的汽车供应链各个层级的公司，包括大型原始设备制造商、一级供应商、零部件制造商、聚合物树脂制造商，以及赢创和巴斯夫等化学制造商。[22]

参与者有三个目标。这些目标都需要整个行业的集体专业知识。首先，他们希望了解并量化全球 PA-12 的库存和整个汽车供应链中的生产能力的当前状态。其次，他们希望集思广益，战略性地扩展当前的 PA-12 产能，并且 / 或者寻找弥补预计产能缺口的替代材料或设计。第三，他们希望确定并招募必要的行业资源，用于技术审查、测试和批准这些替代方案。

为快速制定行动计划以减少因任何短缺对零部件和车辆生产的影响，该团队成立了 6 个委员会。每个委员会都承担了一个指定的任务，例如管理剩余库存、增加现有供应商的产能、寻找新的树脂生产厂商以及寻找替代材料。该团队在随后的几周内举办了多次技术跟进会议。[23]

这种多方面的合作是克服供应挑战的关键。在会议后的一周内，原始设备制造商共同起草了一个计划，用以加快替代零部件的验证过程。[24] 对验证过程进行协调可以确保供应商无须为每个原始设备制造商客户执行不同的验证过程。其他行业的供应商也将它们的产能分配给汽车应用。例如，位于堪萨斯州的英威达公司，其产品包括适悦牌地毯，释放了其在环十二烯生产产能方面的合同权利，这样可以将更多的产能分配给汽车行业。最终，虽然赢创工厂直到 2012 年 12 月前仍处于停工状态，但汽车却源源不断地从生产线上装配下线。[25]

人类的关键特质

本节的例子将展示人类相对于机器的灵活性、稳健性、创造力、批判性思维、沟通能力、适应能力等品质。这些品质通常被归类为"软技能"。其中大部分品质隶属于本书所称的**对背景的理解**。虽然计算机可能是数字世界的专家，但人类生活在物质和社会世界中的事实使得人在供应链运营和管理的几个领域具有优势。正如上文所提到的，虽然软件可以忠实地执行算法，但人类可以发现异常的变化或问题，而这些变化或问题需要实施新的流程才能解决。

生活在物质和社交世界中

在物质世界中长期生活的经验使人们能够察觉到正常和异常之间的变化或差异。例如，在 2008 年金融危机期间，许多公司担心其供应商的财务状况。它们要求供应商提供财务数据，但这些数据可能被操纵，并且是供应商滞后的、非经常更新的状态视图。为了增加数据的可靠性，许多公司派遣员工代表对关键供应商的零部件或材料进行实地核查。仅通过走访供应商的办公室和工厂，访客就可以依据观察到的库存过多或过少的状态、设备的繁忙或寂静，以及工人们的情绪情况来评估其财务状况。

道德准则

许多工作任务涉及价值判断和主观因素，而这些因素是基于系统的设计者或管理者的偏好。即使这些偏好由系统的用户来设置，它们也可能不是永久性的。目标、道德理解和偏好会随着时间的推移和管理团队的更换而发生变化。尽管在许多情况下，通过适当的培训，机器也许能够筛选大量数据并提供行动选项，但在涉及有重大影响的决策时，可能需要人来做出最终决定；当背景发生变化，需要在不同环境中做出决策时，这一点尤为重要。例如，在优先考虑灾难响应时，是应该优先考虑客户、员工、供应商、股东还是社区？人，因为融入个人生活、家庭、朋友、同事、客户和社区的人类体验中，很可能比机器更擅长理解和判断一种既经济可行又符合社会规范的反应。

适应性和协调能力

与机器人相比，人们在面对非结构化条件和环境时更具适应性。任何给定的机器人或软件系统都是针对特定任务或特定领域来构建和优化的。然而，变化（包括中断、新知识、新产品、竞争对手的行动、经济周期等）可能使机器不再合适，需要人来接手任务。

此外，在社会化背景下的机构和供应链中，危机管理团队可以创建新的组织结构和新的合作方式来应对特定的一次挑战，就像通用汽车公司在2011年日本地震后所做的（详见本章"不确定世界中的韧性"一节），C&S公司在新冠疫情期间所做的（见第13章的"通过合作实现灵活性"一节），以及汽车工业行动组织在赢创大火后所做的合作。虽然计算机可以，并且也在进行合作，但它们是通过编程协议来进行合作，而人可以适应性地、快速地根据需要的时间和要求创造新的合作方式。

创造力的推动力

更重要的是，变革需要适应性，而这些需要适应性的变革融入众多的消费者和技术供应链之中，无论是快时尚还是基于芯片的快速硬件。快速变动的供应链不断寻求差异化来激发对新产品或服务的需求。因此，这些供应链有意寻求可以创造竞争优势的新颖点——新材料、新零件、新工艺、新设计和新服务。

嵌入在文化环境中的是人，而不是机器。文化环境确定了词语、符号、形状和结构，它们有变换着的含义和内涵。来自个人或全体的对日常生活中的乐趣（或挫折）的理解为新产品和服务提供了机会。

随着新知识的产生，这些知识可以转移到系统中。这是通过收集所需的大量数据集并对系统进行训练来实现的。在系统运作中，通过整合在运作过程中不断收集和使用的数据流系统的能力将有所改进。然而，要实现大规模的跨越性变化，无论是由于需要适应新的外部环境还是出于对系统的有意重新设计，都需要人类的参与。与为特定目的而建立的存在于狭隘环境的机器和软件不同，人类同时生活在有众多经验、思想和技术的世界中，这种多样性会引发思想的交叉促进。

然而，这种描述附带有警告。正如第 15 章的"具有创意的协作机器人"一节所描述的，一种融入机器学习的新编程类别，生成式人工智能，可以在多个领域降低创意过程中所需的技能（从而减少了对设计师、作家和艺术家的需求），同时**增强**其他工作者——具有想法但没有专业创意技能或教育背景的工作者——的创意输出。[26]

共情和沟通

尽管医疗保健领域使用人工智能应用的数量在不断增长，但计算机无法表现出护士在治疗病人时所需的共情能力。机器无法取代当地超市收银员友好的微笑和随之而来的闲聊。同样，很少有商务谈判能在双方缺乏相互理解、融洽关系和欣赏对方观点的情况下完成。创建个人联系和进行沟通的能力是人与机器之间最为明显的区别之一。这种品质在所有案例中显而易见——当系统出现故障，人们需要通过共同努力克服困难。

然而，就像创造力一样，基于人工智能的程序正在开始突破这些限制，并进入人类的共情和情感领域。像 Replika 和 Woebot 这样的程序允许人们谈论自己的困扰，甚至会作出一些咨询回应。随着这些程序变得更加完善，区分人类和机器可能会变得更加困难。在医院中，这样的聊天机器人可以在各种任务中协助医务人员，同时减少医务人员不断重复的解释工作（向患者解释治疗程序和流程）。这些程序不会取代医疗专业人员，甚至不会削弱他们的工作技能，它们只是为医疗专业人员提供帮助。当然，当医疗专业人员高效到一定程度时，可能需要更少的医疗专业人员来完成工作。

一类具有情感智能（EI）的聊天机器人可以帮助企业提高信息共享、与内部和外部资源合作的能力，甚至在消费者开口之前解决其需求。像 Affectiva 这样的程序可以通过分析面部和声音表情来捕捉人的认知状态和情绪。情感智能聊天机器人可以根据消费者的情绪回应收集必要的数据，并提供适当而独特的答案。销售和支持人员，尤其可以利用这样的聊天机器人更好地理解客户需求。

然而，很难想象人们会真正接受由机器生成的模拟情感和共情。客户很可能会将其视为众所周知的"您的来电对我们很重要"或"感谢您的耐心"等毫无意义的商业用语。

风险承受能力

在许多情况下，基于人工智能的系统可以提供一系列可能的行动。每一个可能的行动都伴随着实现某个目标（最大利润、最安全的结果、最小排放等）的概率。即使只有一个目标，且没有社会或道德考虑，决策仍然可能涉及风险的判断，是选择高风险／高回报的选项还是安全的选项？或者可能介于两者之间，也就是既不完全安全，但潜在回报又比最低回报高？虽然规则可以根据情境进行编程，但最适合的选择可能与规则建议的不同。例如，如果企业预测经济衰退即将来临，则可能倾向于更安全的替代方案。

风险承受能力是一个可以考虑的情形。风险承受能力依赖于情境，因此，在可预见的未来，人们很可能会参与其中。结果是，虽然机器对数据进行处理，但最终决策仍由人类做出。一般来说，决策的后续影响越重大，人类越有可能发号施令。其他依赖于情境问题的例子包括（生产制造的）重返本土、新的战略业务组合、采取政治立场等决策。

变革正在来临，这一点几乎毫无疑问。人将与各种程度的自动化机器协同工作，还是将必须操纵机器人；人是否将设计、构建或解释机器人的工作原理；人是否将必须与机器共享工作；或者人是否将必须监督人机共同工作的环境。我们的社会必须让工人和企业为所有这些变化做好准备。如何做到这一点将是本书第四部分的讨论主题。

4

第四部分
展望未来

17 未来趋势

——

    供应链及其管理者的未来很可能取决于三个外部趋势的相互作用。这三个趋势将对供应链工作者产生两个相互对抗的影响。第一，世界供应链和经济面临着日益增加的 VUCA（波动性、不确定性、复杂性和模糊性）。第二，世界人口已经在地理和人口结构方面发生了重大变化，并且预计在不久的将来会继续加速变化。第三，不可逆转的不断增长的信息技术可以为这样一个世界提供有用的数据、决策、控制和功能。这些趋势的两个影响：一是，这些技术将不可避免地取代一部分当今的劳动力，同时也会创造新的任务、角色和工作；二是，尽管自动化在增加，为了设计、管理和执行支撑世界经济的所有供应链活动，企业仍然对人（以及技术）有明确且持续的需求。

人口变动

    人在所有供应链的每一个环节，从始至终都发挥着关键作用。在供应方面，人是工人、经理和发明家，创造着人人都依赖的产品和服务。在需求方面，人是客户（和选民），对与社会和经济宏观结构相关的支出、投资和监管产生重大影响。因此，人口分布和人口状况将影响供应链在哪里运营以及其运营方式。

迁移

气候变化、地缘政治动荡、战争以及追求更好的生活将继续推动世界某些地区的人们进行迁移，无论是在自己的国家内部还是去往更繁荣或更安全的国家。根据联合国政府间气候变化专门委员会的报告，全球至少有 33 亿人生活在极易受气候变化影响的地区。[1] 联合国进一步估计，有 20 亿人生活在受冲突影响的地区，这可能导致难民迁移。[2] 最后，全球超过一半的人口生活在贫困中，即每天生活费用低于 12 美元。[3] 这三个群体[*]极易面临可能迫使他们迁移的情况，这导致了世界各地人口规模的变化，并产生未来供应链必须满足的需求。

迁移将为目的地地区带来新的消费者和新的劳动力。有利的一面是，这将为接受这些移民的经济体带来新思想、新类型的消费需求以及额外的劳动力资源。全球迁移可能缓解某些国家面临的人口老龄化或人口减少所带来的经济挑战。这就是一些国家例如日本改变其移民政策，倾向于接纳更多移民劳工的原因。然而，在不利方面，一个重要问题是，移民是否会在目的地地区受到欢迎，或者被视为在争夺工作机会而给社会带来压力；另一个问题是，他们是否具备技能和资质，能够全面参与到接收移民的经济体日益技术化的劳动力大军中。

人口老龄化

很少有全球性的影响力因素，如技术、经济发展或社会变革，能够被百分之百地预测。然而，人口统计特征却是定数。世界人口正在经历着向非常庞大的老年人世界的转变。2021 年，世界上

---

[*] 这三个群体自然会有很高的重叠度。

12% 的人口年龄在 60 岁及以上。到 2050 年，这一数字将增加近一倍（达到 22%）。[4] 中国可能是最鲜明的例子。2019 年，中国有 2.54 亿人年龄在 60 岁及以上。预测显示，到 2040 年，中国的老年人口将增至 4 亿以上。[5]

许多经济发达国家的出生率在下降，寿命在延长，两者结合的效果形成人口老龄化的趋势。[6] 主要因为低出生率，多个国家的人口已经在减少，例如日本、意大利、希腊和许多东欧国家。（稳定人口所需的生育置换率是每位女性一生要生 2.1 个孩子；相比之下，日本为 1.37，意大利为 1.30，希腊为 1.35，而韩国则令人惊讶地只有 0.8[7]）未来还将有更多的发达经济体经历人口老龄化和人口减少。人口老龄化的社会，特别是当它与人口减少相结合时，会在劳动年龄人口和退休公民之间产生有问题的失衡；它还会改变政府的支出模式。

人口中年轻人的减少、老年人的增多将带来前所未有的挑战。由于工作场所可用劳动力的减少，国家的医疗和养老金系统预计将面临大量年长人口对健康、住房和社会护理的需求，而年轻人的减少将导致更少的人缴纳公共计划金，以及提供照顾老年人的劳动力。[8]

无论是否有足够的劳动力可用，对劳动力的需求仍然存在。一个部分解决方案可能是通用技术，如人工智能和机器人技术，通过可穿戴设备、环境感知、智能助手和相关创新的形式应用于生活和工作的重要领域。通用技术还提供了通过增强移动性、家庭护理和家居用品来服务老龄化人口的机会。[9] 老龄消费者可能需要更多与医疗保健和日常生活援助相关的产品和服务。除了新产品机会，在产品交付、设置和维护支持方面也存在供应链服务的机会。许多公司可能会将其产品"服务化"，销售满足客户需求的完整解决方案，而不仅仅是一个产品。

人口变化对未来的工作是一个重大问题。例如，作为欧洲制造引擎的德国，其劳动力到 2030 年可能会短缺 500 万工人。[10] 老龄化是推动公司投资机器人和协作机器人的一个动力，它可延长老年人的工作期限。一项研究表明，老龄化和劳动力减少可能占工作场所自动化转变动力的 35%，"劳动力老龄化，而不是技术所赋予的效率提升，成为采纳自动化的一个更重要因素"。[11] 虽然技术可能填补劳动力缺口，但某些工作仍需要熟练的工人。这些（年老）工人可能会得到各种协作机器人的帮助（见第 15 章）。

最重要的是，劳动力老龄化的影响不仅仅是如何保持足够的员工来完成所有需完成工作的挑战。大批即将退休的员工也将造成工作知识的外流；这些工作知识实际上就是机构所知的内容，它通常被称为"机构记忆"。在员工离职之前获取和管理员工的知识将成为任何机构日益重要的优先事项。公司将不再依靠文本档案，而是利用高级人工智能所带来的替代方案（如维基、聊天机器人、高级传感器、摄像头和音频系统）来创建沉浸式的知识管理系统去收集信息，从现有员工中学习、组织数据，并高效地将这些信息传递给新一代员工。

新的工业革命

第 14 章"机器人的来临：即将到来的灾难？"概述了过去几个世纪发生的一系列工业革命；它们对就业、供应链和经济产生了深远影响。麦肯锡公司通过对正在进行的第四次工业革命的分析，确定了以下四个基础性的颠覆性技术类别，并提供了例子：[12]

· 连接性、数据和计算能力——例如云技术、互联网、区块链、传感器；

·分析和智能——例如高级分析、机器学习、人工智能；

·人机交互——例如虚拟现实（VR）和增强现实（AR）、机器人和自动化、自动导引车辆（AGV）；

·先进工程——例如增材制造/3D打印、可再生能源、纳米技术。

欧盟政策制定者提出了一个与工业4.0互补并延伸的未来愿景，称为"工业5.0"。这个概念将工业4.0的信息和物理系统与对人和环境的考量结合起来，形成了一个"未来可靠、具有韧性、可持续和以人为中心"的体系。为此，欧盟确定了支持工业5.0的六个类别的关键技术：[13]

·个性化的人机交互；

·仿生技术和智能材料；

·数字孪生和仿真模拟；

·数据传输、存储和分析技术；

·人工智能；

·能源效率技术、可再生能源技术、储能技术和自主学习技术。

这六个领域在很大程度上与工业4.0的愿景重叠，同时在实现工业5.0的人本主义、可持续性和韧性目标方面加入了有用的技术和政策。在许多方面，工业5.0的愿景更像是工业4.0的延伸版本，它有着与4.0相同的技术革命，但又反映了欧盟政策制定者在文化和追求优先事项方面的一些不同。

工作去向

过去的工业革命引发了人们工作地点和生活地点的巨大转变。在整个 19 世纪和 20 世纪间,农业就业不断减少,而制造业就业增加。农民离开农村地区前往制造业中心,这促使那些可以提供易得原材料、电力、低成本运输或现存人口聚集的地点发展成为城市区域。在 20 世纪后半叶,制造业就业减少,而服务业就业增加。以前的制造中心不断缩小,而致力于金融服务、高科技、娱乐和旅游等的地区在扩大。从根本上讲,大量工人从田地转移到了工厂和办公室,重新塑造了人口分布模式。

对信息技术、自动化和机器人的广泛应用意味着人们的工作地点也可能发生变化。本书前三部分描述的趋势,如外包、离岸、跨多地组织和多层供应链,都表明为了协同工作,人们不需要扎堆在同一地点,甚至不需要在同一家机构中。电信、互联网、物联网和云服务的广泛应用为高度分散但有效协调的人类活动提供了强大的基础设施。即便语言是多样的,通过自动化语言翻译的帮助(如第 15 章的"作为中介的协作机器人"一节所提到的)这也不再是合作的障碍。

新冠疫情期间的居家办公可能预示着人们(主要是办公室员工)在未来选择工作和居住地点的另一种趋势。随着办公楼的关闭,人们开始远程办公,许多机构意识到员工不需要聚集在昂贵的大城市的办公楼中;而员工也意识到他们不需要住在租金昂贵的城市中。个人可以从更便宜、更实惠的地点远程工作,有些人甚至搬到国外成了"数字游牧民"。居家办公解决了员工在大辞职潮中五大辞职原因中的两个,即灵活性和托儿问题,并且缓解了人们面对的来自狭小昂贵的城市住房或令人沮丧的上下班通勤的挑战。上述技术很可能进一步对远程工作的几乎方方面面进行赋能:物联网传感器提供远程的可视；云应用提供远程数据和功能的触达；机器人提供远程物理系统的控制；员工绩效监控系统确保远程工作员工确实在工作；而 AR/VR 系统可以提供更好的远程临场呈现，无论员工身在何处。

然而，一些雇主担心缺乏在办公室的面对面的互动可能意味着控制、文化、社区和创意交流的损失。出于这个原因，一些雇主已经减少了居家办公，但员工的抵制迫使一些雇主提供各种形式的混合机制。这些机制允许员工每周在办公室里工作几天，其他时间远程工作。截至 2022 年 9 月，美国 10 个主要都市区办公楼的使用率仅为疫情前的 50%。[14] 如同汽车使许多人搬离市区住到郊区一样，互联网和远程工作也使人才进一步分散。

离岸和外包的成功证明了远距离合作的潜力。《惠普方式》（1995）等书表明，即使每个人都分散在世界各地的众多不同的部门和设施中，公司仍可以建立起有凝聚力的文化。

数字原住民 [①] 似乎对在线互动相当习以为常。事实上，他们似乎更喜欢通过短信交流而不是面对面地进行会议和电话（尽管他们表示个人互动很重要）。[15] 他们可能在虚拟数字环境如元宇宙中，感到舒适和高效。由于网络空间大幅减少了物理空间对互动的严格限制，元宇宙甚至可能增加了偶遇意外运气的机会。最终，公司面临权衡：是仅从实际通勤距离内的有限人口中招聘员工，还是从全球范围内的人才库中招聘最佳人才，并在大部分时间里在线上与他们交流。

优步案例展示了一个技术驱动就业的新类别工作——零工工作 [②]。零工工作通过点对点的平台改变了人们的工作地点。它允许

---

① 译者注：指成长于数字时代，熟悉数字技术的个体。
② 译者注：指个人在正式工作之外赚钱的兼职工作。

个人、独立承包商和自由职业者摒弃传统的公司雇佣关系。这些平台使用先进的技术系统，使个人能够直接与特定的、任务明确的消费者或公司建立联系，例如接送客户到机场、设计新的标志甚至心理咨询。根据 2012 年皮尤研究中心的一份报告，9% 的美国人目前或最近从事过零工工作，约有 3% 的美国人将零工工作作为主要工作。[16]

许多零工任务涉及某种形式的运输和物流，例如运送外卖、杂货、干洗衣物或送客人到目的地。但也有其他平台提供实物产品和高技能服务，如在线兼职平台 Fiverr 将 500 类不同的自由职业者与企业连接起来，而心理健康平台 BetterHelp 将治疗师与个人连接起来，电商平台 Etsy 将工艺工人或艺术家与全球消费者连接起来。总的来说，这些平台使得大量的业务功能（例如，市场营销、销售、客户沟通、开票、会计），以及特定工作的工具（例如，对优步司机的车辆进行路线规划和付款处理）自动化或得到增强，使零工工作者得以专注于他们的任务。

工作岗位

正如第 14 章的"抵触"一节提到的，专家们对于未来工作的预测存在差异。但似乎很有可能的是，世界和技术的变化将对就业市场和大多数人的工作方式带来根本性的改变。

世界经济论坛的《2020 年未来就业报告》指出，需求预测下降最为明显的前 10 个工作岗位是：[17]

1. 数据录入员
2. 行政和高管秘书
3. 记账员、簿记员和工资核算员

4. 会计师和审计员

5. 装配人员和工厂工人

6. 业务服务和行政经理

7. 客户信息和客户服务人员

8. 总经理和运营经理

9. 机械师和机械维修工

10. 物料记录和库存保管员

这些需求下降的岗位中大部分涉及大量简单的、例行的行政或体力任务。这些任务可以利用最新一代的人工智能和机器人技术进行自动化。然而，尽管自动化会导致就业岗位减少，但许多人可能会由于多种原因被继续保留在这些岗位上。首先，一些人将被保留以处理复杂的案例或无法轻易被自动化的例外情况。因为可以感知语境，人所具有的理解复杂或变化状态的能力是有价值的。其次，正如第 15 章的"具有创意的协作机器人"一节所解释的那样，即使是复杂的人工智能系统也可能会在条件或事件超出其训练数据范围时出现故障。因此，人们将继续留在这些领域，以帮助监督自动化并纠正任何系统错误或荒谬的输出。最终，最有可能保留这些工作的将是最有技能的员工。那些具有经验的员工能够判断机器输出是否合理，并在机器出现错误或无法处理的情况下采取相应的措施。

然而，需要注意的是，虽然技术可能会取代许多技能较低和教育水平要求较低的工作，但它也可以通过降低某些工作的难度来创造更多的就业机会，包括低技能工作。正如伦敦出租车司机与优步之间的例子所示（见第 14 章的"技术如何颠覆就业"一节），通过使用车辆路径规划软件消除了对"知识"的需求，普通汽车所有者也可以在伦敦提供网约车服务。甚至，工作岗位的减少也可带来业务成本的降低，从而促进产业增长更多的就业机会，正如自动取款机的安装案例所示，银行最后开设了更多的分行并雇用了更多的出纳。

一些研究表明，运输、仓储和制造业可能最快实现自动化进程，从而大幅减少供应链相关就业中低技能工人的数量。随着机器人系统从货架上取货、打包和装载托盘到卡车上变得更加熟练，仓库和物流中心可能需要更少的工人。正如第 14 章的"剖析被机器替代的物流工作"一节所提到的，自动驾驶卡车（当它们证明已具备上路条件时）可能会减少卡车司机的数量，但不太可能在所有路线和所有地区都取代司机。此外，任何驾驶岗位的减少很可能会被规划、监控和技术工作以及货运中心和城市物流中心的支持工作所产生的岗位抵消。

世界经济论坛发布的《2020 年未来就业报告》指出，需求预测增长最为明显的前 10 个工作岗位是：[18]

1. 数据分析师和科学家
2. 人工智能和机器学习专家
3. 大数据专家
4. 数字市场营销和战略专家
5. 流程自动化专家
6. 业务拓展专业人员
7. 数字转型专家
8. 信息安全分析师
9. 软件和应用程序开发人员
10. 物联网（IoT）专家

需要注意的是，增长最快的前 10 个工作领域大多源于近年来互联网技术的发展和应用，其中许多工作在 20 年前几乎不存在。

这些工作类别代表的不仅仅是新的工作职位名称，而且还代表着拥有软件、服务和咨询生态系统的新的子行业。这些技术密集型的工作只是未来就业冰山的一角，因为即使是科技公司也需要雇用一些非技术员工。（还需要注意的是，世界经济论坛的列表似乎集中于大型企业的需求，忽略了可能增加的对人工服务岗位的需求。美国审计总署制定了一份侧重于未来所需技能的类似列表，第 19 章的"留意技能缺口"一节有论及该列表。）

不过，上述需求增减列表淡化了将会影响所有工作的众多变化。大多数工作可能会更多地利用数据、在线通信和技术来提供可视性、促进协调和追踪结果。许多办公室员工将使用基于人工智能的服务，如 ChatGPT 和 Grammarly，来自动调整他们的电子邮件和与工作相关的写作，借以改进所写文本的清晰度、语气和专业水平。员工将更多地与供应商门户、商业客户门户、人力资源门户和其他部门的技术平台进行互动。这些变化将有助于提高生产力，并增加所有员工为客户提供的价值。

改善未来的实质是什么

展望社会、企业和个人的未来，长期的问题是如何与时俱进地不断改善。为了实现良好的长期发展，至少，在可预见的未来，必须确保这些群体是具有活力和可持续的。

消费者的经济活力取决于他们从工作或其他来源中所获得的收入要大于购买商品所支付的金额。供应链在平衡家庭支出和收入中起着重要作用。在支出方面，供应链的效率和生产力决定了许多消费品和服务的可负担性。在收入方面，供应链提供了大部分就业机会。正如第 6 章的"供应链中的人"一节提及的 MIT 报告所指出的，相比于制造业工作或经济中 B2C 领域的平均工资，供应链服务岗位的平均工资要更高。[19] 这些供应链服务工作的技术也更加密集，尤其是涉及国际贸易的工作需要更多的 STEM（科学、技术、工程和数学）能力。因此，供应链服务是创新的重要驱动力（尽管服务流程的创新很难获得专利，因此很可能被低估），这导致供应链工作的高劳动生产力和高工资。

企业的活力取决于企业成本和收入之间类似的良好平衡。一方面，企业需要将成本最小化，例如缩减向员工、供应商、投资者、政府和其他利益相关者的付款金额。另一方面，企业需要从客户那边将收入最大化。在这两种情况下，企业既受制于它们能向员工和供应商支付多少，也受制于能从客户那边收取多少。鉴于市场价格的压力，企业主要通过创新来提高其产品和服务的吸引力，从而增加利润。此外，企业还可以通过提高生产力、减少物料浪费和改善资产利用率来降低成本。

社会的长期活力取决于社会的可持续性和环境的可持续性。社会的可持续性需要社会、政治和地缘政治的稳定，这取决于收入和财富在人民和国家之间的分配。它还取决于社会公正，包括人权的实施和资源的公平获取。联合国将环境可持续性定义为"满足当前需求，但也没有损害未来世代满足其自身需求的能力"。[20] 这个定义意味着人们得在地球可支持的生态系统的承载能力范围内生活，避免气候破坏，避免矿产资源、农业资源和水资源的枯竭。

由于供应链在产品的可负担性和工人的工资方面起着重要作用，同时对矿产和农业资源的获取也有重大影响，因此，可持续发展的社会和环境方面都与供应链有很强的联系。

这些活力和可持续性的形式与影响供应链绩效的三个因素（VUCA、人、IT 及自动化的增长）相互作用，导致了一个主要的两阶段挑战。第一阶段是确保未来的供应链具备所需的设备和劳动力来创造和交付可承受的商品和服务。第二阶段是确保当前和未来的劳动力具备所需的技能。麦肯锡估计到2029年，人工智能将为全球经济增加13万亿美元。[21] 关键问题将是如何在全球经济中分配这13万亿美元。在某种程度上，个人、机构和国家都希望"有一个更美好的未来"。这个更美好的未来可以从可负担的产品、良好的工资、盈利的公司和可持续的社会来定义。

工作的重要性，显而易见，不仅仅是为活着而去挣钱的能力。工作提供了个人成就感、社会交流和学习新技能的机会。不仅如此，成为一个组织的一部分可以创造属于一个群体的归属感，以及一种超越个人的使命感。虽然现代供应链使生产方与消费方匿名，但不断提高的数据可获得性和透明度揭示了匿名公司的真正身份。信息技术为远程供应链中的人与人之间的联系带来了更多的机会——它可能会展示谁制造了产品，而不是冰冷而无生气的"经57号检验"的标签。虽然隐私问题可能会限制这些详细信息的披露，但星巴克与咖啡农户建立联系的努力是朝着这个方向迈出的一个例子。星巴克正在开发其应用程序的一个功能，显示该公司所包装的咖啡来自何处以及烘焙的地点（和时间）。它还允许咖啡农户在出售咖啡豆后了解咖啡豆的去向。

改进需要时间和投资

尽管在智能手机上下载和运行新应用程序只需一刹那，但要实现工业4.0和5.0某些技术（例如基于人工智能的应用程序）的广泛应用可能还需要很长时间，而且也许并不总能成功。原因在于这些技术可能对企业的组织和运营产生广泛的影响。许多早期被采用的人工智能技术属于业务流程解决方案（参见第14章的"技术如何颠覆就业"一节），它关注的是成本节约（主要是劳动力成本），而这引发了员工的担忧。

采纳新技术的漫长道路

正如第 14 章的"抵触"一节所述，历史上已有许多例子展示了工人因为对技术的恐惧而抵制技术变革，这些恐惧主要是来自工人对技术可能消减大量工作岗位、导致薪资下降或改变工作方式的担忧。因为每项技术都有其缺点，所以每个机构中都有一些小团体可能会强调这些缺点而抵制变革。一个常被引用的缺点是学习曲线。学习曲线可能较长，且导致高昂的培训成本。即使技术实施之后，人们也可能需要时间来调整已有的日常工作习惯以适应新的流程和期望。更为困难的可能是让员工放弃所熟悉和习惯使用的旧系统的过程。

和任何其他变革管理都会遇到的挑战一样，采纳那些对工作产生实质影响的新软件系统需要员工的支持，尤其是当本来不具备数字化先天优势的公司开始进行数字化转型时。该过程通常起步于对组织变革的需求和对其益处的广泛而详细的解释。在某些情况下，此类变革的动力是因为人们理解了新系统对现有业务的威胁。例如，沃尔玛、塔吉特和其他传统零售商对数字化流程的采纳显然是因为受到了亚马逊所带来的竞争威胁之后而加速的。

以客户关系管理（CRM）软件的采用为例，其预期的好处包括向客户提供更好的服务和提高客户保留率，从而增加销售额。然而，实施此系统存在几个挑战。首先，它庞大而复杂，通常需要针对每家公司建立和使用独特的定制元素，这需要大量的时间才能熟悉。其次，员工从开始入手到能够使用系统需要很长的时间；培训涉及多次课程，并包括开发上下文检索功能以便用户在需要时可以查询。第三，这也可能是最大的障碍，即它需要组织中的人将数据输入系统，以便系统具有与所有现有和潜在客户交往的全面记录。这意味着不仅销售人员应该记录他们与客户的互动，而且组织中的任何人与现有或潜在客户的任何联系都应该被记录下来。在许多情况下，这种记录行为是额外的工作，而记录者并不是从中受益的人。

供应链挑战

对于某些新技术的采用，供应链增添了显著的挑战（和拖延），这是因为在整个供应链条中采用新的技术需要各方面的协调，而不仅仅是一个机构内部的行动。例如，在 2001 年，被动式无线射频识别标签与电子产品代码（EPC）被认为是光学条形码的重大进展。这些标签可以为每个产品单元分配唯一的产品代码，可以从远处读取而无须额外的工作来捡起标签，再将标签面向扫描仪。在 2003 年，沃尔玛要求其 100 个最大的供应商，在所有托盘和箱子上（每年十多亿个箱子）都使用这些标签。[22] 随后，沃尔玛还扩大了这一要求。沃尔玛预计射频识别标签将在库存准确性、发货和收货、缺货情况、质量检查、自动结账、召回、防盗等方面提供更好的功能。[23] 行业专家也对所有物品都贴有标签以及供应链各个方面的端到端的可视性做出了乐观的预测。

但事实上，采用这项技术要比预期困难得多。沃尔玛及其供应商面临着许多技术挑战，包括寻找可互换信息的扫描仪、扫描仪的准确性、软件集成、损坏的扫描仪天线、其他无线设备的干扰，以及液体和金属罐阻挡信号的问题。然而，最大的挑战是，要使此供应链技术产生积极的影响，不仅公司（在这种情况下是沃尔玛）必须采用它，而且其整个供应生态系统也必须采用它。这包括供应商、分销商、服务提供商，甚至是竞争对手。

许多人对标签的成本感到不满，这是一个先有鸡还是先有蛋的问题，即标签只有在大规模生产时才会变得便宜，但供应商在采用（昂贵的）标签之前不会有大规模的生产。特别是较小的供应商对扫描仪、软件、培训和处理所有增加的数据的成本感到不满。实际上，根据沃尔玛的说法，在 60 000 个供应商中，只有大约 600 个最大的供应商"在某种程度上"采用了射频识别标签。[24] 此倡议失败的主要原因可能是，尽管广泛采用射频识别标签的好处将会累积到沃尔玛，但供应商，尤其是小供应商，必须投入大量的资源而无法清晰地感受到自身能够从中获益。最后，沃尔玛放弃了这一倡议，并不再坚持要求使用射频识别标签。

直到最初公告之后的第 16 年，物品级别的射频识别标签才以某种方式回归。2019 年，沃尔玛重新启动了要求在服装、鞋类、太阳镜和手表上使用物品级别标签的举措。2022 年，这一要求范围扩大，涵盖了各种其他消费电子产品、家居用品等。[25] 与此同时，其他零售商，如塔吉特、乐购、梅西百货和诺德斯特龙，也开始要求在特定类别的商品上使用射频识别标签。总体而言，对射频识别标签的兴趣经历了如高德纳零售行业研究实践的高级总监分析师桑蒂普·乌尼所说的"过山车"，从"普遍炒作到不可避免的失败再到因疫情大流行而再度复兴"。[26]

沃尔玛在第二波强制使用射频识别标签方面的成功是因为技术的好处被分散了。首先，更多的供应商开始采用射频识别标签，因为标签的成本（供应商必须购买和贴在产品上的标签）在此期间大幅下降，从每个标签约 20 美分降至 2018 年的 3 至 8 美分。供应商采用射频识别标签的第二个动力是，尽管零售商（如沃尔玛）在时间节省方面仍然有很多好处，但供应商在自己的运营中，主要是在库存准确性方面，也发现了好处。

例如 Herman Kay，一家在纽约的外套合同制造商，为包括迈克高仕、伦敦雾、凯伦·米莲、安妮·克莱因等品牌生产外套。在解释公司为什么推广射频识别标签时，其首席技术和信息官里奇·黑格评论道："现在我可以完全正确地履行订单。在过去，如果零售商订购 600 件不同尺码的外套，其中 300 件为黑色，300 件为海军蓝色，零售商无法知道他们是否收到了所订购的特定尺码和颜色的正确数量。现在，人们的期望已经改变，零售商和顾客想要知道哪些商品有货以及它们在哪里。射频识别标签使我们成为了一个更好的供应商。"[27]

通用技术

一些新技术对工作、企业、供应链和经济产生了广泛的影响，但需要更长的时间（有时几十年）才能产生变革性的效果。通用技术（GPTs）是能够以多种方式、为多种目的所使用的技术。例如，能源是所有产品和服务的基本要素，没有能源的话，工厂、交通、供暖、照明甚至厨房都将停止运作。能源生产、存储或分配方面的新技术属于通用技术。

尽管一种能源技术可能看起来只是另一种技术的简单替代品，但相比于旧技术，新技术的特性和制约因素会有深远的不同影响，不过这些影响需要几十年才能显现。例如，在蒸汽时代，工厂通常是围绕中央蒸汽动力厂建造的多层、块状建筑。最耗能的工厂任务必须靠近动力厂，这样可以使得机械动力传输的高成本最小化。当电力创新首次出现时，工厂用电动马达和电线在已有的多层、块状建筑内传输电力，替代了蒸汽动力厂和机械动力传输系统。电力输送没有蒸汽所面临的限制，这为工厂设计带来了广泛的第二次创新浪潮。工厂设计不再基于单一大型动力传动轴的需求，而是基于生产线的需求，从而实现了建筑低矮和长跨度的设计。与蒸汽动力不同，产生的电力可以沿着长长的装配线传送到需要的位置。企业花费了几十年的时间才充分了解了电力（与蒸汽相比）的潜力，然后设计出崭新的生产方式，最大程度地发挥了电力相对于蒸汽的优势。

从蒸汽动力转向电力动力对工业的地理位置产生了更深远的影响。蒸汽发电厂必须位于燃料来源（如煤矿）附近。随着电力的出现，工厂和工厂可以随处设立，只要它们有电力供应即可。这导致工厂从偏远地区迁移到城市中心，利用城市更多的劳动力、众多的消费者和便利的交通。这促进了城市的发展，并促进了涉及电力生产和配送的新行业的发展。

另一个面向未来的例子是自动驾驶卡车。自动驾驶卡车似乎是人工驾驶卡车的直接替代品。由于机器人卡车不会受制于约束人类驾驶员那样的限制，因此自动驾驶卡车带来的影响不是简单地减少对人类司机的需求。在美国，法律规定卡车司机每天最多只能连续驾驶 11 个小时（在连续休息 10 小时后），最长连续工作时间为 14 个小时。相比之下，自动驾驶卡车可以连续行驶长达 24 小时。连续驾驶能力对供应和分配具有深远的影响，因为卡车每天可以行驶的距离可能会影响战略供应网络的设计。供应和配送网络的设计是基于从每个配送中心出发去为客户提供服务所需的时间。工业领域的典型服务要求是在一天内交付。如果由于驾驶员驾驶工时的限制，卡车每天最大行驶距离为 800 公里，那么 800 公里就是配送中心距离消费和工业中心的最远距离。

然而，自动驾驶卡车每天可能行驶超过 1600 公里，这样公司就能够将配送中心的间隔距离加倍，但仍能做到一日服务。使用较少数量的配送中心为相同规模的人口提供服务，所产生的影响不仅仅限于配送基础设施成本的降低。这种变化还将降低公司的库存持有成本，并可进一步利用风险分散的优势。随着每个配送中心为更多的客户提供服务，系统中的总安全库存将减少。原因是随着每个配送中心服务的客户数量的增加，需求波动互相抵消的可能性更大，库存水平的增长将小于服务客户数量的增长。

自动驾驶运输还可以产生意想不到的环境效益。首先，发动机可以通过编程来控制速度并以最佳性能运行，从而减少燃料消耗。但好处不限于此。我与一位行业高管交谈时，他说自动驾驶卡车将节省其卡车公司燃料的40%。这部分燃料正是用于加热和冷却驾驶室内部以及在等待期间保持发动机空转所消耗的能源。显然，如果没有人类驾驶员，这些都不再需要，这将减少燃料消耗。因此，即使一些技术不被视为通用技术，但也可能在随后的时间内超出其直接影响范围，产生广泛的间接影响。

18 给予员工和团队的更好的工具

—

为了能够最有效地利用新的自动化／人工智能技术，员工、团队和机构都将需要新的工具。这些工具应该使得员工、团队和管理人员彼此之间合作，并与技术进行合作。本章第一节将讨论人类在工作流程中的位置。之后的四个部分将描述四类工具，它们将有助于人们在复杂关联的全球供应链中感知、分析和建议行动方案。

人机协同模型的多样性

人们需要哪些工具来与机器合作将取决于人们在未来经济中的角色以及他们如何与人工智能和自动化进行最佳协作。在《哈佛商业评论》的一篇文章中，安可公司两位高管概述了有助于企业优化人与人工智能之间协作的五项原则，它们包括：重新构想业务流程；拥抱实验／员工的参与；积极引导人工智能战略；负责任地收集数据；以及重塑工作以融入人工智能并培养相关员工技能。作者报道了对 12 个行业的 1075 家公司的研究结果。文章发现对这些原则采纳得越多，公司的人工智能举措在速度、成本节约、收入或其他运营指标方面表现越好。[1]

重新构想业务流程、重塑融入人工智能的工作以及培养相关员工技能需要考虑组织中活动和任务的自然流程。理论家们已经为人们和组织如何有效地完成任务和流程开发出了不同的框架。美军使用的框架称为 OODA 循环（观察、定位、决策、行动）；而六西格玛则使用 DMAIC（定义、测量、分析、改进、控制）。无论选择的首字母缩写和每个框架的细微差别如何，它们都包括对步骤的排序和迭代，或者说是一种**循环**。这些步骤包括收集相关情况的信息，制定决策或计划，采取行动，以及收集关乎结果的更多信息。

在人工智能和自动化的背景下，一个重要的问题是人类和机器在这些受控活动的循环中应扮演什么样的角色。在此循环中，人类的参与可以有广泛的形式。在一种极端情况下，人可能完全参与到循环中。在其中，人必须执行一个或多个关键步骤来完成每次工作。在这种情况下，自动化可能会处理循环的某些部分，但如果没有人，活动或流程将停滞不前；或者，机器可以自动处理任务中的大多数常规部分，并将任务中异常、反常或复杂的部分发送给人。这样的过程可以 24/7 无休止地完成大多数活动，仅一小部分任务延迟到正常的上班工作时间被完成。在更先进的自动化示例中，员工可能只需通过仪表板观察循环。只有当仪表板上的某个元素从绿色变为黄色或红色状态时，员工才会调查发生了什么，并有可能进行干预。最后，人的参与可能仅限于更高层次的活动，如设计机器的完全自主系统。该系统可持续运行，不需要多少人为干预。例如，制冷系统设计师可能为仓库设计了一个非常有效的控制系统，以至于仓库工人和管理人员不再需要设置或调整恒温器。

在前几章提到的人类和机器的相对优势和劣势表明劳动分工是需要的，建立人与机器之间的有效合作伙伴关系也是需要的。我的同事玛丽亚·赫苏斯·桑斯（Maria Jesus Saenz）及其合著者定义了支撑人与自动化之间合作的四个能力：[2]

可交互操作性——人与自动化之间的互相兼容，便于交换信息、控制、决策和反馈的渠道；

权限平衡——按照控制的顺序和优先项，对决策过程和决策权进行清晰定义；

透明度——及时提供有关自动化（和人）的状态、决策、依据、结果和可靠性的数据，以使人（和自动化）能够学会相互信任；

相互学习——反馈循环，通过它来根据人们的决策和专业知识对机器进行训练，同时，人也可以从机器所做的决策中学习。

案例研究：英特尔

英特尔是一家市值 630 亿美元的芯片制造商，在全球 200 个国家有大约 16 000 家供应商为之提供原材料、劳动力、设备和服务。[3] 该公司在其所称的"认知计算"中使用 AI，旨在利用已经收集的数据来管理其采购功能，改善对供应商的选择和监控。[4] 该公司希望商品经理能够选择最佳供应商，持续监测这些供应商的绩效，并在这两个方面持续改进。为此，该系统处理了大量的数据，包括过去的绩效、分析师报告、财务报告、新闻报道和社交媒体信息。这些数据大部分是非结构化的，但是系统的自然语言能力能够使用这些非结构化文本中的信息，并做出决策建议。

为了选择供应商，该系统根据多个标准对供应商进行排名，并将结果以一系列易于理解的条形图呈现给决策者。采购经理在做出选择时，可以查询系统并获取更详细的信息，以便帮助他们与所选择的供应商进行谈判。

一旦供应商开始与英特尔合作，系统的另一部分将持续监控该供应商。除了报告供应商及其产品的质量和响应能力，该系统还设有能够提醒英特尔有关待处理问题的信息。这些问题可能是：可能影响英特尔与供应商关系的企业合并、供应商与英特尔竞争对手之间的会谈、高级主管从公司辞职，以及其他表明与供应商关系可能面临风险的迹象。当问题暴露出来时，管理人员可以进一步查询系统，采取行动调查原因，并制定可能的解决方案。

揭示黑匣子

透明度和相互学习的原则意味着人们需要理解为什么 AI 会做出某种决策，尤其是管理人员和那些涉及人机交互的人。尽管新一代深度学习 AI 系统看起来非常强大，但它们存在一个严重的缺点：缺乏对其工作机理的透明度。许多机器学习系统就像晦涩难解的黑匣子，它们给出答案，却没有解释为什么选择这个答案。AI 缺乏解释性是阻碍人们采用以及可靠地使用深度学习系统的原因之一，因为解释在决策过程中起着三个关键作用。首先，说服利益相关者为什么 AI 的答案是正确的，这需要解释。这些利益相关者可以是管理人员、员工、客户或监管机构等。（欧盟的《通用数据保护条例》要求企业对任何基于算法的决策［如贷款申请］都向消费者提供解释。）其次，交叉检查或验证 AI 的答案需要解释，如，AI 是否使用可疑的数据或逻辑。第三，解释有益于人们向 AI 学习。通过解释，人们不仅了解了答案，还能了解 AI 的推理过程。

为了解决 AI 的"黑匣子"问题，研究人员和工程师正在开发一类新型的机器学习系统，被称为可解释性人工智能（Explainable AI，简称 XAI）。例如，美国国防高级研究计划局正在资助一个 XAI 项目，旨在"使人类用户能够理解、适当信任和有效管理新一代的人工智能伙伴"。这些 XAI 机器学习系统不仅输出答案，还提供某种形式的解释。[5] 实现 XAI 所需的研究包括对机器学习模型本身的改进以及心理学研究，以确定人类需要或希望有什么样的解释以便更好地利用该系统。

管理和模拟中的数字孪生

随着商业环境、供应链和技术变得更加复杂，人们需要更多的工具来帮助他们理解现有系统，并安全地试验所提出的决策、战术和战略。数字孪生的概念是工业 4.0 的一个关键要素，它可以帮助人们实现上述目标。数字孪生是物理系统（如设备、运输工具、工厂、仓库、公司，甚至整个供应链）的详细的、真实的数字副本。然而，数字孪生不仅仅是资产的计算机表示。资产与其数字表示[①]相连接，并通过实时更新反映了资产的实际状态。例如，一家货运公司可以为每一辆卡车创建数字孪生，实时更新卡车重要部件（如发动机和传动系统）的状态和功能。随着卡车部件的磨损和更换，卡车的数字孪生也会更新，使数字表示与物理资产持续同步。

数字孪生可以用于运营、性能改进和战略等目的。例如，它可以用于可视化和监控物理系统的性能，包括通过增强现实和虚拟现实界面技术实现（参见下一节"更好的界面和协作工具"）。数字孪生还可以用于对人进行基本操作的培训，或处理问题的培训。航空飞行模拟器可以被看作是用于此目的的数字孪生的例子。公司可以创建数字孪生的多个副本，这些副本可以用来模拟以及比较波动性、场景、意外事件、所拟议变更对飞行器或其使用方式的影响。

对于那些运用更多技术的公司来说，先进的数字孪生模拟软件可以在中断演习或实际中断中帮助管理复杂的供应链或关键设施。位于德国路德维希港的巴斯夫，其主要设施有遍布在 200 多个工厂里的 2000 多栋建筑，工厂由 2850 千米的管道、230 千米的铁路和 106 千米的道路相连接。[6] 在巴斯夫所称的"一体化"（Verbund，

---

① 译者注：数字表示是将物理现象、信号等信息转换为数字，并用于数字处理和分析。数字孪生是物理资产的数字表示。

德语意为"相连"或"一体化")战略下，设施有许多垂直一体化的系统。[7]这种一体化结构意味着巴斯夫的 200 多个生产工厂中最重要的供应商和客户是巴斯夫的其他工厂。对所有这些设施进行的复杂管理使得巴斯夫能够生产出成千上万种不同的产品。要安全高效地实现这一目标，需要管理复杂的一系列储罐、阀门、泵、管道和油罐车运输，它们通过庞大园区内的错综复杂的管道网络将蒸汽裂解炉、蒸馏塔、反应容器、锅炉和冷凝器连接在一起。

模拟技术和数字孪生在实现一体化概念方面起着至关重要的作用。巴斯夫全球供应链战略与管理高级副总裁拉尔夫·布舍解释说："我们有一个一体化模拟器。它是包含有原材料、辅助材料、操作材料以及电力供应和蒸汽等关键部分的物理工厂的数字镜像。通过模拟器，我们研究最重要的价值链，即那些对一体化持续运营至关重要的价值链。我们不断地对这些价值链进行评估。它们是否在技术上和商业上仍然可行？"模拟软件了解巴斯夫产品的所有"配方"，以及它们之间的联系和相互补充。布舍对此举措表示："根据使用案例、问题、情况的不同，供应链经理、控制技术人员、工厂经理、工程师等使用此软件进行生产规划、产能调整、进行新投资和管理中断。"[8]

数字孪生技术还可以使用一种称为增强学习[①]的 AI 类型。与其他类型的机器学习不同，这种强大的机器学习方法不限于使用过去的数据。在增强学习中，AI 系统通过试错学习，尝试各种行动，并根据结果的好坏受到"奖励"或"惩罚"。增强学习可以成功应对各种复杂的问题，例如让计算机学会下象棋和围棋、让机器人学会行走等。数字孪生的副本可以为这些试错学习系统提供逼真的模

---

① 译者注：reinforcement learning，增强学习，指在模拟环境中而不是实际物理环境中，进行功能反馈的一类机器学习类型。

拟环境。数字孪生内的增强学习因为只受到数字孪生的质量、AI管理者的想象力和可获得的计算机算力的限制，因此可以模拟成千上万种不同的情景和无穷年限的"经验"。

更好的界面和协作工具

人与机器之间的界面是人与计算机协作的重要元素。在第三次工业革命期间，非程序员对计算机使用的增加主要来自于更好的、更直观的界面，如菜单、图标、鼠标、全彩色图形显示和触摸屏。

在高速、低功耗、低成本的移动计算机、显示器和摄像头方面的进步使得提供增强现实（下文简称为 AR）和虚拟现实（下文简称为 VR）两种创新的计算机界面成为可能。使用 AR 时，用户戴着头戴式设备或智能眼镜。用户还可以使用手持设备。当用户戴着头戴式设备看向某处，或将手持设备指向某处时，设备会将数字数据覆盖在所看 / 所指向的物体上。相比之下，VR 用沉浸的、计算机生成的虚拟或数字世界完全替代了用户的视野。这种先进的界面对工人、管理者和消费者有许多用处。

例如，AR 对物联网和数字孪生所提供的信息做出了重要增强，因为它将物理对象和其相关的数字信息在视觉上进行了连接。

首先，AR 将数字数据叠加在用户的物理环境上。因此，当用户观察物体时，它可以在物体上叠加数据。例如，一个人可以在看着一个箱子时，就知道箱子里面的物品、箱子发货来源和需要去的地方。或者一个人可以看着一台设备，就知道该设备的性能趋势、错误信息、使用手册、使用计划等的叠加信息。在消费领域，许多汽车型号里的平视显示器就是 AR 的例子。它可以直接在驾驶员的视野范围内放置驾驶指示和发动机性能信息。

其次，许多 AR 系统上的摄像头提供了另一种类型的传感器，它记录物理空间和在此空间中的物体（例如物体的位置、容器中的数量、箱子的损坏、货架上的陈列错误），以及所采取的任何操作（例如拾取或包装物体、完成维护任务）。AR 的这两个功能改善了物理对象与其相应的数字数据之间的同步，确保物理对象及其数字孪生相同。

VR 通常创建了一个完全合成的世界，或使用数字孪生的副本对工程、培训、客户体验和"假设"探索进行沉浸式模拟。VR 还可以实现远程工作或远距临场，这是通过 VR 系统的沉浸式显示从远程传输实时视频摄像数据达成的。VR 通常还包括其他界面接口技术，特别是对于远距临场应用。例如，手持传感器或附加摄像头可以根据用户的手和手指的动作与虚拟世界进行交互。触觉界面接口给用户提供了"感觉"，即当远程控制的机器人手臂接触或推动物体时，可产生一定的计算机生成的力量或触觉反馈，以实现更自然的远程操作。

更好的个人界面，如 AR 和 VR，对于工业 4.0 和 5.0 而言，是必要但不充分的条件。在团队、组织和供应链的背景下，机器界面必须超越个人设备领域。为了在多人和计算机系统之间实现有效的协作，团队成员需要能够自由地与其他成员及机器进行互动。

MIT 的运输与物流中心创建的计算和视觉教育（CAVE）实验室提供了一个互动的多人计算机界面接口的案例。这个实验室可以容纳 10 到 15 名参与者，有一个宽阔的从房间一角到另一角的墙面触摸屏显示器，一个类似巨大 iPad 的大型中央"全息台"，以及一个控制台。用户可以通过与各种屏幕的交互来进行协作。根据用户的输入，地理空间数据、仪表盘和其他复杂的可视数据被更新和呈现。类似该实验室的设施使研究人员、工程师和高管能够通过相互关联的彩色 3D 地图、图表、图示和动画来对复杂的组织问题或供应链问题进行建模和呈现。更重要的是，这些设施使人们能够使用视觉来叙事，并与分析和模拟出的信息进行自然的互动。

在一个应用案例中，一家大型零售商和一家大型化学公司各自促成了一项通过使用这样的设施来帮助理解和优化其分销网络的研究。这些可视化研究将仓库的数量和位置、距离客户群体的远近、进出库的运输成本、市场份额、销售量和利润等因素纳入考量。可视界面允许高管决定是否开放仓库，或更改配送某产品的仓库选择。在幕后，计算机运行着复杂的优化程序，并将结果以各种易于理解的格式显示在大屏幕上。高管可以观察到多个关键绩效指标（KPI），包括服务指标、市场份额、成本、收入等，是如何根据对仓储网络的修改而改变的。这类交互系统实现了基于信息的数据驱动决策，并弥合了晦涩的优化算法与直观的系统性能图像之间的差距。在这个例子中，由于高管花时间使用了系统，并对结果产生了信心，最后不仅得到了更好的解决方案，还增加了对解决方案的信任。（MIT 运输与物流中心在中国 [①] 和卢森堡的附属研究中心也有受到 CAVE 启发的实验室，可以通过这些实验室进行跨洲同步或全天候异步的联合决策、共享研究和教育合作。）

VR 可以将模拟的同一个 3D 环境扩展到多个人。曾经的"网络空间"现在被重新命名为"元宇宙"；在 2023 年初，多个具有竞争性的元宇宙方法正在开发中。多用户虚拟现实可以将类似的协作功能带给远程工作者和远程利益相关者。在 VR 中，用户周围的全部空间——地板、墙壁和天花板——都可以被数字数据所覆盖。用户可以在虚拟空间的各个层次中"行走"或"飞行"，无拘无束地穿越虚拟空间的层次，不受所在房间的物理限制。虚拟界面有益于在全球供应链环境中使用，或者用于远程工作场所，特别是当聚集所有专业知识或利益相关者于同一个地理位置非常费财费时的情况下。

---

① 译者注：宁波（中国）供应链创新学院。

工具开发的民主化

就像 Excel 让一代经理和办公室工作者能够创建自己的个人计算工具一样，当前和即将到来的一代工人将受益于为助力他们的工作所创建的自动化和人工智能系统工具。计算机和高技术的一个根本趋势是这些技术的去技能化，即计算机更多的功能可以被越来越多的人所使用。总体而言，这类工具将使得工人能够创建自动化和人工智能工具，帮助他们转向软件辅助工作，这意味着软件辅助工作将在未来有更大的需求。这类工具还将降低招聘稀缺的 IT 员工的挑战。

一类用户友好的工具可以帮助员工，在无须自己编写代码的情况下，创建自己的机器人流程自动化（RPA）系统。当员工在计算机上执行单调、琐碎的任务的同时，这类工具就会记录活动的次序（类似于电子表格上的宏记录器功能）。此类重复性的任务可能涉及从各种来源获取数据以填写表单、撰写电子邮件或输入数据到电子表格中。之后，该工具可以创建一个小型的机器人流程，以便在将来的任务中重复执行这些操作。

但是，创建这样的自动化系统并不是在明确不需要编写计算机代码的情况下，进行计算机化的唯一流程。类似的工具类别被称为低代码或无代码开发平台。这些平台使非程序员能够创建诸如网站、应用程序和移动应用程序之类的软件。这些平台使用图形设计工具、丰富的模板和模块化构建块，帮助用户在不需要学习传统编程语言的情况下构建软件。

代码开发平台可以对大量现有软件施用机器学习来帮助人们编写代码。正如第 15 章的"具有创意的协作机器人"一节提到的，生成式人工智能可以根据简单的文本描述创建一些代码来执行相应的功能。有了这样的系统，非程序员可以用"简单直白的英语"来描述他们想要的功能，而人工智能将创建与该描述相匹配的代码。该领域的其他技术产品帮助程序员根据软件中已知的结构模式和程序员已经编写的代码自动完成代码块。

虽然这样的生成式人工智能系统可能会导致软件开发的去技能化，从而使得程序员和软件工程师失去工作，但它们为在特定领域具有专业知识的人提供了机会。无代码平台 Bubble 的联合创始人司马诺表示："我们正在进入一个（新）世界，在其中，最了解业务状态的或与客户互动最多的人将自己建立产品。"[9] 2021 年，高德纳咨询公司预测，到 2024 年，80% 的技术产品和服务将由非技术专业人员构建。[10] 因此，可以认为"失去 8500 万个工作，获得9700 万个工作"的说法更多地反映了现有员工将如何分配他们的时间，而不是他们是否将有工作。

19　未来的技能

伴随技术变革，人类将面临的一个令人不安的挑战是，尽管新技术可能带来新的就业机会，但这些新的工作通常需要新的或不同的技能，而被替代的工人并不总是具备这些技能。在一个自动化水平不断提高和技术不断变化的世界中，许多工人将需要新的或更新的技能，才能保住、重新获得或改善他们的就业机会。

此外，技术优势的发挥和公司的竞争力取决于公司采用这些技术的能力。世界经济论坛的《2020 年未来就业报告》指出，采纳新技术的头三个障碍是当地劳动力市场的技能缺口、吸引专业人才的能力以及公司领导层的技能缺口。[1]因此，技能在公司的技术未来和人们的就业前景中起着绝对核心的作用。

留意技能缺口

尽管有关失业和热门新职业的新闻屡见报端，但更重要的故事是工作职责的广泛变化。即使许多人以同样的头衔待在同样的工作上，他们的工作也将与过去不同：他们很可能将许多耗费大量时间的重复性任务委托给自动化；他们将看到（并需要使用）日益增长的即时数据，这些数据关乎整体环境和每项任务实例；他们需要了解所有需要完成的工作，并理解这些工作所使用的技术；他们需要能够发现背离正常运行的偏差，这可能是产生于某些流程的缺陷或算法错误地执行了某项任务；他们还需要考虑到更为广泛的环境的变化，这些变化可能要求对结果进行必要的人为更改；他们需要帮助确定潜在异常是需要修复的、需要适应的，还是可以忽略的。

尽管在商业自动化部分，特别是在供应链中，计算机交换着越来越多的数据，但人们仍然需要与其他人进行合作。原因在于，随着技术的不断发展，需要管理者关注的问题可能变得越来越少，并且越来越不熟悉。自动化还可能增加了供应链的复杂性。因此，人们之间的咨询和知识共享可能变得更加重要。

美国审计总署为了测定未来工作所需的技能，使用了多种政府数据。该机构的研究人员分析了不同工作所需的技能，以及从2019年到2029年各种工作的预期增长。之后，他们确定了每类教育水平（高中、大专和学士学位及以上）中需求增长最多的前20种职位；最后统计了这三类教育水平中高增长职位所需的技能。[2]

美国审计总署的研究确定了所有人都需要的八项基本技能，无论教育水平如何。这八项基本技能列在图7中的高中类别之下。

寻求大专或更高学历（包括学士或更高的学位）的热门职业的人，除了前八项基础技能外，还需要五项额外重要的技能。最后，寻求需要学士或更高学位的热门职业的人，除了需要所有较低教育水平职位所需的技能，通常还需要另外六项技能。

这个框架中所提到的许多技能并不是学校的标准课程内容。例如，由于许多简单、重复性的蓝领和白领工作很可能变得更加自动化，更多的人将从事服务行业的工作。这些服务性工作将对社交技能有更高的要求。尽管在一个机器可以执行越来越多的支撑经济的体力和脑力劳动的时代中，更社交化（或者可以说更加人性化）的能力是必备的，但具备这些能力并不在大多数学校的正式学科中。确保劳动力具备上述所提到的技能可能需要不同的教育和培训方法，正如第20章的"为未来构建人才供应链"一节所讨论的那样。

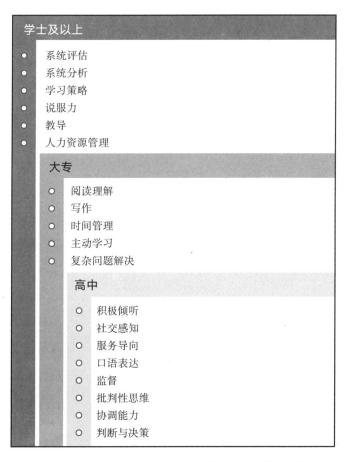

图 7：根据教育水平所确定的前 20 个热门职业的重要技能
（美国审计总署，2022 年）

服务性工作的未来

如上所述，服务性工作，因涉及与客户以及团队成员之间的显著互动，将在未来的经济中发挥重要作用。事实上，前面几个章节所提到的许多技能都适用于服务性工作。然而，目前尚不清楚服务性工作的未来将会是什么样子。实际上，由于几种相互抵消的趋势，服务性工作的数量可能会变化；一些趋势可能会导致服务性工作的减少，而另一些趋势可能导致这类工作的增加。

有三种趋势可能会减少人工服务者的数量。第一，越来越多的例行服务正在被企业自动化。因此，许多人际互动中的人工服务被削减了。例如，麦当劳正在测试多种类型的自动化，包括应用程序、语音识别和自助式订单终端，甚至正在测试通过传送带在免下车通道窗口交付订单。另一个例子是被许多零售商和汽车经销商使用的聊天机器人。当客户致电或在零售商和汽车经销商的网站上搜索信息时，这些聊天机器人可以与客户进行沟通。第二，对于非例行任务，服务工作者将受益于那些新工具，不管是增强技术还是去技能化技术工具。这些工具提升了他们的生产力，即相对于给定的客户交互量，所需的员工数量减少了。第三，越来越多的智能产品和智能服务所具备的特征，如高可靠性、具有自配置的即装即用的功能、自动更新、自我修复等，这些特征可能会消除更多的工作机会。

与此同时，有四种趋势可能会增加人工服务的需求。第一，随着许多消费品变得更加复杂，并涉及更高程度的互联（如家庭自动化、自动驾驶汽车或无缝的设备对设备交接等），几乎可以肯定消费者需要更多的帮助来设置、配置和排除这些复杂系统的问题。第二，本书第二部分已经阐述了供应链日益增加的复杂性，以及公司面临的更高的期望。公司被期望能够提供一流的服务、具有竞争力的业绩、社会和环境的可持续性以及应对更大强度的监管、波动性、不确定性和模糊性。为应对不断变化的环境而必须进行的持续的系统更新和重新配置，可能会增加服务岗位中对人的需求。第三，许多国家人口老龄化，意味着年长消费者数量的增加，他们将需要更多的医疗保健和日常活动方面的密集服务。第四，信息产品和服务领域的赢者通吃的金融回报所创造的财富增长，形成了一个更大的富裕消费者群体，这些消费者可能寻求高度人性化体验并愿意为之付费。

目前尚不清楚，这两类趋势将如何结合，将导致服务工作者数量的净增长还是净减少。美国审计总署对增长最快的 20 个职业的分析显示，在个人服务职业中的增长主要集中在医疗保健领域。[3]客户服务可能会分为低成本自动化服务和以人为本的高度体验化服务，如针对复杂的互联产品为客户在交付、安装和培训方面所提供的周到且优质的"白手套"服务 ①。然而，只要自动化无法解决客户或供应商的问题，那么这些非例行的互动就将需要人类工作者的情商来识别和理解另一方的经历和期望。

数字素养和数理能力

大量以多种形式存在的数据、先进的人工智能和广泛的云平台为供应链管理带来了新的机会。公司将能够利用 A/B 测试 *，以及对数据中的自然模式的严格分析来对直觉中或本能反应中的主观流程加以增强。此外，几十年前开发的许多用于高效管理供应链的数学模型，尽管数学和计算机方面的进步已经使它们更加强大，但至今尚未得到广泛实施。然而，要利用这一巨大机会的好处，还需要具备对数据、技术和分析有深入了解的劳动力（和管理团队）。

数字素养是一种基础技能，可以定义为浏览各数字平台，并理解、评估和通过它们进行沟通的能力。[4]英国广播公司的亚历克斯·克里斯蒂安将数字素养描述为一个人"在工具、设备和平台之间所具备的适应性和战略性的工作能力"。[5]幸运的是，（至少在关

---

① 译者注：白手套服务，形象地显示出服务者戴着白手套为客户提供精心的服务。

* A/B 测试是一种将两个版本的产品或解决方案进行相互比较，以确定何者表现更好的方法。

注数字环境下工作能力的程度上）大多数儿童正在成为数字原住民。根据斯坦福医学院的一项研究，超过四分之三的美国儿童在13岁时就拥有智能手机。[6]此外，新冠疫情和在许多地区发生的向远程教育的转向，都迫使大量儿童采用数字工具进行学习和交流。需要担忧的是中年和老年工作者的数字素养。如果他们因自动化而失去工作，那么他们将可能是最需要重新培训的人。根据皮尤研究中心的数据，虽然超过95%的年龄在18至49岁之间的美国人拥有智能手机，但50至64岁的人群中拥有智能手机的仅为83%，而65岁以上人群仅为61%。[7]

然而，仅仅掌握操作智能手机、平板电脑或个人电脑的基本技能是不够的。随着越来越多的工作采用数据驱动的方法，工作者和管理人员需要更多的数理能力和统计能力。数理能力是使用和理解数学的能力，统计能力是理解和运用数据和统计数据的能力。（这两种能力都可以借助本书第18章所提到的数字工具来增强。）在智能手机上查看数据是一回事，但理解这些数据的含义并采取正确的行动是完全不同的事情。工作者和管理人员需要对相关数学模型、数据分析以及技术工具的能力、优势和局限性有很好的理解。同时具备数字素养和数理能力可以从根本上改善工作场所和一线员工的角色。例如，强生公司消费者健康和交付部门全球副总裁梅丽·斯蒂文斯描述了数字技术如何显著增强一线机器操作员的角色。在巴西的一家强生工厂，每位机器操作员都配备了一台平板电脑，可提供该工人所操作机器的实时数据，包括活动情况和生产效率。该系统帮助操作员发现这些机器的异常或次优性能，成为这些机器性能的专家。

有了这种技术，操作员不再仅仅是一个被告知做什么的工人，而是成为机器的管理者，拥有权力召集维护和工程支持。该技术帮助工人对机器的工作进行拍照，并与支持人员共享这些图像和性能数据。斯蒂文斯说："以前他们需要花费很多时间来对根本原因进行调查，而现在由于可以触达数字信息，他们可以对问题进行实时调查。"[8] 在一定程度上，这些基于平板电脑的，内置了仪表盘、摄像头和协作系统的新机器管理系统，减少了数据的收集、查看和操作过程中所需的技能。不过，在这个案例中，这种去技能化改善了现有工作，甚至创造了更多工作，因为在这个工具出现之前，很少进行此类数据的收集（因此不存在需要削减的工作）。相关指标直观显示了，易于使用的协作工具以及行动建议的算法（或机器执行行动的报告）使越来越多的工人能够参与数字化工作。

新的管理技能

为了更好地应对日益复杂的供应链，管理者将需要掌握高级技能，如系统评估和系统分析。他们需要知道如何整合其人力资源和先进的供应链工具，如物联网、机器人、自动驾驶车辆、数学模型和人工智能，他们还必须定义高度自动化供应链中人的角色。管理者需要能够预测工作负载模式，并了解获得技术增强的员工的生产效率。有了这些知识，管理者将能够预测处理任何负载所需的资源水平（包括人员与技术），并满足预期的服务要求，如货物可得性和交货前置时间。

麦肯锡公司的雅克·布金在其书中"为即将到来的技能转变做准备"一章中提到人力资源部门需要关注人机"协同工作"。[9] 伦敦政治经济学院管理学系的技术、工作和全球化教授莱斯利·威尔科克斯预测："证据表明，并不是整个岗位都将失去，失去的只是岗位的一部分，你可以将工作重新组合成不同类型的岗位。"[10] 这些观察结果表明，管理者还需要考虑自动化将如何改变每个工人的工作，然后决定企业活动以及岗位任务应该如何在各类人员和机器系统中进行划分。

"系统"技能要求还意味着管理者不仅必须对其部门所使用的全部技术都有一定的了解，他们甚至还需要了解与其员工互动的其他部门或外部机构的技术。特别是，为了正确部署技术，并对适当的人机协作进行管理，管理者应该了解这些技术的优点和缺点。管理者还必须了解这些系统可能出现的错误类型，以便确保他们的员工知道何时去信任所使用的技术、何时去否决，以及何时引起管理者和专家对难以判断的问题的注意。

最重要的是，为了创建第18章中"人机协同模型的多样性"一节所描述的可交互操作性、权限平衡、透明度和相互学习，管理者需要这些技能。这些技能将帮助管理者利用现有员工、自动化系统以及内部和第三方数字工具来设计和管理人机系统。例如，人工智能需要检查员工工作的错误或异常吗？员工需要检查人工智能的工作吗？或者，是否在一种共识系统下，员工和人工智能互相交叉检查？如果错误和异常发生太频繁，机构是否要重新培训人工智能、员工或两者？

适应性、学习和变革管理

不断加速变化的技术、竞争的市场以及实际上这整个世界都在表明，正如布金所写的那样，"一个长期的目标是在劳动力中嵌入新的灵活性和适应能力"。[11] 在组织或供应链中采用自动化不是一次性事件，而是一个渐进的过程。这个过程的驱动力来自于使用中的经验教训、不断变化的需求以及所有涉及的技术和流程的持续更新。

企业整体的经营目标是维护顺畅而稳定的供应链活动，但企业又面临持续的适应和变革的要求。两者似乎相冲突。要实现产品和服务的顺利交付，企业运营依赖于供应链中人和技术的可预测的、连贯的表现。然而，这并不意味着改变是应该回避的。正如，据称查尔斯·达尔文说过："能够生存下来的不是最强壮的物种，也不是最聪明的物种，而是对变化最敏感的物种。"尽管这句引文在达尔文的著作中没有出现过，但它捕捉到了一个既适用于供应链，也适用于进化的重要原则：改变是组织生存的必要条件。

对于复杂系统（如供应链）的灵活调整，必须了解系统的所有要素以及它们之间的相互作用。供应链的复杂性意味着几乎每一个动作都会产生深远而广泛的影响，并且通常会产生意想不到的后果。因此，即使在重大供应链中断的情况下，当组织中的人们需要迅速行动时，他们也必须有条不紊地执行那些必需的纠错行动，并重新启动供应链。因此，当汽车制造商通用汽车针对 2011 年日本地震、海啸和核灾变的三重灾难做出自己的应对措施时，正如第 16 章的"不确定世界中的韧性"一节所述，该公司将这一要求确立为座右铭："保持在自己的泳道上。"当然，在中断期间，每个人都想要提供帮助，但是快速而没有计划的行动可能会使情况变得更糟。因此，适应和变革是必需的，但在处理类似汽车供应链这样复杂的系统时，必须深入了解整个系统及其复杂性。

幸运的是，本书中讨论的一些解决方案有助于企业在不断变化的环境下取得一贯的表现。第一，自动化（如 RPA，参见第 15 章的"办公室中的协作机器人"一节）可以接管供应链运营中的可预测、连贯的部分。第二，行动手册（参见第 13 章的"为最坏的情况做准备"一节）可以为非标准条件创建标准操作程序。第三，数字孪生（参见第 18 章的"管理和模拟中的数字孪生"一节）可以实现对提议的创造性或适应性行动进行"假设"测试，以避免意外或不希望的结果。

在不确定性不断增加的世界中，供应链中的劳动力必须具备创造力和适应能力，能够迅速应对自动化无法轻松处理的情况。比如监督、批判性思维、判断力和决策的能力是所有工作者都需具备的，这样他们才能及时发现并正确应对出现的问题。这些问题可能是机器错误导致的，也可能是组织目标的变化引起的。它们还可能是由于运营环境的变化或客户要求超出了机器的编程或训练范围而发生的。此外，大多数高技能职位（要求大学学位）的劳动力需要积极学习，他们需要对复杂问题有解决能力，以全面掌握和了解工作、从事领域、公司战略或行业的发展方向。

供应链专业人员会不断与内部、外部人员进行互动，因此他们需要具有良好的沟通能力、人际关系、谈判和说服技巧。但是很可能不仅是供应链专业人员，所有工作者都需要显著的社交、数字、认知和管理技能。事实上，前面提到的世界经济论坛报告估计，到2025 年，即使对于那些将继续在现有岗位上工作的工作者来说，约 40% 的核心技能要求也将发生变化。[12] 因此，挑战在于培养和提高人们的能力，并为他们创造机会以快速地获得未来职业中入职、维持岗位和发展的机会。

20 为未来构建人才供应链

人才的发展可视为一项供应链挑战，这类似于采购原材料、经过转化制成产品并将产品交付到需要的地方。

人才供应链有两个主要目标。第一个目标是提供人们所需的技能，使他们能够获得和保住好工作。确保人们有良好的薪酬和持续的就业意味着确保他们具备在一个复杂的、技术驱动的世界中提供价值所需的技能。

第二个目标，与第一个目标相交织，是确保公司拥有所需技能的人才，为客户提供支付得起且有价值的产品和服务。换句话说，为了使这些公司高效和富有生产力，它们必须有能力雇用和利用高绩效的员工。这可能需要这些公司对已有的人才进行再培训或升级。

实现这些目标需要对三类广泛的人群进行培训和教育。第一类是现有的、有生产力的员工，他们需要持续的、渐进的技能再培训或技能提升，以保持稳定的或进步的职场道路。第二类是下岗员工，他们需要进行实质性再培训以获得下一份工作或职业。第三类是新进入职场的年轻人，他们需要基础技能，既适合他们的能力又满足经济对人力的普遍要求。针对这些群体的教育，需要一系列的计划，从点播式的小型学习，到中期的技能认证计划，再到不断更新的高中、大学和研究生学位计划。

初级就业的挑战

　　未来供应链人才面临的一个重要的挑战是有关初级员工的。当自动化可以处理所有"简单"任务时，缺乏经验或教育资质有限的工人将面临受限的就业机会。初级工作岗位的匮乏所带来的问题不仅局限于对个体生计的影响，也不仅局限于由于年轻人大规模失业而引发的相关社会问题。如果公司没有初级职位，那么它们就无法培养出公司所需要的，在处理异常情况、纠正机器错误决策以及在排除人工智能或通信系统故障时有经验的员工。在公司没有雇用并培养初级员工五年的情况下，如何拥有所需的具有五年经验的中级员工库呢？对于工人、公司和社会来说，解决这个问题至少可以从三个方面着手，而其中一个办法可以追溯到 600 多年前。

　　第一种方法要回到中世纪的学徒制度，它是在当时的行业系统下，年轻人学习一门手艺并最终获得执业许可的途径。在通常情况下，学徒同意在雇主处提供若干年的劳动力，以换取培训和食宿。现代德国学徒制度是一个为期两年到三年半的计划，其中大约 70% 的时间在公司工作，30% 的时间在职业学校接受培训。该计划提供工资和生活费补贴。在德国，约有超过一半（54.5%）的高中毕业生进入了这个涵盖 327 个认可职业的系统。在德国，约有三分之二的学徒最终全职加入了这些最初雇用他们作为学徒的公司。尽管是公司为这些学徒提供了工作（申请人向公司，而不是向学校，申请学徒工作），但是德国政府为这个制度提供了监管，并设定了教育标准。[1]

　　第二种方法是利用先进技术增强初级员工的劳动力，使他们能够创造价值。例如，利用 AI 增强现实技术，可以雇用没有经验或经验有限的人员，因为他们可以在软件的指导下执行特定任务。正如在第 18 章的"更好的界面和协作工具"一节中所讨论的那样，AR

系统实时地将数字信息与工人的物理环境整合在一起。例如，仓库工人可以戴着 AR 眼镜进行拣货，这样他们可以看到物理环境和叠加的指令，如要拣选哪些物品、该物品的位置，等等。[*]

最后，AI 也可以用来帮助经验较少的员工从经验丰富、成功的同事那里学习。例如，优达学城（Udacity），一家以营利为目的的在线教育机构，利用 AI 提高了其销售人员的绩效。优达学城收集了销售人员与潜在客户之间的信息流（包括这些潜在客户是否可能成为未来客户的数据），然后将这些数据输入到机器学习系统中。优达学城并没有创建一个自动化的销售代理系统，而是使用它来为常见问题和互动内容提供来自成功销售代理的建议性答案，从而指导人工销售代理。该系统使优达学城的销售人员的有效性提高了54%，生产力翻了一番。[2]

晋升阶梯

根据 2021 年皮尤中心的调查，"缺乏晋升机会"是工人辞职的第二大原因。[3] 在许多组织中，晋升的一个主要途径是承担对越来越多人员的管理。一个有前途的初级员工可能会晋升到助理经理或一线管理员的岗位，管理着其他 10 名初级员工。每位管理者的直接汇报下属人数被称为**控制范围**，它通常在 5 到 12 名员工之间。美国的平均范围约为每位管理者有 9 或 10 名员工。[4] 如果被晋升的一线经理表现良好，他们可能会晋升到下一个管理层次，负责管理一个拥有 10 名直接下属（一线经理）和大约 100 名间接下属的部门、事业部或单元。

---

[*] 请注意，这些员工必须花一些时间观察其他人并在"无技术"的环境中进行实践，以了解执行过程的原理。

不幸的是，对于绝大多数员工来说，标准的等级制组织和晋升到管理层的职业阶梯形成了一道不可逾越的数量障碍：管理职位太少了。高级职位的数量是稀缺的：公司没有多少高管，通常只有一位首席执行官。因此，内部晋升的机会可能比较渺茫，这导致了员工离职，并使公司失去专业知识和经验。

　　创建多个平行的晋升阶梯是英特尔用来减轻通向顶层职位道路拥挤的方法。英特尔的人力资源业务伙伴宝琳娜·戈尔斯卡表示："英特尔提供了许多途径，这正是在英特尔开始职业生涯的独特方面之一。取决于您的关注和愿望，这里至少有 10 个途径，每个途径由不同技术领域的不同职务组成。"[5]虽然英特尔只需要一位首席执行官和大约十几位高管，但半导体制造工艺、芯片设计、芯片编程和客户应用的极其复杂的技术性质意味着该公司需要高技能和经验丰富的技术领导者。与通过管理更多的人来达到晋升不同，员工在其他轨道上的晋升是因为他们对组织在技术、工程或科学贡献上有更大价值的影响。

　　一般来说，员工的另一个晋升方式是给予其更多的预算，用以完成类似采购和外包的任务，或给予其更多的客户责任。职业晋升的本质是获得对组织资源更大的控制权，而不是被迫在相同的资源下做更多的工作。然而，职位晋升中的预算分配受公司可支付的总额限制。这就使得资源分配成为一种零和游戏：系统本质上像一个需要被切割的馅饼，人们通过获取越来越大的一部分馅饼来衡量他们的职业发展。这样的制度造成这样一种情况，即每次晋升时只有少数人会得到更大的一部分馅饼，但其他人则会得到更少。

　　解决零和分配问题的一个解决方案是提高生产力。这发生于当被晋升的员工为组织带来相称的总收入的增加或总成本的降低时。此类改善证明了更高的薪水、更大的总支出或为晋升者雇用更多的下属是合理的。也就是说，只要晋升者能够扩大"馅饼"，那么晋升者及其所有下属都可以享受不断增长的工资、预算和职业机会。不幸的是，确定每位员工对公司收入、成本和其他关键绩效指标的贡献是一项非常困难的任务。原因是公司很少有角色和任务取决于个人表现，更多的是取决于团队。一个重要的个人绩效指标是个体对一个团队（例如组、工厂、部门、职能）的成功所做的贡献。尽管数据的可用性和新的分析方法可以提供帮助，但即使在管理最佳的公司中，衡量个人贡献的方式仍然远非完美。不过，测量一个团队（无论是企业职能部门、一个分部，还是一个工厂）的影响要比测量个体的影响更容易一些，因为团队的影响可能足够大，可以在一定程度上与公司其他部分相隔离。

从对技术的控制范围角度，自动化为员工带来了新的晋升机会。正如第 15 章的"办公室中的协作机器人"一节提到的那样，一些公司为了控制访问权和确保监察，实际上将每个 RPA 机器人作为一位虚拟员工来进行管理；每个机器人都向某人"报告"。第19 章的"数字素养和数理能力"一节所讨论的强生公司的技术增强型机器操作员的例子也展示了，即使是前线工人也可以成为机器的管理者。因此，一个经验丰富的员工可以晋升为管理一个或多个自动化系统的职位，包括承担"培训"人工智能的职责。也就是说，一个人在公司中的地位可以用其对虚拟劳动力（如机器人、自动驾驶车辆和 RPA）的控制来衡量。云计算每小时的极低成本意味着员工可以"雇用"和管理数十个甚至数百个数字"员工"。通过这种方式，他们无须承担长期雇用和培训员工的高成本，就可以拥有较大的控制范围。

言行一致

许多公司在宣传中声称员工是其最重要的资产。尽管"最重要的资产"是一个常见的口号，但并非所有公司都真正践行这一理念，部分原因是公司知道这些"资产"每天晚上都会离开公司。[6]
例如，在我写下这些文字的同时，数以万计的工人正在失去工作，而他们的公司却避免出售像业务部门或某些知识产权这样的有形资产。对于大多数企业来说，在经济低迷时期，这样操作是有一定道理的，因为任何有形资产的价值都可能会下降，但在经济复苏时期可能会增加。在经济低迷时期，虽然雇用优秀的员工更容易且成本更低，但这些员工可能会在经济复苏时离职，寻找更好的机会。

然而，一些公司极好地表现了言行一致。例如，在2008年金融危机期间，当市场对其汽车的需求在减少时，丰田却推出了一系列培训和质量提升项目，而不是裁员。丰田的高级副总裁兼制造与质量负责人威尔·詹姆斯表示："我们利用这段时间进行了环境、职业安全与健康管理（OSHA）以及多样性的培训，同时提高员工解决问题的能力并标准化工作流程。"[7]

投资员工的大型公司数量正在增加，像沃尔玛、星巴克、联邦快递和亚马逊这样的公司为员工提供教育和技能培训福利。例如，沃尔玛为获得商业或供应链管理学士学位或副学士学位的员工支付100%的大学学费和书本费。沃尔玛的学习与领导高级副总裁洛林·斯托姆斯基表示："我们的教育项目与沃尔玛的增长领域直接相关，还有什么比用我们自己的员工来填补未来人才更好的渠道呢？"[8]一项对沃尔玛参与该计划的员工的研究发现，他们更有可能留在公司并且更有可能获得晋升。[9]

新的教育和培训模式

传统的面对面群体教育方法，一次只能在一个教室里。学生成本高昂，且存在极大的限制，即所有学生和教师必须在每周特定的日期、特定的时间到达特定的教室。从19世纪中叶开始，通过函授大学这种依靠邮件发送指导信件的方法，以较低的成本为更多人提供了教育，尤其是那些远离教室和教师的人。随着新的信息传播方式的出现，所谓的远程学习的新方法也应运而生。1971 年，英国推出了通过广播和电视教学提供的远程学位教育。

慕课的崛起

互联网提供了新的在线渠道，向学生发送文本、音频、视频和互动式教育；互联网也提供了新的与学生互动的方式来评估学习效果和回答问题。互联网使得开发大规模开放在线课程"慕课"（MOOC）成为可能。任何人，在有互联网连接的任何地方，都可以参与学习。这些课程是异步的（因此在课程时序安排及自主学习节奏上提供了更大的灵活性）。许多课程是免费的，人们只是在获得证书或学分证明时才需要支付极低的费用。通过宽带系统传输数字教育内容和数据几乎没有成本，这促使了无限制的规模化。这样的教育系统甚至可以利用人工智能来自动评估学生的练习、测试答案和论文。

MIT 的运输与物流中心是 MIT 在线教育项目的先驱之一。2014 年秋季，我的同事克里斯·卡普利斯（Chris Caplice）开发、录制并提供了 MIT 的第一个异步慕课。该课程是对供应链管理的介绍。尽管没有营销预算，但该课程吸引了超过 40 000 名学习者，给运输与物流中心和 MIT 都带来了惊喜。MIT 的运输与物流中心在 2015 年秋季还提供了一门后续课程——供应链设计。

MIT 的运输与物流中心的经验也突显了慕课模式仍然面临的挑战。例如，尽管这些课程为学习者提供了低成本的教育，但对于创建者来说，它们的初始制作成本很高。设计和制作一门可信、高质量的慕课需要相当的学科专业知识，需要在视频、文本、练习、测验材料和评分系统的制作上投入大量的时间和资金。另一个经常被低估的考虑因素是运营大规模慕课所需的工作量和成本。虽然慕课的电子数据可以按极低的成本分发给每位学生，但庞大的学习者数量意味着慕课的提供者可能每天需要回答来自这些学习者的上千封电子邮件问询。显然，慕课提供者要么需要承担雇用客服代表的成本，要么需要承担开发一款能够为学习者提供良好支持的聊天机器人的成本。与一般客户服务部署 RPA 和其他技术相同，部署聊天机器人也是慕课的最佳方案。聊天机器人可以回答简单、重复的问题，而将非标准或困难的问题升级给助教和教授。

慕课模式还改变了传统教育。例如，即将攻读 MIT 供应链管理硕士在校项目的学生必须完成一门介绍性慕课。该课程涵盖概率和统计等基础内容。这一要求简化了入学流程，并确保每位学生都具备后续课程所需的核心知识。该硕士项目中的几门课程借鉴了慕课经常使用的"翻转"教学模式，学生居家观看讲座视频，在线进行测验，并准备好在教室里进行面对面的互动。这些互动活动侧重于分析时事、案例研究或客座讲座，学生需要将视频中学习到的原理和方法应用到讨论课的问题上。

从课程到学位证书

2015 年 10 月，MIT 宣布推出适应第四次工业革命的新学位证书：供应链管理微硕士（Micro-Masters）。供应链管理微硕士证书可以通过成功完成相当于一个学期学习量的五门慕课课程和一次全面的期末考试而获得。

供应链管理微硕士项目还有一个重要的特点：优秀的毕业生可以申请 MIT 在校项目，如果被录取，那么该生在 MIT 住校的一个学期里可以完成全日制硕士项目的剩余课程。换句话说，在一个包含了慕课课程和 MIT 在校面对面课程的"混合"项目中，这些学生可以利用在线课程获得 MIT 的学术学分。

微硕士项目迅速取得了成功，仅仅七年就吸引了 100 万注册学员。这一成功导致了一个容量问题，因为慕课的规模是无限的，而在校项目的空间是有限的，一些合格的微硕士学生无法被 MIT 的运输与物流中心所接受，无法进入混合项目[①]。为了避免这些学生的不满，MIT 说服了几十所其他大学，这些大学认可微硕士证书，并允许学生在短时间内获得它们完整的学位。

数据驱动教育

开放式入学的在线教育系统（例如慕课）与严格控制、选择性入学的在校教育系统（例如 MIT）之间的巨大差异，引发了一个有关这两种系统中学生质量的根本问题：他们在课堂上的表现是否相同？为了验证微硕士项目中的学生质量，MIT 的教学实验室（独立于 MIT 的运输与物流中心）分析了在 MIT 课程中微硕士学生的表现，这涉及混合项目的学生，他们与其他 MIT 学生在一起上课。结果显示，在这些课程中，混合项目的学生，平均来说，**超过**其他所有 MIT 工程系的在校学生。

这个结果并没有让校园内的教师感到意外，他们已经通过个案了解到混合项目学生的质量。首先，混合项目的学生在进入 MIT 之前需要完成五门 MIT 水平的慕课课程（通常是在全职工作的同时完成），这需要毅力和投入。评估证明了这些人性品质的重要性。奉献精神、对学习的渴望和坚韧性是线上世界中显而易见的重要特质，但这些特质无法从对在校学生的各种考量（如成绩单、推荐信、标准化考试成绩和在线面试）中体现出来。

其次，招生委员会在决策中所使用的关于慕课学生的数据远丰

---

① 译者注：MIT 的供应链管理硕士项目分为在线项目（即微硕士项目）、在校项目（学生住校，线下授课）和混合了在线与在校学习的项目。

富于通常在校项目申请人所提交的数据。在线微硕士课程为每个学生的表现提供了大量数据。由于系统记录了学生的每次键入，因此生成了数百万个可用于分析的数据点。

此外，教育者可以利用所有这些数据不断改进慕课的质量。教师可以跟踪每个学生在课程进行中的活动、理解和表现。同时，分析学生表现的反馈循环也有助于教育者对慕课课程进行微调：如果有太多的学生在相同方面误解了相同的概念，那么问题出在课程上，而不是学生身上。因此，课程和教学过程会随着时间的推移而不断改进。

为了数字化未来的数字化教育

尽管新冠疫情迫使许多学校因疫情需要而采用了在线学习，但MIT供应链管理项目的经验表明，在线教育本身具有许多优势。正如佛罗里达州前州长、卓越教育基金会创始人杰布·布什在《华盛顿邮报》上的一篇专栏文章中所说："是时候接受远程学习了，这不仅仅是新冠疫情的原因。"[10] 2014年，针对MIT未来教育的一个全MIT范围的工作小组提出，创新的在线教育和培训工具最终将降低成本、提高效率，并扩大直接面向各年龄和各技能水平的教育课程的可触达性（甚至可能增加吸引力）。[11] 慕课提供了一个很好的开端，也提供了一个不断改进的教育模式的平台，这将有助于应对自动化进程所带来的悲观情绪。

按需、模块化的学习，准时制

大多数教育水平的获得需要多年的学习：高中文凭需要十二年的学校教育，副学士或学士学位需要额外的二到五年，硕士和博士级的高级学位需要二到六年。然而，许多教育需求可以通过更短的、渐进的课程来满足。例如，根据世界经济论坛的《2020 年未来就业报告》，企业预计，平均约有 40% 的员工需要进行的再培训不超过六个月。[12] 一个专业证书项目可能需要三到六个月的课程。一个单独的慕课课程可能持续几周到几个月。世界经济论坛对企业领导者的调查发现，在运输和仓储行业的工作再培训需求中，超过四分之一的需求可以在不到一个月的时间里完成。[13] 有趣的是，宾夕法尼亚州新就任的州长杰夫·夏皮罗在上任的第一天就签署了一项行政命令，宣布该州行政机构 92% 的职位将不再需要四年制学位。州政府发布的数百个招聘广告中的学位要求因此被取消。

此外，变化的快速和技术的广泛普及将迫使工人不断转变工作职责并进行再培训。事实上，一些公司有意通过将员工在不同地点和职能之间进行轮岗来培养人才；轮岗建立了员工宽广的经验和对不同部门的背景理解，这将有助于他们成长为领导角色。这种变化的速度也对于仅传授特定知识的课程教育提出了挑战。尽管共享的知识可以凝聚社会（其中技术知识将是必需的），但在充满技术的未来社会中，继续学习、批判性思维和有效合作的能力才是必不可少的。

由于供应商、工厂和客户一般位于不同的时区，全球供应链通常是以 24/7 无休止地运行。因此，供应链专业人员需要在不中断工作的情况下更新他们的知识。世界经济论坛的《2020 年未来就业报告》发现，94% 的企业领导者希望员工在工作中学习新技能。[14] 在工作同时进行再培训将依赖于更短的、非全职的、更灵活的和异步的非传统教育项目。根据我的同事、运输与物流中心在线教育项目主任伊娃·庞斯（Eva Ponce）进行的 **MIT 运输与物流中心未来教育调查**（即将发布），在线和混合教育项目正成为许多供应链专业人员的首选。

按需学习是一个解决方案，它可以被视为教育中的准时制。该培训交付系统的目标是，当人需要解决特定问题或执行新任务时，快速地传授知识。它们提供小而模块化的知识块，可能包括短视频讲座或阅读任务、快速练习或问题集以确认学生的理解，并就表现和任何误解迅速反馈。渐进性技能可以通过精简的课程和自我测试快速建立或更新。

人工智能也可以用于帮助工人提高技能。例如，空中客车希望在不影响质量的同时，加快新 A350 飞机的组装速度。伴随着工人在设置和运行生产过程中所累积的经验，他们建立了组装新飞机的学习曲线。该公司利用现有的数据和分析基础设施来捕捉原始信息，并将其输入到人工智能系统中，帮助加快经验在工人之间的传播。[15] 总体而言，这些系统识别出工人们产生的创造性解决方案的模式，然后帮助他们在全体员工中传播这些解决方案。

根据伦敦商学院教授琳达·格拉顿的说法，企业还可以利用技术创新来帮助员工发展软技能。在充满技术的工作环境中，这些技能，包括共情、情境感知、合作和创造性思维，可能变得越来越有价值。[16] 例如，快餐连锁品牌肯德基使用多种形式的学习来提供客户服务培训。根据《麦肯锡季刊》的一篇报道："培训课程以一个非营业时间的桌游开始，它让整个团队扮演顾客的角色。接下来是'游戏化'学习，它安排在轮班期间大约 15 分钟的时间段里。这些类似于电子游戏的模块让员工站在收银机后面，处理多种典型顾客体验，包括对音频和视频满意提示的回应。"[17]

交付一个更美好的未来

知识就是力量。交付相关知识的能力可以确保人们通过技术得到支持和赋能，而不是被技术取代。西部数据公司的 CEO 戴维·戈克勒表示："这不是为了让公司变得更好、为未来做好准备，而是为了让我们所有员工为未来做好准备，让他们处于所有再培训的核心位置，使他们高度参与，让他们对未来充满期待。"[18]

高效的供应链能够最大限度地发挥人的生产力和技术的力量，这是实现欧盟"工业 5.0"愿景的关键。工业 5.0 的雄心壮志是增强工业在社会中的作用，并将工人的福祉置于生产过程的中心。欧洲委员会表示，作为对现有"工业 4.0"方法的补充，该目标通过以研究和创新来服务可持续的、以人为中心的、具有韧性的欧洲工业的转型。[19]

在所有考量中，最重要的是最大限度地发挥人和技术的性能，这对于实现这些目标至关重要。丰富的数据和分析可以创造透明度，这为管理者负责地管理和避免环境影响提供了可能。自动化可以帮助处理例行任务，使人们能够集中精力处理工作中更有意义的部分。人工智能和数字工具可以增强人力，使其能够处理过去无法完成的工作。及时且支付得起的教育和知识可以帮助工人、管理者和公民应对技术变革、波动性和冲击。这些新技术有潜力在帮助人们应对气候变化、机会不平等、新的传染病暴发、地缘政治冲突、食物短缺和其他挑战的同时改善社会。管理者和工人可以与人工智能和自动化合作，创造充实且薪酬优厚的工作、负担得起的产品和服务，为未来创造美好前景。要实现这样的愿景，（除了技术、商业、与政府的推动）公民社会①负有责任。

---

① 译者注：civil society，公民社会，指独立于政府和商业机构的第三部门，其目的是实现公共利益、社会福利、社会公正等目标，而非谋求个人或商业利益。

参考文献

1. 将丰饶之物连接到消费者

1   Tim Newcomb, "7 of the World's Largest Manufacturing Plants," *Popular Mechanics*, January 5, 2017, https://www.popularmechanics.com/technology/infrastructure/g2904/7-of-the-worlds-largest-manufacturing-plants.

2.   P.B. Jayakumar, "Wolfsburg: Volkswagen's Largest Manufacturing Plant in the World," *Business Today*, April 16, 2019, https://www.businesstoday.in/latest/story/wolfsburg-volkswagen-largest-manufacturing-plant-in-the-world-186919-2019-04-16.

3.   Volkswagen AG, "Volkswagen AG Wolfsburg Plant," news release, February 2021, https://www.volkswagen-newsroom.com/en/volkswagen-ag-wolfsburg-plant-6811.

4.   Emily Walsh, "The Color Blue Is the Latest Victim of the Supply Chain Crisis as Paint Manufacturers Run out of Additives," *Business Insider*, October 22, 2021, https://www.businessinsider com/color-blue-latest-victim-of-the-supply-chain-crisis-2021-10.

5   AkzoNobel NV, "How the 2021 Raw Materials Shortage Improved Our Forecasting," accessed January 3, 2023, https://www.akzonobel.com/en/careers/our-people/raw-materials-shortage-improves-forecasting.

6.   《华尔街日报》通过犹他州的一家热水浴缸制造商展示了供应链的一个层级，详细说明了各种零部件和子装配件的运输过程，直到它们被送达犹他州的工厂。见 Austen Hufford, Kyle Kim, and Andrew Levinson, "Why Is the Supply Chain Still So Snarled? We Explain, With a

Hot Tub," *Wall Street Journal*, August 26, 2021, https://www wsj.
com/articles/why-is-the-supply-chain-still-so-snarled-we-explain-
with-a-hot-tub-11629987531。

7　Food and Agriculture Organization of the United Nations,
"Bananas," accessed January 3, 2023, http://www.fao.org/
documents/card/en/c/cc2323en.

8.　Yossi Sheffi and Edgar Blanco, "Impact Assessment," in *Balancing
Green: When to Embrace Sustainability in a Business (And When
Not To)* (Cambridge, Mass.· MIT Press, 2018), 55–90.

9　有关供应链中断及缓解其影响的方法的论述，参见Yossi Sheffi, *The
Resilient Enterprise: Overcoming Vulnerability for Competitive
Advantage* (Cambridge, Mass.: MIT Press, 2005); Yossi Sheffi,
*The Power of Resilience: How the Best Companies Manage the
Unexpected* (Cambridge, Mass.: MIT Press, 2015)。

10.　Peter S. Goodman, "How the Supply Chain Broke, and Why It
Won't Be Fixed Anytime Soon," *New York Times*, October 22, 2021,
https://www.nytimes.com/2021/10/22/business/shortages-supply-
chain.html.

11　Adam Smith, *An Inquiry into the Nature and Causes of the Wealth
of Nations*, 3 vols. (London: W. Strahan and T. Cadell, 1776).

12.　John Baffes and Peter Nagle, "Commodity Prices Surge
Due to the War in Ukraine," *World Bank Blogs*, May 5,
2022, https://blogs.worldbank.org/developmenttalk/
commodity-prices-surge-due-war-ukraine

13.　Geoffrey Kaviti, Chinedu Asadu, and Paul Wiseman,
"Russian War Worsens Fertilizer Crunch, Risking Food
Supplies," *Associated Press*, April 12, 2022, https://apnews.
com/article/russia-ukraine-putin-business-health-europe-
c6a2d11380d3cb0c48d4c22703d1954e.

14.　Association for Supply Chain Management, "ASCM Supply Chain
Operations Reference Model: SCOR Digital Standard" (2020),
https://www.ascm.org/globalassets/ascm_website_assets/docs/

intro-and-front-matter-scor-digital-standard.pdf.

2. 各层供应链的辛酸

1. Goodyear Chemical, "PLIOGUM® 1028," Technical Data Sheet, August 28, 2020, https://www.goodyearchemical.com/docs/tds/pliogum_1028.pdf.

2. Boeing Japan, "Made with Japan. A Partnership on the Frontiers of Aerospace", November 2013, https://www.boeing.jp/resources/ja_JP/Boeing-in-Japan/Made-with-Japan/1122_boeing_cb13_final.pdf.

3. Reuters, "Japan's First Commercial Jet in 50 Years Makes Maiden Flight," *Reuters*, November 10, 2015, https://www.reuters.com/article/us-mitsubishi-airplane-idUSKCN0T003220151111.

3. 贸易：交换的优势

1. Dan Sanchez, "Trade Is What Makes Us Human," *FEE Stories,* Foundation for Economic Education, August 28, 2017, https://fee.org/articles/trade-is-what-makes-us-human.

2. Yuval Noah Harari, *Sapiens: A Brief History of Humankind* (New York: Harper Collins, 2015), 34–35.

3. Sanchez, "Trade Is What Makes Us Human."

4. David Ricardo, "On Foreign Trade," in *On the Principles of Political Economy and Taxation* (London: John Murray, 1817; repr., Mineola, N.Y.: Dover, 2004), 77–93.

5. Matt Ridley, "Third Culture," Edge, accessed August 27, 2020, https://www.edge.org/3rd_culture/serpentine07/Ridley.html.

6. Michael Schuman, "China Makes Everything. Why Can't It Create Anything?," *Time*, November 11, 2013, https://content.time.com/time/subscriber/article/0,33009,2156209,00.html.

7   Organisation for Economic Co-operation and Development, "Global Value Chains and Trade," policy brief, February 2020, https://www.oecd.org/trade/topics/global-value-chains-and-trade.

8.   Organisation for Economic Co-operation and Development and World Trade Organization, "Trade in Value-Added: Concepts, Methodology, and Challenges (Joint OECD–WTO Note)," 2012, https://www.oecd.org/sti/ind/49894138.pdf.

9.   Homi Kharas, "How a Growing Global Middle Class Could Save the World's Economy," Pew Charitable Trusts, July 5, 2016, https://pew.org/37iRyT7.

10.   Based on middle values from Figure 9.3 in Michail Moatsos, "Global Extreme Poverty: Present and Past since 1820," *How Was Life? Volume II: New Perspectives on Well-Being and Global Inequality since 1820* (Paris: OECD Publishing, 2021), 195, https://doi.org/10.1787/e20f2f1a-en.

11.   Wolfgang Lehmacher, *The Global Supply Chain. How Technology and Circular Thinking Transform Our Future* (New York: Springer, 2017), xii.

12.   Mike Schuler, "Madrid Maersk, the Latest World's Biggest Containership, Enters Service in China," *GCaptain*, May 2, 2017, https://gcaptain.com/madrid-maersk-worlds-biggest-ship-enters-service.

13.   American Trucking Associations, "Economics and Industry Data," accessed August 15, 2022, https://www.trucking.org/economics-and-industry-data.

14.   Quoctrung Bui, "Map: The Most Common* Job In Every State," *NPR*, February 5, 2015, https://www.npr.org/sections/money/2015/02/05/382664837/map-the-most-common-job-in-every-state.

15.   American Trucking Associations, "Economics and Industry Data"; Eurostat, "Road Freight Transport as a Percentage of Total Inland Freight Transport in the European Union (EU-28) from 2007 to 2020," *Statista*, April 1, 2020, https://www.statista.com/

statistics/1068592/eu-road-freight-share-of-inland-transport.

16. Boeing, "World Air Cargo Forecast 2022–2041," October 2022, https://www.boeing.com/resources/boeingdotcom/market/assets/downloads/Boeing_World_Air_Cargo_Forecast_2022.pdf.

17. Japan Aircraft Development Corporation, "Freight-Ton Kilometers Share of Air Cargo Traffic Worldwide in 2019, by Type," chart, October 25, 2021, Statista, https://www.statista.com/statistics/535543/worldwide-freight-ton-kilometer-share-belly-cargo-and-main-cargo.

18. Bureau of Transportation Statistics, "Weight and Value of Freight Shipments by Domestic Mode: 2017," January 12, 2021, https://www.bts.gov/topics/freight-transportation/freight-shipments-mode.

19. For example, the Horrea Lolliana. See Rome and Art, "Horrea Lolliana," September 23, 2021, https://www.romeandart.eu/en/art-horrea-lolliana.html.

20. Jason Depreaux, "28,500 Warehouses To Be Added Globally To Meet E-Commerce Boom," *Interact Analysis* (blog), March 2021, https://www.interactanalysis.com/28500-warehouses-to-be-added-globally-to-meet-e-commerce-boom.

4. 供应链中原材料的作用

1 Food and Agriculture Organization of the United Nations, "Small Family Farmers Produce a Third of the World's Food," April 23, 2021, https://www.fao.org/news/story/en/item/1395127/icode.

2. Govind Bhutada, "All the Metals We Mined in One Visualization," *Visual Capitalist*, October 5, 2021, https://www.visualcapitalist.com/all-the-metals-we-mined-in-one-visualization.

3. Ruth F. Schulte and Nora K. Foley, "Compilation of Gallium Resource Data for Bauxite Deposits" (Reston, Va.: United States Geological Survey, 2014), USGS Publications Warehouse, http://pubs.er usgs.gov/publication/ofr20131272.

4. "IAI Releases 2020 Total Global Primary Aluminum and Alumina Production Data," *Light Metal Age*, March 15, 2021, https://www.lightmetalage.com/news/industry-news/smelting/iai-releases-2020-total-global-primary-aluminum-and-alumina-production-data.

5. International Business Machines Corporation [IBM], "IBM Unveils World's First 2 Nanometer Chip Technology, Opening a New Frontier for Semiconductors," news release, May 6, 2021, https://newsroom.ibm.com/2021-05-06-IBM-Unveils-Worlds-First-2-Nanometer-Chip-Technology,-Opening-a-New-Frontier-for-Semiconductors.

6. Brooks Johnson, "125 Years of Grape-Nuts: Same Recipe, Same Taste—Still No Grapes or Nuts," *Star Tribune* (Minneapolis), August 13, 2022, https://www.startribune.com/125-years-of-grape-nuts-same-recipe-same-taste-still-no-grapes-or-nuts/600196247

7   Johnny Diaz, "Grape-Nuts, Supermarket Mainstay, Is No Longer So Easy to Find," *New York Times*, January 29, 2021, https://www.nytimes.com/2021/01/29/business/grape-nuts-shortage.html.

8. Yossi Sheffi, *The Power of Resilience: How the Best Companies Manage the Unexpected* (Cambridge, Mass.: MIT Press, 2015), 10–11

9. Sheffi, *Power of Resilience*, 53–63.

10. Louise Story, "Lead Paint Prompts Mattel to Recall 967,000 Toys," *New York Times*, August 2, 2007, https://www.nytimes.com/2007/08/02/business/02toy.html.

11. Joseph Gilbert and Joel Wisner, "Mattel, Lead Paint, and Magnets: Ethics and Supply Chain Management," *Ethics & Behavior* 20, no. 1 (January 26, 2010): 33–46, https.//doi.org/10.1080/10508420903482491.

12. Parija B. Kavilanz, "Mattel Fined $2.3 Million over Lead in Toys," *CNN Money*, June 5, 2009, https://money.cnn.com/2009/06/05/news/companies/cpsc/.

13. Ben Rooney, "Mattel's Recall Rebound," *CNN Money*, October 12, 2007, https://money.cnn.com/2007/10/12/markets/spotlight_mat.

14. Brad Kenney, "How The Mattel Fiasco Really Happened," *IndustryWeek*, September 6, 2007, https://www.industryweek.com/innovation/article/22010797/how-the-mattel-fiasco-really-happened.

15. *Examining the State of the Domestic Automobile Industry, Hearing Before the Sen. Comm. on Banking, Housing, and Urban Affairs*, 110th Cong. 85–86 (2008) (statement of Alan R. Mullaly, President and CEO of Ford Motor Company), https://www.govinfo.gov/content/pkg/CHRG-110shrg50418/html/CHRG-110shrg50418.htm.

16. Kelly McCarthy, "Beverages, Especially Cans, in Short Supply Due to Lack of Materials and Global Demand," *ABC News*, December 9, 2021, https://abcnews.go.com/GMA/Food/beverages-cans-short-supply-due-lack-materials-global/story?id=81646871

17 Jess Ma and Su-Lin Tan, "How Has China's Magnesium Monopoly Crippled Global Supply?," *South China Morning Post*, October 28, 2021, https://www.scmp.com/economy/china-economy/article/3153909/chinas-power-crisis-sends-magnesium-prices-skyward-choking; Tom Daly and Min Zhang, "China's Metal Consumers to Feel Supply Sting from Forced Power Cuts," *Reuters*, September 29, 2021, https://www.reuters.com/world/china/chinas-metal-consumers-feel-supply-sting-forced-power-cuts-2021-09-29.

18. Sam Meadows, "Lockdown Causes Marmite Shortage as Pub Closures Result in Scarcity of Brewer's Yeast," *Telegraph*, June 10, 2020, https://www.telegraph.co.uk/news/2020/06/10/lockdown-causes-marmite-shortage-pub-closures-result-scarcity.

19 Kamila Rachwał et al., "Utilization of Brewery Wastes in Food Industry," *PeerJ* 8, no. e9427 (2020), https://doi.org/ 10.7717/peerj.9427

5. 多模式复杂性：T 恤衫

1. "15 km Traffic Jam on Dhaka-Chittagong Highway,"
   Bangladesh Live News, April 9, 2022, https://
   www.bangladeshlivenews.com/en/bangladesh/
   details/15-km-traffic-jam-on-dhaka-chittagong-highway.

6. 供应链与人：增长与繁荣

1. Homi Kharas, "How a Growing Global Middle Class Could Save
   the World's Economy," Pew Charitable Trusts, July 5, 2016, https://
   pew.org/37iRyT7; Michail Moatsos, "Global Extreme Poverty:
   Present and Past since 1820," *How Was Life? Volume II: New
   Perspectives on Well-Being and Global Inequality since 1820* (Paris:
   OECD Publishing, 2021), 195, https://doi.org/10.1787/e20f2f1a-en.

2. Mercedes Delgado and Karen G. Mills, "The Supply Chain
   Economy: A New Industry Categorization for Understanding
   Innovation in Services," *Research Policy* 49, no. 8 (2020): 104039,
   https://doi.org/10.1016/j.respol.2020.104039.

3. Kim Parker and Juliana Menasce Horowitz, "Majority of
   Workers Who Quit a Job in 2021 Cite Low Pay, No Opportunities
   for Advancement, Feeling Disrespected," Pew Research
   Center, March 9, 2022, https://www.pewresearch.org/fact-
   tank/2022/03/09/majority-of-workers-who-quit-a-job-in-2021-cite-
   low-pay-no-opportunities-for-advancement-feeling-disrespected.

4. Jeff Cox, "There Are Now a Record 5 Million More Job Openings
   than Unemployed People in the U.S.," *CNBC*, March 29, 2022,
   https://www.cnbc.com/2022/03/29/there-are-now-a-record-5-
   million-more-job-openings-than-unemployed-people-in-the-us.
   html; Kathryn Vasel, "Workers Have so Much Leverage in This Job
   Market, They're Ghosting Employers," *CNN Business*, December
   2, 2021, https://www.cnn.com/2021/12/02/success/job-candidates-
   ghosting-hiring/index.html.

5. "European Driver Shortage Report 2022," IRU Intelligence

Briefing (Geneva. International Road Transport Union, 2022), 14.

6. Peter S. Goodman, "The Real Reason America Doesn't Have Enough Truck Drivers," *New York Times*, February 9, 2022, https://www.nytimes.com/2022/02/09/business/truck-driver-shortage.html; Robin Kaiser-Schatzlein, "How Life as a Trucker Devolved Into a Dystopian Nightmare," *New York Times*, March 15, 2022, https://www.nytimes.com/2022/03/15/opinion/truckers-surveillance.html.

7. "The Truth about Trucking Turnover," *American Trucking Associations Blog*, March 25, 2022, https://www.trucking.org/news-insights/truth-about-trucking-turnover.

8. Sarah Jackson, "One of the Largest Trucking Companies in the US Is Giving Raises of up to 33%, Allowing Drivers to Make up to $150,000 in Their First Year, amid Worker Shortage," *Business Insider*, January 22, 2022, https://www.businessinsider com/trucking-firm-kllm-gives-33-percent-raise-drivers-make-150k-2022-1.

9. *Industry and Labor Perspectives: A Further Look at North American Supply Chain Challenges, Remote Hearing Before the Comm. on Transportation and Infrastructure,* 117th Cong. 38 (2021) (statement of David H.C. Correll, Research Scientist and Lecturer, Massachusetts Institute of Technology Center for Transportation & Logistics), https://www.govinfo.gov/content/pkg/CHRG-117hhrg47301/html/CHRG-117hhrg47301.htm; Dan McCool, "Are Supply Chains Stuck in Detention?," *MIT News*, April 25, 2022, https://news.mit.edu/2022/are-supply-chains-stuck-detention-0425.

10. Joseph R. Biden Jr., "Remarks by President Biden on the Trucking Action Plan to Strengthen Our Nation's Supply Chains," speech (White House, Washington, D.C.; April 4, 2022).

11. American Trucking Associations, "Driver Shortage Update 2021," October 25, 2021, https://www.trucking.org/sites/default/files/2021-10/ATA%20Driver%20Shortage%20Report%202021%20Executive%20Summary.FINAL_.pdf.

12. Michael Wayland, "Ford's Supply Chain Problems Include Blue Oval Badges for F-Series Pickups," *CNBC*, September 23, 2022, https://www.cnbc.com/2022/09/23/fords-supply-chain-problems-include-blue-oval-badges-for-f-series-pickups.html.

13. Shawn Baldwin, "What's behind the Congestion at U.S. Ports," *CNBC*, February 18, 2022, https://www.cnbc.com/2022/02/18/whats-behind-the-congestion-at-us-ports.html.

14. Mark Solomon, "Inland Empire Warehouse Vacancy Rate Hit 0.7% in Quarter: CBRE," *FreightWaves*, October 29, 2021, https://www.freightwaves.com/news/inland-empire-warehouse-vacancy-rates-hit-07-in-quarter-cbre

7. 数十年增长的复杂性

1 Jean-Paul Rodrigue, "Transport and Communication Costs Indexes, 1920-2015," The Geography of Transport Systems, October 29, 2017, https://transportgeography.org/contents/chapter1/what-is-transport-geography/transport-communication-costs-index.

2. Gavin Wightman, "The History of the Bar Code," *Smithsonian Magazine*, September 23, 2015, https://www.smithsonianmag.com/innovation/history-bar-code-180956704.

3. Jack Flynn, "25 Amazing Cloud Adoption Statistics [2023]: Cloud Migration, Computing, And More," Zippia, December 19, 2022, https://www.zippia.com/advice/cloud-adoption-statistics.

4. Council of Economic Advisers, Executive Office of the President, "Economic Report of the President (2022)" (Washington, D.C.. Government Publishing Office, April 14, 2022), 200–01, https://www.govinfo.gov/app/details/ERP-2022.

5 United Nations Conference on Trade and Development, "Trends in Global Export Value of Trade in Goods from 1950 to 2021," chart, September 28, 2022, Statista, https://www.statista.com/statistics/264682/worldwide-export-volume-in-the-trade-since-1950.

6.   Anat R. Admati, "A Skeptical View of Financialized Corporate Governance," *Journal of Economic Perspectives* 31, no. 3 (2017): 133, https://doi.org/10.1257/jep.31.3.131.

8. 更严峻的竞争

1   Thomas H. Klier, "From Tail Fins to Hybrids: How Detroit Lost Its Dominance of the U.S. Auto Market," *Economic Perspectives* 33, no. 2 (2009): 5.

2.   Taiichi Ohno, *The Toyota Production System: Beyond Large-Scale Production* (Boca Raton, Fla.: CRC Press, 1988).

3.   Ananth Raman, Anna McClelland, and Marshall L. Fisher, "Supply Chain Management at World Co. Ltd.," Harvard Business Case Study no. 9-601-072 (Boston. Harvard Business School, April 4, 2001).

4.   "The Future of Fast Fashion," *The Economist*, June 16, 2005, https://www.economist.com/business/2005/06/16/the-future-of-fast-fashion.

5.   Pankaj Ghemawat and Jose Luis Nueno Iniesta, "ZARA: Fast Fashion," Harvard Business Case Study no. 9-703-497 (Boston. Harvard Business School, April 1, 2003).

6.   Miguel Helft, "Fashion Fast Forward," *Business 2.0*, May 2002, 62.

7   Ghemawat and Nueno Iniesta, "ZARA: Fast Fashion."

8.   Vauhini Vara, "Fast, Cheap, and Out of Control: Inside Shein's Sudden Rise," *Wired*, May 4, 2022, https://www.wired.com/story/fast-cheap-out-of-control-inside-rise-of-shein.

9.   Paul Miller, "Apple Sold 270,000 iPhones in the First 30 Hours," *Engadget*, Yahoo!, July 25, 2007, https://www.engadget.com/2007-07-25-apple-sold-270-000-iphones-in-the-first-30-hours.html; Apple, "Unit Sales of the Apple iPhone Worldwide from 2007 to 2018," chart, November 5, 2018, Statista, https://www.statista.com/statistics/276306/global-apple-iphone-sales-since-fiscal-year-2007.

10.   Barbara Kollmeyer, "How Apple's iPhone First-Day Sales Have

Fared since 2007," *MarketWatch*, September 22, 2014, https://www.marketwatch.com/story/how-apples-iphone-first-day-sales-have-fared-since-2007-2014-09-22.

11   Apple, "Unit Sales of the Apple iPhone Worldwide from 2007 to 2018."

12.   Paul Granadillo, Senior Vice President of Supply Chain, Moderna, interview by Yossi Sheffi, April 22, 2021.

9. 无处不在的更好的客户服务

1   FedEx Corporation, "FedEx Marks 40th Anniversary with Community Service, Eye to the Future," news release, April 17, 2013, https://newsroom.fedex.com/newsroom/global-english/fedex-marks-40th-anniversary-with-community-service-eye-to-the-future.

2.   Yossi Sheffi, *Logistics Clusters: Delivering Value and Driving Growth* (Cambridge, Mass.: MIT Press, 2012), 109–11.

3.   Georgina Torbet, "Wayfair Adds AR Furniture and 3D Visualization Tools to Its Apps," *Engadget*, Yahoo!, November 14, 2019, https://www.engadget.com/2019-11-14-wayfair-shopping-app-ar.html.

4.   Khalid Saleh, "E-Commerce Product Return Rate – Statistics and Trends [Infographic]," *Invesp* (blog), April 5, 2016, https://www.invespcro.com/blog/ecommerce-product-return-rate-statistics.

5.   AllBusiness.com, "The Importance of a Good Return Policy," *New York Times*, July 10, 2007, https://archive.nytimes.com/www.nytimes.com/allbusiness/AB4353479_primary.html.

6.   Saleh, "E-Commerce Product Return Rate."

10. 迅速增加的法规

1.   Richard Lazarus and Sara Zdeb, "Environmental Law & Politics," *Insights on Law & Society*, American Bar Association,

January 5, 2021, https://www.americanbar.org/groups/public_education/publications/insights-on-law-and-society/volume-19/insights-vol--19---issue-1/environmental-law---politics.

2. Walter Jager, "RoHS Amendment Adding Phthalates to Restricted Substances Is Published," *ECD Compliance News* (blog), June 4, 2015, https://rohs.ca/news/2015/06/04/rohs-amendment-adding-phthalates-to-restricted-substances-is-published.

3. European Chemicals Agency, "Candidate List of Substances of Very High Concern for Authorisation," accessed October 22, 2022, https://echa.europa.eu/candidate-list-table.

4. 21 C.F.R. § 169.150 (2022).

5. Nicola Clark and Stephen Castle, "Anger Flares in Europe as Scandal Over Meat Widens," *New York Times*, February 11, 2013, https://www.nytimes.com/2013/02/12/world/europe/anger-flares-in-europe-as-scandal-over-horse-meat-widens.html.

6. Neil Buckley, "Romania Hits Back over Horsemeat Scandal," *Financial Times*, February 11, 2013, http://www.ft.com/intl/cms/s/0/6b4c75ce-7465-11e2-b323-00144feabdc0.html#axzz3I9kPtOI0.

7 Arian Campo-Flores et al., "Remember Carnival's Botched Cruise? And Horse Meat at IKEA? WSJ Follows Up," *Wall Street Journal*, December 27, 2013, http://online.wsj.com/article/SB10001424052702304854804579236373135317120.html.

8. Jager, "RoHS Amendment Adding Phthalates to Restricted Substances Is Published."

9. PricewaterhouseCoopers International Limited, "United States," in *International Transfer Pricing 2013–2014* (London: PricewaterhouseCoopers International Limited, 2013), 816–48.

10 Itzhak (Zahi) Ben-David, Stefanie Kleimeier, and Michael Viehs, "Research: When Environmental Regulations Are Tighter at Home, Companies Emit More Abroad," *Harvard Business Review*, February 4, 2019, https://hbr.org/2019/02/research-when-environmental-regulations-are-tighter-at-home-companies-emit-more-abroad.

11. World Trade Organization, "Regional Trade Agreements Gateway," accessed December 19, 2022, https://www.wto.org/english/tratop_e/region_e/region_e.htm.

12. World Bank, "Trade (% of GDP) – World, United States, Singapore, Hong Kong SAR, China," accessed October 22, 2022, https://data.worldbank.org/indicator/NE.TRD.GNFS.ZS?locations=1W-US-SG-HK&most_recent_value_desc=false.

11. 追求环境和社会可持续性

1 Laura Reiley, "The Summer Drought's Hefty Toll on American Crops," *Washington Post*, September 7, 2022, https://www.washingtonpost.com/business/2022/09/05/crops-climate-drought-food.

2. Vanessa Yurkevich, "American Farmers Are Killing Their Own Crops and Selling Cows Because of Extreme Drought," *CNN Business*, August 18, 2022, https://www.cnn.com/2022/08/17/business/west-drought-farmers-survey-climate/index.html.

3. Unilever plc, "Unilever Chairman Antony Burgmans Calls for Action on Food Safety and Sustainable Agriculture," news release, April 11, 2002, http://www.unilever.com/mediacentre/pressreleases/2002/safety.aspx.

4. Reuters, "Factbox: Why Low Water Levels on the Rhine River Hurt Germany's Economy," *Reuters*, August 16, 2022, https://www.reuters.com/business/environment/why-low-water-levels-rhine-river-hurt-germanys-economy-2022-08-15

5. Julia Jacobo, "Barges Idling along Mississippi River Sign of Supply Chain Woes to Come Should Drought Worsen. Experts," *ABC News*, October 10, 2022, https://abcnews.go.com/US/barges-idling-mississippi-river-sign-supply-chain-woes/story?id=91300170.

6. Maya Yang, "Barges Stranded as Mississippi River Water Levels Reach Critical Low," *Guardian*, October 14, 2022, https://www.theguardian.com/us-news/2022/oct/14/

mississippi-river-boats-barges-water-levels.

7. Muhammad Yunus, "After the Savar Tragedy, Time for an International Minimum Wage," *Guardian*, May 12, 2013, https://www.theguardian.com/commentisfree/2013/may/12/savar-bangladesh-international-minimum-wage.

8. Steven Greenhouse, "Some Retailers Rethink Role in Bangladesh," *New York Times*, May 2, 2013, https://www.nytimes.com/2013/05/02/business/some-retailers-rethink-their-role-in-bangladesh.html.

9. Tripti Lahiri and Syed Zain Al-Mahmood, "Wal-Mart's Bangladesh Fire: How Rules Went Astray," *Wall Street Journal*, December 6, 2012, https://www.wsj.com/articles/SB10001424127887323401904578159512118148362.

10. Yossi Sheffi and Edgar Blanco, *Balancing Green: When to Embrace Sustainability in Business (And When Not To)*, (Cambridge, Mass.: MIT Press, 2018), 388.

11. Intel Corporation, "Intel at 50: Conflict-Free Minerals," news release, July 3, 2018, https://newsroom.intel.com/news/intel-50-conflict-free-minerals/#gs.n0qual.

12. Nicholas Kulish and Julia Werdigier, "Ikea Admits Forced Labor Was Used in 1980s," *New York Times*, November 16, 2012, https://www.nytimes.com/2012/11/17/business/global/ikea-to-report-on-allegations-of-using-forced-labor-during-cold-war.html; Edward Kasabov and Alex Warlow, *The Compliance Business and Its Customers: Gaining Competitive Advantage by Controlling Your Customers* (Basingstoke, UK: Palgrave Macmillan, 2012), 91.

13. "IWAY Standard. Minimum Requirements for Environment and Social & Working Conditions When Purchasing Products, Materials, and Services," IKEA Supply AG, 2012.

14. "IWAY – IKEA Supplier Requirements," Inter IKEA Systems B.V., accessed December 19, 2022, https://about.ikea.com/en/work-with-us/for-suppliers/iway-our-supplier-code--of-conduct.

15. "Global Industrial Giant Siemens Says Procurement

Improvements Driving Billions (with a B) to the Bottom Line," *Supply Chain Digest*, December 5, 2012, https://www.scdigest.com/ontarget/12-12-05-2.php?cid=6511.

16. Siemens AG, "Energy Efficiency for Customers" (Webinar, Munich, June 27, 2012).

17 Sheffi and Blanco, *Balancing Green*, 93.

18. Reuters, "Global Carbon Emissions Rise to New Record in 2013: Report," *Reuters*, November 18, 2013, https://www.reuters.com/article/us-global-carbon-emissions-idUSBRE9AI00A20131119.

19 Siemens AG, "Energy Efficiency Program," accessed January 18, 2023, https://www.siemens.com/global/en/company/about/businesses/real-estate/info-center/siemens-energy-efficiency-program.html.

20. Sheffi and Blanco, *Balancing Green*, 93.

21 Sheffi and Blanco, *Balancing Green*, 93–94.

22 Pilita Clark, "A World without Water," *Financial Times*, July 14, 2014, http://www.ft.com/cms/s/2/8e42bdc8-0838-11e4-9afc-00144feab7de.html.

23. Nestlé S.A., "Zero Water," June 2017, https://www.nestle-esar.com/stories/zero-water-factory.

24. Nestlé S.A., "Nestlé CDP Answers – Water Security 2021," March 2022, https://www.nestle.com/sites/default/files/2022-03/cdp-nestle-answers-water-security-2021.pdf.

25. Ken Jennison, "Nestlé Factory to Reduce Water Consumption 15%," *Environment + Energy Leader* (blog), October 27, 2014, http://www.environmentalleader.com/2014/10/27/nestle-factory-to-reduce-water-consumption-15.

26. Nestlé S.A., "Nestlé CDP Answers – Water Security 2021."

27. Nestlé S.A., "Zero Water ".

28. Nestle Russia LLS, "Creating Shared Value and Sustainability Report," 2021, 13, https://ru.factory.nestle.com/sites/g/files/

pydnoa571/files/2021-11/Nestle%20Russia%20CSV%20and%20
Sustainability%20report%202020-2021.pdf.

29. Deanne Toto, "Striving Higher," *Recycling Today*,
     Summer 2020, https://www.recyclingtoday.com/article/
     hp-striving-higher-recycled-plastics.

30. Hewlett-Packard Company, "HP Planet Partners – Supplies
     Recycling Program," November 15, 2022, https://www.hp.com/
     us-en/hp-information/recycling/ink-toner.html.

31. Four Elements Consulting LLC, "Life Cycle Environmental Impact
     Assessment: Recycled vs Virgin Plastic Used in Manufacturing
     Original HP Ink Cartridges" (Palo Alto, Calif.. Hewlett-Packard
     Company, October 2010), https://www.hp.com/hpinfo/newsroom/
     press_kits/2010/ecoachievement/RPET_LCA_whitepaper.pdf.

32. Leon Kaye, "Hewlett Packard's Long Path towards a
     Closed Loop Recycling System," *Guardian*, May 16, 2012,
     https://www.theguardian.com/sustainable-business/
     hewlett-packard-closed-loop-recycling.

33. Johnson Controls International plc, "Make an Impact This Earth
     Day and Recycle Your Vehicle's Old Battery," *News Release*, April
     19, 2016, https://www.johnsoncontrols.com/media-center/news/
     press-releases/2016/04/19/make-an-impact-this-earth-day-and-
     recycle-your-vehicles-old-battery.

34. Karen Norton, "Rising Lead Recycling Costs May Prompt
     Cutbacks," *Reuters*, March 26, 2012, https://www.reuters.com/
     article/us-metals-lead-environment-idUSBRE82P0HC20120326.

35. Gary Gereffi and Stacey Frederick, "The Global Apparel Value
     Chain, Trade and the Crisis: Challenges and Opportunities
     for Developing Countries," Policy Research Working Paper
     (Washington, D.C.. World Bank, April 2010), http://www-wds.
     worldbank.org/external/default/WDSContentServer/WDSP/IB/201
     0/04/27/000158349_20100427111841/Rendered/PDF/WPS5281.pdf.

36. Alessandro Nicita, "Who Benefits from Export-Led Growth?
     Evidence from Madagascar's Textile and Apparel Industry,"
     Journal of African Economies 17, no. 3 (2008): 465–89, https://doi.

org/10.1093/jae/ejm030; Alessandro Nicita and Susan Razzaz, "Who Benefits and How Much? How Gender Affects Welfare Impacts of a Booming Textile Industry," Policy Research Working Paper (Washington, D.C.: World Bank, April 2003), https:// www-wds.worldbank.org/external/default/WDSContentServer/ WDSP/IB/2010/04/27/000158349_20100427111841/Rendered/PDF/ WPS5281.pdf.

37. Sarah Murray, "Fixing the Fashion Industry," *National Resources Defense Council Blog*, January 5, 2016, https://www.nrdc.org/ stories/fixing-fashion-industry.

12. 波动性、不确定性、复杂性和模糊性

1. Warren G. Bennis and Burt Nanus, *Leaders: The Strategies for Taking Charge* (New York: Harper & Row, 1985).

2. "EU Natural Gas," Trading Economics, accessed January 18, 2023, https://tradingeconomics.com/commodity/eu-natural-gas.

3. Kaamil Ahmed, "UN Warns Russian Blockade of Ukraine's Grain Exports May Trigger Global Famine," *Guardian*, March 18, 2022, https://www theguardian.com/global-development/2022/mar/18/ un-warns-russian-blockade-of-ukraines-grain-exports-may- trigger-global-famine.

4. Marshall Fisher, "What Is the Right Supply Chain for Your Product?," *Harvard Business Review*, March–April 1997, 105–116, https://hbr.org/1997/03/ what-is-the-right-supply-chain-for-your-product.

5. Amazon.com Inc., "The History of Amazon's Forecasting Algorithm," Amazon Science, August 9, 2021, https://www.amazon.science/latest-news/ the-history-of-amazons-forecasting-algorithm.

6. Hau L. Lee, V. Padmanabhan, and Seungjin Whang, "The Bullwhip Effect in Supply Chains," *MIT Sloan Management Review*, April 15, 1997, 93–102, https://sloanreview.mit.edu/article/ the-bullwhip-effect-in-supply-chains.

7. Janice Hammond, "Barilla SpA (A)," Harvard Business Case Study 9-694-046 (Boston. Harvard Business School, May 1994).

8. "Chain Reaction," *The Economist*, February 2, 2002, https://www.economist.com/special-report/2002/02/02/chain-reaction.

9. Jan Fransoo, Robert Peels, and Maximiliano Udenio, "Supply Chain Dynamics Have Major Impact on Course of Credit Crisis" (Academia, August 2010), https://www.academia.edu/62803086/Supply_chain_dynamics_have_major_impact_on_course_of_credit_crisis.

10. Robert Peels et al., "Responding to the Lehman Wave: Sales Forecasting and Supply Management during the Credit Crisis," Beta Research School for Operations Management and Logistics (Eindhoven, Netherlands: Eindhoven University of Technology, December 2009), 7, https://www.researchgate.net/publication/228718119_Responding_to_the_Lehman_wave_sales_forecasting_and_supply_management_during_the_credit_crisis.

13. 建立韧性

1 该指标在 1997 年至 2001 年间稳定在 1.43 左右，到 2013 年底下降到 1.30，在疫情初期回升至 1.45，但在 2021 年的供应短缺期间再次下降，并在 2022 年底再次上升。参见 US Census Bureau, "Manufacturing and Trade Inventories and Sales, November 2022," news release no. CB23-07, January 18, 2023, https://www.census.gov/mtis/www/data/pdf/mtis_current. pdf。

2. David Meyer, "The Biggest Corporate Victim of Europe's Energy Crisis May Be a $93 Billion Chemical Giant Whose Flagship Plant Uses as Much Gas as Switzerland," *Fortune*, October 25, 2022, https://fortune.com/2022/10/25/basf-russia-gas-ukraine-europe-energy-crisis.

3. MWPVL International Inc., "The Walmart Distribution Center Network in the United States," 2023, https://www.mwpvl.com/html/walmart.html; GlobalData, "Number of Walmart Stores in the US (FY2016–FY2022)," September 2022, https://www.

globaldata.com/data-insights/retail-and-wholesale/number-of-walmart-stores-in-the-us/#:~:text=By%20the%20end%20of%20FY2022,4%2C743%20operational%20stores%20in%202021.

4. Jackie Sturm, Corporate Vice President, Global Supply Chain Operations, Intel Corporation, interview by Yossi Sheffi, July 31, 2012.

5. Valerie Reitman, "Toyota Motor Shows Its Mettle After Fire Destroys Parts Plant," *Wall Street Journal*, May 8, 1997, https://www.wsj.com/articles/SB863043244663561500.

6. Toshihiro Nishiguchi and Alexandre Beaudet, "The Toyota Group and the Aisin Fire," *MIT Sloan Management Review*, October 15, 1998, 49–59, https://sloanreview.mit.edu/article/the-toyota-group-and-the-aisin-fire.

7. Reitman, "Toyota Motor Shows Its Mettle."

8. Mike Duffy, CEO, C&S Wholesale Grocers, interview by Yossi Sheffi, June 4, 2020.

9. Russell Redmann, "C&S Wholesale Grocers Partners with US Foods and Performance Food Group as Coronavirus Disrupts Jobs," *Supermarket News*, March 24, 2020, https://www.supermarketnews.com/retail-financial/cs-wholesale-grocers-us-foods-partner-coronavirus-disrupts-jobs.

10. Albertsons Companies, "Albertsons Companies Partners with Major Businesses to Offer Part-Time Jobs to Their Furloughed Employees," news release no. IR 3.3.0, March 23, 2020, https://www.albertsonscompanies.com/newsroom/part-time-jobs-to-furloughed-employees.html.

11. Duffy.

12. Bindiya Vakil, CEO, Resilinc Corporation, interview by Sheffi Yossi, June 11, 2020.

13. Ravi Anupindi, "Supply Chain Risk Management at Cisco: Response to H1N1," Case Study (Ann Arbor, Mich.. WDI Publishing, July 17, 2012), https://wdi-publishing.com/product/supply-chain-risk-management-at-cisco-response-to-h1n1/

14. Vakil.

15. Resilinc Corporation, "Resilinc Unveils Streamlined AI Powered EventWatch® as an Entry Level Solution for Supply Chain Risk Management," news release, October 22, 2018, https://www.resilinc.com/global-disruptions/resilinc-unveils-streamlined-ai-powered-eventwatch-as-an-entry-level-solution-for-supply-chain-risk-management.

16. Vakil.

17. Tom Linton, Chief Procurement and Supply Chain Officer, Flex, interview by Yossi Sheffi, July 30, 2012.

18. Flextronics International Ltd., "Flextronics Unveils Flex Pulse™ – A Software-Based, Real Time, Comprehensive Mobile View Into Supply Chain Events," news release, July 7, 2015, https://www.prnewswire.com/news-releases/flextronics-unveils-flex-pulse---a-software-based-real-time-comprehensive-mobile-view-into-supply-chain-events-300109705.html.

19. Lynn Torrel, Chief Procurement and Supply Chain Officer, Flex, interview by Yossi Sheffi, June 1, 2020.

20. Ralf Busche, Senior Vice President, Global Supply Chain Strategy & Management, BASF Group, interview by Yossi Sheffi, June 8, 2020.

21. World Economic Forum, "How to Rebound Stronger from COVID-19: Resilience in Manufacturing and Supply Systems," May 2020, https://www.weforum.org/whitepapers/how-to-rebound-stronger-from-covid-19-resilience-in-manufacturing-and-supply-systems.

22. Nghi Luu, "The Cisco Method" (Advancing Supply Chain Risk Management: Emerging Challenges and Strategies, MIT Center for Transportation & Logistics, Cambridge, Mass., October 10, 2012).

23. Elizabeth Olson, "Globalization Is Said to Cause Job Losses," *International Herald Tribune*, June 21, 2000.

24. Indiana Lee, "Understanding the Environmental Impact of Local Sourcing," *EuroScientist* (blog), February 8, 2021, https://www.euroscientist.com/environmental-impact-local-sourcing.

25. Dani Rodrik, "Why Does Globalization Fuel Populism? Economics, Culture, and the Rise of Right-Wing Populism," *Annual Review of Economics* 13, no. 1 (2021): 133–70, https://doi.org/ 10.1146/ annurev-economics-070220-032416.

26. Thierry Verdier et al., "Globalisation and the Economic Geography of Social Activism," *VoxEU*, Centre for Economic Policy Research, July 30, 2021, https://cepr org/voxeu/columns/ globalisation-and-economic-geography-social-activism.

27 Yossi Sheffi, "Operational Advantages," in *Logistics Clusters: Delivering Value and Driving Growth* (Cambridge, Mass.. MIT Press, 2012), 87–120.

28. Yang Jie, "TSMC's Arizona Chip Plant, Awaiting Biden Visit, Faces Birthing Pains," *Wall Street Journal*, December 5, 2022, https:// www.wsj.com/articles/tsmcs-arizona-chip-plant-awaiting-biden-visit-faces-birthing-pains-11670236129.

29. Busche.

14. 机器人的来临：即将到来的灾难？

1 World Economic Forum, "The Future of Jobs Report 2020," October 20, 2020, 29, https://www.weforum.org/reports/ the-future-of-jobs-report-2020/digest.

2. "Which Workers Are the Most Affected by Automation and What Could Help Them Get New Jobs?," *WatchBlog*, US Government Accountability Office, August 23, 2022, https://www.gao.gov/blog/ which-workers-are-most-affected-automation-and-what-could-help-them-get-new-jobs.

3. Kai Chi Yam et al., "The Rise of Robots Increases Job Insecurity and Maladaptive Workplace Behaviors: Multimethod Evidence.," *Journal of Applied Psychology* (2022), advance online publication, https://doi.org/10.1037/apl0001045.

4. Luigi Pascali, "Globalisation and Economic Development: A Lesson from History," *Economic History Society* (blog), August 24, 2017, https://ehs.org.uk/

globalisation-and-economic-development-a-lesson-from-history.

5. L. Ceci, "Number of Apps from the Apple
    App Store 2022," November 14, 2022, Statista,
    https://www.statista.com/statistics/268251/
    number-of-apps-in-the-itunes-app-store-since-2008/.

6. John H. Gormley Jr., "Train Campaign Takes on Trucks," *The Sun*
    (Baltimore), May 26, 1991, 1D.

7. Klaus Schwab, *The Fourth Industrial Revolution* (New York: Crown
    Business, 2016).

8. World Economic Forum, "Future of Jobs Report 2020," 29.

9. Lawrence H. Summers, "Accepting the Reality of Secular
    Stagnation," *Finance & Development* 57, no. 1 (2020):
    17–19, https://www.imf.org/en/Publications/fandd/
    issues/2020/03/larry-summers-on-secular-stagnation;
    Paul Krugman, "Secular Stagnation, Coalmines, Bubbles,
    and Larry Summers," *The Conscience of a Liberal,* (blog),
    New York Times, November 16, 2013, https://archive.
    nytimes.com/krugman.blogs.nytimes.com/2013/11/16/
    secular-stagnation-coalmines-bubbles-and-larry-summers.

10. Thomas Frey, "Demystifying the Future," *Journal of
    Environmental Health* 74, no. 10 (2012): 38–40.

11. Zofia Grodek-Szostak et al., "The Impact of Industry 4.0 on the
    Labor Market," in *2020 61st International Scientific Conference
    on Information Technology and Management Science of Riga
    Technical University (ITMS)* (Riga, Latvia: Institute of Electrical
    and Electronics Engineers, 2020), 1–5, https://doi.org/ 10.1109/
    ITMS51158.2020.9259295.

12. "Warehouse Employee Demographics and Statistics: Number
    Of Warehouse Employees In The US," Zippia, January 29, 2021,
    https://www.zippia.com/warehouse-employee-jobs/demographics.

13. Karen Hao, "A New Generation of AI-Powered Robots Is
    Taking over Warehouses," *MIT Technology Review,* August 6,
    2021, https://www.technologyreview.com/2021/08/06/1030802/
    ai-robots-take-over-warehouses.

14. "Robot Hand Is Soft and Strong," Education, *Robotics @ MIT* (blog), Massachusetts Institute of Technology, March 16, 2019, https://robotics.mit.edu/robot-hand-soft-and-strong.

15. Jason Del Rey, "Amazon's Robots Are Getting Closer to Replacing Human Hands," *Recode, Vox,* September 27, 2022, https://www.vox.com/recode/2022/9/27/23373588/amazon-warehouse-robots-manipulation-picker-stower.

16. Danielle Paquette, "He's One of the Only Humans at Work — and He Loves It," *Washington Post*, September 23, 2018, https://www.washingtonpost.com/world/asia_pacific/hes-one-of-the-only-humans-at-work--and-he-loves-it/2018/09/09/71392542-9541-11e8-8ffb-5de6d5e49ada_story.html.

17 Jon Bird, "Chilling Or Thrilling? JD.Com Founder Envisions A '100%' Robot Workforce," *Forbes*, April 27, 2018, https://www.forbes.com/sites/jonbird1/2018/04/27/chilling-or-thrilling-jd-coms-robotic-retail-future/?sh=9c0c6e57fcf3.

18. Cade Metz, "The Long Road to Driverless Trucks," *New York Times*, September 28, 2022, https://www.nytimes.com/2022/09/28/business/driverless-trucks-highways.html.

19 Quoctrung Bui, "Map: The Most Common* Job In Every State," *NPR*, February 5, 2015, https://www.npr.org/sections/money/2015/02/05/382664837/map-the-most-common-job-in-every-state.

20. Pete Ortiz, "10 Trucking Industry Statistics and Facts US – 2023 Update," *House Grail* (blog), January 13, 2023, https://housegrail.com/trucking-industry-statistics.

21. Jody Rosen, "The Knowledge, London's Legendary Taxi-Driver Test, Puts Up a Fight in the Age of GPS," *New York Times*, November 10, 2014, https://www.nytimes.com/2014/11/10/t-magazine/london-taxi-test-knowledge.html.

22. US Bureau of Agricultural Economics, *Horses, Mules, and Motor Vehicles: Year Ended March 31, 1924 with Comparable Data for Earlier Years*, US Department of Agriculture Statistical Bulletin 5 (Washington, D.C.. US Government Printing Office, 1925), 31.

23.   Carolyn Dmitri, Anne Effland, and Neilson Conklin, "The 20th Century Transformation of US Agriculture and Farm Policy," Economic Information Bulletin (Washington, D.C.. US Department of Agriculture, Economic Research Service, June 2005), 2, https://www.ers.usda.gov/webdocs/publications/44197/13566_eib3_1_.pdf.

24.   Ian D. Wyatt and Daniel E. Hecker, "Occupational Changes during the 20th Century," *Monthly Labor Review* 129, no. 3 (2006): 47, https://www.bls.gov/opub/mlr/2006/03/art3full.pdf.

25.   "Just Walk Out," Just Walk Out: Technology by Amazon, accessed December 26, 2022, https://justwalkout.com.

26.   Heather Kelly, "Small Businesses Turned to Technology to Survive the Pandemic. But It May Not Be Enough," *Washington Post*, June 22, 2020, https://www.washingtonpost.com/technology/2020/06/22/small-business-tech-pandemic.

27.   Yossi Sheffi, *The New (Ab)Normal: Reshaping Business and Supply Chain Strategy Beyond Covid-19* (Cambridge, Mass.: MIT CTL Media, 2020), 219–21.

28.   Archives & Library Staff @ The Henry Ford, "Q. Do You Have Ford Motor Company Employment Totals by Year?," Henry Ford Museum of American Innovation, September 6, 2022, https://askus.thehenryford.org/faq/375645.

29.   Ogranisation for Economic Co-Operation and Development, "Enterprises and Employment in Tourism," OECD.stat, accessed February 15, 2023, https://stats.oecd.org/index.aspx?DataSetCode=TOURISM_ENTR_EMPL.

30.   Dmitri, Effland, and Conklin, "The 20th Century Transformation of US Agriculture and Farm Policy," 36–37, 47.

31.   Fred Lamond, "Europeans Blame Computers," *Datamation*, November 1978, 107.

32.   Kevin Rawlinson, "Microsoft's Bill Gates Insists AI Is a Threat," *BBC News*, January 29, 2015, https://www.bbc.com/news/31047780.

15. 作为同事而非竞争者的机器人

1. Jay Dixon, Bryan Hong, and Lynn Wu, "The Robot Revolution: Managerial and Employment Consequences for Firms," *Management Science* 67, no. 9 (2021): 5586–5605, https://doi.org/10.1287/mnsc.2020.3812.

2 Karen Hao, "A New Generation of AI-Powered Robots Is Taking over Warehouses," *MIT Technology Review*, August 6, 2021, https://www.technologyreview.com/2021/08/06/1030802/ai-robots-take-over-warehouses.

3. H. James Wilson and Paul R. Daughtery, "Collaborative Intelligence: Humans and AI Are Joining Forces," *Harvard Business Review*, July 2018, 114–123, https://hbr.org/2018/07/collaborative-intelligence-humans-and-ai-are-joining-forces.

4. Silvia Grosso et al., "Prevalence and Reasons for Non-nursing Tasks as Perceived by Nurses: Findings from a Large Cross-sectional Study," *Journal of Nursing Management* 29, no. 8 (2021): 2671, https://doi.org/10.1111/jonm.13451.

5. Jennifer Baldino Bonett, "Meet 'Moxi' – Robotic Hospital Helper to Give Nurses More Time to Do What They Do Best," *ChristianaCare News*, May 24, 2022, https://news.christianacare.org/2022/05/meet-moxi-robotic-hospital-helper-to-give-nurses-more-time-to-do-what-they-do-best.

6. Henry Ford, *My Life and Work* (Garden City, N.Y.: Garden City Publishing Company, 1922), 80.

7. "Look Back on 10 Years of Amazon Robotics," About Amazon, June 21, 2022, https://www.aboutamazon.com/news/operations/10-years-of-amazon-robotics-how-robots-help-sort-packages-move-product-and-improve-safety.

8. Daniela Coppola, "Number of Amazon.com Employees from 2007 to 2022," February 2023, Statista, https://www.statista.com/statistics/234488/number-of-amazon-employees/#:~:text=Amazon's%20headcount%20peaked%20in%202021,the%20number%20dropped%20to%20

1%2C541%2C000.

9.   Wilson and Daughtery, "Collaborative Intelligence," 120–21.

10. "Why Mercedes Is Firing Robots And Hiring Humans," *Outlook India*, July 18, 2022, https://www.outlookindia.com/business/why-mercedes-is-firing-robots-and-hiring-humans-news-210084.

11   "Exoskeleton Suits Turn Car Factory Workers Into Human Robots," *Bloomberg*, October 16, 2020, https://www.bloomberg.com/news/articles/2020-10-16/exoskeleton-suits-turn-car-factory-workers-into-human-robots.

12. Meri Stevens, Worldwide Vice President, Supply Chain, Consumer Health and Deliver, Johnson & Johnson, interview by Yossi Sheffi, June 4, 2020.

13. Kevin McCaney, "Bots Aren't People, But Should HR Treat Them Like They Are?," GovernmentCIO, accessed January 19, 2023, https://governmentciomedia.com/bots-arent-people-should-hr-treat-them-they-are.

14. David Diamond, "The Trucker & The Professor," *Wired*, December 2001, 166–73, https://www.wired.com/2001/12/sheffi/.

15. Dwyer Gunn, "AI Improves Translation, Facilitates International Trade," *The Digest*, National Bureau of Economic Research, November 2018, https://www.nber.org/digest/nov18/ai-improves-translation-facilitates-international-trade; MIT Institute for Work and Employment Research, "A Dance with Technology· Automation and Tomorrow's Jobs," MIT Sloan School of Management, accessed January 19, 2023, https://mitsloan.mit.edu/institute-work-and-employment-research/a-dance-technology-automation-and-tomorrows-jobs.

16. Erik Brynjolfsson, Xiang Hui, and Meng Liu, "Artificial Intelligence Can Transform the Economy," *Washington Post*, September 18, 2018, https://www washingtonpost.com/opinions/artificial-intelligence-can-transform-the-economy/2018/09/18/50c9c9c8-bab8-11e8-bdc0-90f81cc58c5d_story.html.

17 "How Many Translators Are There in the World?," *Translation News* (blog), Universal Translation Services, July 23, 2020, https://www.universal-translation-services.com/how-many-translators-are-there-in-the-world.

18. Wilson and Daughtery, "Collaborative Intelligence," 120–21.

19. Melissa Heikkilä, "AI Models Spit out Photos of Real People and Copyrighted Images," *MIT Technology Review*, February 3, 2023, https://www.technologyreview.com/2023/02/03/1067786/ai-models-spit-out-photos-of-real-people-and-copyrighted-images.

20. Kevin Roose, "Bing's A.I. Chat: 'I Want to Be Alive,'" *New York Times*, February 16, 2023, https://www.nytimes.com/2023/02/16/technology/bing-chatbot-transcript.html.

21. David Smerdon, Twitter thread, January 27, 2023, 1:42 PM, https://twitter.com/dsmerdon/status/1618816703923912704.

22. Clayton M. Christensen, *The Innovator's Dilemma: When New Technologies Cause Great Firms to Fail*, The Management of Innovation and Change Series (Boston: Harvard Business School Press, 1997).

16. 仅有技术是不行的

1. Jon Bird, "Chilling Or Thrilling? JD.Com Founder Envisions A '100%' Robot Workforce," *Forbes*, April 27, 2018, https://www.forbes.com/sites/jonbird1/2018/04/27/chilling-or-thrilling-jd-coms-robotic-retail-future/?sh=9c0c6e57fcf3.

2. "JD Revenue 2013-2022," Macrotrends, accessed December 26, 2022, https://www.macrotrends.net/stocks/charts/JD/jd/revenue.

3. "Which Workers Are the Most Affected by Automation and What Could Help Them Get New Jobs?," *WatchBlog*, US Government Accountability Office, August 23, 2022, https://www.gao.gov/blog/which-workers-are-most-affected-automation-and-what-could-help-them-get-new-jobs.

4. Bill Vaughan, "Senator Soaper," *Free Lance-Star* (Fredericksburg, Va.), April 2, 1969, 1.

5. Lilly Milman, "How Moderna's CDO Leverages Software & Automation for Speed," *Innovation Leader*, April 13, 2021, https://www.innovationleader.com/healthcare/how-modernas-cdo-leverages-software-automation-for-speed.

6. *Ibid.*

7 Andy Greenberg, "The Untold Story of NotPetya, the Most Devastating Cyberattack in History," *Wired*, August 22, 2018, https://www.wired.com/story/notpetya-cyberattack-ukraine-russia-code-crashed-the-world.

8. Milman, "How Moderna's CDO Leverages Software & Automation for Speed."

9. Yossi Sheffi, *The Power of Resilience: How the Best Companies Manage the Unexpected* (Cambridge, Mass.: MIT Press, 2015), 53–72.

10. Olivia Solon, "How A Book About Flies Came To Be Priced $24 Million On Amazon," *Wired*, April 27, 2011, https://www.wired.com/2011/04/amazon-flies-24-million.

11 Charlie Sorrel, "What Happens When An Overly Polite Self-Driving Car Faces Off With A Cyclist?," *Fast Company*, September 2, 2015, https://www.fastcompany.com/3050556/what-happens-when-an-overly-polite-self-driving-car-faces-off-with-a-cyclist.

12. Charlie Sorrel, "Human Drivers Are Totally Going To Take Advantage Of Self-Driving Cars," *Fast Company*, https://www.fastcompany.com/3048168/human-drivers-are-totally-going-to-take-advantage-of-self-driving-cars.

13. Sheffi, *Power of Resilience*, 111–12.

14. Sharon Terlep, "Americans Have Too Much Toilet Paper. Finally, Sales Slow," *Wall Street Journal*, April 13, 2021, https://www.wsj.com/articles/americans-have-too-much-toilet-paper-it-is-catching-up-to-companies-11618306200.

15. Madison Malone Kircher, "If You Want These Birkenstocks, You May Have to Pay Up," *New York Times*, October 11, 2022, https://www.nytimes.com/2022/10/11/style/birkenstock-boston-clog.html.

16. Lynn Torrel, Chief Supply Chain and Procurement Officer, Flex, interview by Yossi Sheffi, June 1, 2020.

17. Lynn Torrel, Chief Supply Chain and Procurement Officer, Flex, interview by Yossi Sheffi, July 28, 2020.

18. AkzoNobel NV, "How the 2021 Raw Materials Shortage Improved Our Forecasting," accessed January 3, 2023, https://www.akzonobel.com/en/careers/our-people/raw-materials-shortage-improves-forecasting.

19. "Chasing Chips: GM's Ace in the Hole," *Automotive News*, April 22, 2011, https://www.autonews.com/article/20110425/OEM02/304259930/chasing-chips-gm-s-ace-in-the-hole.

20. Marc S. Reisch, "Explosion At German Chemical Plant Kills Two," *Chemical & Engineering News*, April 2, 2012, https://cen.acs.org/articles/90/web/2012/04/Explosion-German-Chemical-Plant-Kills.html.

21. Joseph Chang, "Plastics in US Autos Surge," Gulf Petrochemicals & Chemicals Association, August 9, 2021, https://www.gpca.org.ae/2021/08/09/plastics-in-us-autos-surge.

22. Craig Trudell, Saijel Kishan, and Keith Naughton, "Auto Supplier Warns of Resin Shortage Hurting Global Output," *Bloomberg*, April 13, 2012, https://www.bloomberg.com/news/articles/2012-04-13/auto-supplier-warns-of-resin-shortage-disrupting-output; Melissa Burden, "Auto Group Looks for Ways to Work around Resin Shortage," *Detroit News*, April 19, 2012.

23. Burden, "Auto Group Looks for Ways to Work around Resin Shortage"; Jeff Bennett and Jan Hromadko, "Nylon-12 Haunts Car Makers," *Wall Street Journal*, April 17, 2012, http://online.wsj.com/article/SB10001424052702304432704577349883297625686.html; Dustin Walsh, "Auto Industry Tries to Head off Resin Shortage, but What Can It Do?," *Crain's Detroit Business*, April 17, 2012, https://www.crainsdetroit.com/article/20120417/BLOG012/120419913/auto-industry-tries-to-head-off-resin-shortage-but-what-can-it-do; "US: Swift Tier 1 Response to Nylon 12 Crisis Praised by AIAG," *Just Auto*, May 21, 2012, https://www.just-auto.com/news/

us-swift-tier-1-response-to-nylon-12-crisis-praised-by-aiag.

24. Craig Trudell, "Automakers to Speed Parts-Validation Process on Resin Shortage," *Bloomberg Businessweek*, April 24, 2012, https://www.bloomberg.com/news/articles/2012-04-24/automakers-to-speed-parts-validation-process-on-resin-shortage.

25. Alexander H. Tullo, "Inside the Race to Replace Nylon 12," *Chemical & Engineering News*, February 18, 2013, 30, https://cen.acs.org/articles/91/i7/Inside-Race-Replace-Nylon-12.html.

26. James Currier, "How Generative AI Will Supercharge Productivity," *Fast Company*, January 20, 2023, https://www.fastcompany.com/90836481/how-generative-ai-will-supercharge-productivity.

17. 未来趋势

1. Intergovernmental Panel on Climate Change, "Summary for Policymakers," in *Climate Change 2022: Impacts, Adaptation, and Vulnerability. Contribution of Working Group II to the Sixth Assessment Report of the Intergovernmental Panel on Climate Change*, ed. Hans-Otto Pörtner et al. (Cambridge: Cambridge University Press, 2022), 12.

2. United Nations General Assembly, Report of the Secretary-General 76/668, Peacebuilding and Sustaining Peace, A/76/668, ¶ 3 (January 28, 2022), https://undocs.org/en/A/76/668.

3   Wolfgang Fengler, Homi Kharas, and Juan Caballero, "The Forgotten 3 Billion," *Brookings* (blog), Brookings Institution, October 21, 2022, https://www.brookings.edu/blog/future-development/2022/10/21/the-forgotten-3-billion.

4. World Health Organization, "Ageing and Health," October 1, 2022, https://www.who.int/news-room/fact-sheets/detail/ageing-and-health.

5. "Population Ageing in China: Crisis or Opportunity?," editorial, *The Lancet* 400, no. 10366 (2022): 1821, https://doi.org/10.1016/S0140-6736(22)02410-2.

6. United Nations Department of Economic and Social Affairs, Population Division, "World Population Prospects 2022: Summary of Results," 2022, https://www.un.org/development/desa/pd/sites/www.un.org.development.desa.pd/files/wpp2022_summary_of_results.pdf.

7. World Bank, "Fertility Rate, Total (Births per Woman)," accessed February 16, 2023, https://data.worldbank.org/indicator/SP.DYN.TFRT.IN.

8. Joseph F Coughlin, *The Longevity Economy: Unlocking the World's Fastest-Growing, Most Misunderstood Market* (New York: PublicAffairs, 2017), 6.

9. Joseph F Coughlin, James E. Pope, and Ben R. Leedle Jr., "Old Age, New Technology, and Future Innovations in Disease Management and Home Health Care," *Home Health Care Management & Practice* 18, no. 3 (2006): 196–207, https://doi.org/10.1177/1084822305281955.

10. Chris Reiter, "Germany's Aging Population Means 5 Million Fewer Workers," *Bloomberg*, January 11, 2022, https://www.bloomberg.com/news/articles/2022-01-11/germany-s-aging-population-means-5-million-fewer-workers-chart.

11. Jeff O'Heir, "Robots Replace Workers in Countries with Aging Workforce," American Society of Mechanical Engineers, January 18, 2022, https://www.asme.org/topics-resources/content/robots-replace-aging-workers.

12. McKinsey & Company, "What Is Industry 4.0 and the Fourth Industrial Revolution?," August 17, 2022, https://www.mckinsey.com/featured-insights/mckinsey-explainers/what-are-industry-4-0-the-fourth-industrial-revolution-and-4ir

13. European Commission, Directorate General for Research and Innovation et al., "Industry 5.0: Towards a Sustainable, Human Centric and Resilient European Industry." (Luxembourg: Publications Office of the European Union, 2021), 6–7, https://data.europa.eu/doi/10.2777/308407.

14. Peter Grant, "U.S. Return-to-Office Rates Hit Pandemic High as

More Employers Get Tougher," *Wall Street Journal*, September 19, 2022, https://www.wsj.com/articles/u-s-return-to-office-rates-hit-pandemic-high-as-more-employers-get-tougher-11663535754.

15. Janna Anderson and Lee Rainie, "Stories From Experts About the Impact of Digital Life" (Washington, D.C.: Pew Research Center, June 2018), 46–79, https://www.pewresearch.org/internet/wp-content/uploads/sites/9/2018/07/PI_2018.07.03_Stories-About-Digital-Life_FINAL-with-table.pdf.

16. Monica Anderson et al., "The State of Gig Work in 2021," Pew Research Center, December 8, 2021, https://www.pewresearch.org/internet/wp-content/uploads/sites/9/2018/07/PI_2018.07.03_Stories-About-Digital-Life_FINAL-with-table.pdf.

17. World Economic Forum, "The Future of Jobs Report 2020," October 20, 2020, 30, https://www.weforum.org/reports/the-future-of-jobs-report-2020/digest.

18. *Ibid.*

19 Mercedes Delgado and Karen G. Mills, "The Supply Chain Economy: A New Industry Categorization for Understanding Innovation in Services," *Research Policy* 49, no. 8 (2020): 104039, https://doi.org./10.1016/j.respol.2020.104039.

20. World Commission on Environment and Development, *Our Common Future* (Oxford: Oxford University Press, 1987), 8.

21. Tim Fountaine, Brian McCarthy, and Tamim Saleh, "Building the AI-Powered Organization," *Harvard Business Review*, July 2019, 64, https://hbr.org/2019/07/building-the-ai-powered-organization.

22. Bob Violino, "Wal-Mart Draws Line in the Sand," *RFID Journal*, June 12, 2003, https://www.rfidjournal.com/wal-mart-draws-line-in-the-sand.

23. Bob Violino, "Wal-Mart Spells Out RFID Vision," *RFID Journal*, June 15, 2003, https://www.rfidjournal.com/wal-mart-spells-out-rfid-vision.

24. Sharon Gaudin, "Some Suppliers Gain from Failed Wal-Mart RFID Edict," *Computerworld*, April 28, 2008, https://www

computerworld.com/article/2551910/some-suppliers-gain-from-failed-wal-mart-rfid-edict.html.

25 Marshall Kay, "Walmart To Use RFID To Improve 'Store Level' Inventory Accuracy In Home Goods, Consumer Electronics," *Forbes*, February 9, 2022, https://www.forbes.com/sites/marshallkay/2022/02/09/walmart-to-use-rfid-to-improve-store-level-inventory-accuracy-in-home-goods-consumer-electronics.

26. Claire Swedberg, "Walmart Recommits to RFID," *RFID Journal,* January 28, 2022, https://www.rfidjournal.com/walmart-re-commits-to-rfid-with-supplier-mandates.

27. Deborah Abrams Kaplan, "The Rise, Fall and Return of RFID," *Supply Chain Dive*, August 21, 2021, https://www.supplychaindive.com/news/RFID-rise-fall-and-return-retail/530608.

18. 给予员工和团队的更好的工具

1. H. James Wilson and Paul R. Daughtery, "Collaborative Intelligence: Humans and AI Are Joining Forces," *Harvard Business Review*, July 2018, https://hbr.org/2018/07/collaborative-intelligence-humans-and-ai-are-joining-forces.

2. Maria Jesus Saenz, Elena Revilla, and Cristina Simón, "Designing AI Systems With Human-Machine Teams," *MIT Sloan Management Review*, March 18, 2020, https://sloanreview.mit.edu/article/designing-ai-systems-with-human-machine-teams.

3. Intel Corporation, "Global Manufacturing at Intel," accessed February 17, 2023, https://www.intel.com/content/www/us/en/architecture-and-technology/global-manufacturing.html.

4. "Intel Embarks on a Digital Supply Chain Journey," *Supply Chain Brain*, December 19, 2018, https://www.supplychainbrain.com/articles/29148-intel-embarks-on-a-digital-supply-chain-journey.

5   Matt Turek, "Explainable Artificial Intelligence," Defense Advanced Research Projects Agency, 2018, https://www.darpa.mil/program/explainable-artificial-intelligence.

6. "Ludwigshafen Site Strong in the Verbund" (Ludwigshafen
   am Rhein, Germany· BASF SE), accessed August 10,
   2020, https://www.basf.com/global/de/documents/
   Ludwigshafen/2020_site_brochure_Ludwigshafen_EN.pdf.

7. BASF AG, "Verbund," accessed August 10, 2020, https://www.basf.
   com/us/en/who-we-are/strategy/verbund.html.

8. Ralf Busche, Senior Vice President, Global Supply Chain Strategy
   & Management, BASF Group, interview by Yossi Sheffi, June 8,
   2020.

9. Rina Diane Caballar, "Programming Without Code:
   The Rise of No-Code Software Development," *IEEE
   Spectrum*, Institute of Electrical and Electronics
   Engineers, March 11, 2020, https://spectrum.ieee.org/
   programming-without-code-no-code-software-development.

10. Gartner Inc., "Gartner Says the Majority of Technology Products
    and Services Will Be Built by Professionals Outside of IT by
    2024," news release, June 14, 2021, https://www.gartner.com/
    en/newsroom/press-releases/2021-06-10-gartner-says-the-
    majority-of-technology-products-and-services-will-be-built-by-
    professionals-outside-of-it-by-2024.

19. 未来的技能

1 World Economic Forum, "The Future of Jobs Report 2020,"
  October 20, 2020, 35, https://www.weforum.org/reports/
  the-future-of-jobs-report-2020/digest.

2. US Government Accountability Office, "Workforce Automation:
   Insights into Skills and Training Programs for Impacted
   Workers," Report to Congressional Committees, August 2022, 14,
   https://www.gao.gov/products/gao-22-105159.

3. US Government Accountability Office, "Workforce Automation,"
   38–49.

4. Olivia McCarthy, "Digital Literacy Skills and Examples," Study.
   com, March 14, 2022, https://study.com/academy/lesson/what-is-

digital-literacy-definition-example.html#:~:text=information%20 for%20credibility.-,Definition,you%20are%20displaying%20 digital%20literacy.

5. Alex Christian, "Why 'Digital Literacy' Is Now a Workplace Non-Negotiable," *BBC Worklife*, September 22, 2022, https://www.bbc.com/worklife/article/20220923-why-digital-literacy-is-now-a-workplace-non-negotiable.

6. Erin Digitale, "Age that kids acquire mobile phones not linked to well-being, says Stanford Medicine study," Stanford Medicine, April 28, 2022, http://med.stanford.edu/news/all-news/2022/11/children-mobile-phone-age.html.

7. Michelle Faverio, "Share of Those 65 and Older Who Are Tech Users Has Grown in the Past Decade," Pew Research Center, January 13, 2022, https://www.pewresearch.org/fact-tank/2022/01/13/share-of-those-65-and-older-who-are-tech-users-has-grown-in-the-past-decade.

8. Meri Stevens, Worldwide Vice President, Supply Chain, Consumer Health and Deliver, Johnson & Johnson, interview by Yossi Sheffi, August 16, 2022.

9. Jacques Bughin, "Preparing for the Coming Skill Shifts," in *How AI Is Transforming the Organization*, by MIT Sloan Management Review, The Digital Future of Management Series from MIT Sloan Management Review (Cambridge, Mass.: MIT Press, 2020), 25.

10. Leslie Willcocks, The value of robotic process automation, interview by Xavier Lhuer, March 1, 2017, https://www.mckinsey.com/industries/financial-services/our-insights/the-value-of-robotic-process-automation.

11. Bughin, "Preparing for the Coming Skill Shifts," 25.

12. World Economic Forum, "Future of Jobs Report 2020," 38.

20. 为未来构建人才供应链

1. Diana Elliott and Miriam Farnbauer, "Bridging German and US Apprenticeship Models: The Role of Intermediaries" (Washington, D.C.· Urban Institute, August 2021), 2–5, https://www.urban.org/sites/default/files/publication/104677/bridging-german-and-us-apprenticeship-models.pdf.

2. Erik Brynjolfsson and Andrew McAfee, "The Business of Artificial Intelligence," *Harvard Business Review*, July 18, 2017, https://hbr org/2017/07/the-business-of-artificial-intelligence.

3. Kim Parker and Juliana Menasce Horowitz, "Majority of Workers Who Quit a Job in 2021 Cite Low Pay, No Opportunities for Advancement, Feeling Disrespected," Pew Research Center, March 9, 2022, https://www.pewresearch.org/fact-tank/2022/03/09/majority-of-workers-who-quit-a-job-in-2021-cite-low-pay-no-opportunities-for-advancement-feeling-disrespected.

4. Dan Harris, "What's the Optimal Span of Control for People Managers?," Quantum Workplace, September 11, 2019, https://www.quantumworkplace.com/future-of-work/whats-the-optimal-span-of-control-for-people-managers.

5. Paulina Gorska, quoted in "Inside a Technical Career," @ *Intel* (blog), Intel Corporation, January 26, 2021, https://community.intel.com/t5/Blogs/Intel/We-Are-Intel/INSIDE-A-TECHNICAL-CAREER/post/1334545.

6. James Andrus, Rebecca Stuart, and Pat Wadors, "Human Capital Management and Modern Workforce Challenges" (Breakout session, 27th Annual Stanford Directors' College 2022, Stanford, Calif., June 21, 2022), https://conferences.law.stanford.edu/directorscollege2022/sessions/breakout-sessions-4-3.

7. Josh Cable, "Staying True to the Toyota Way During the Recession," *IndustryWeek*, April 6, 2011, https://www.industryweek.com/the-economy/article/21960972/staying-true-to-the-toyota-way-during-the-recession.

8. Abigail Johnson Hess, "From Amazon to Walmart, Here's How

College Tuition Became the Hot Corporate Benefit," *CNBC*, September 30, 2021, https://www.cnbc.com/2021/09/30/from-amazon-to-walmart-college-tuition-is-the-hot-corporate-benefit.html.

9. Haley Glover, "Study Shows the Benefits of Walmart's Education Effort" (Indianapolis: Lumina Foundation, September 2021), https://www.luminafoundation.org/wp-content/uploads/2021/09/lf-lbu-program-proofv9.pdf.

10. Jeb Bush, "It's Time to Embrace Distance Learning — and Not Just Because of the Coronavirus," *Washington Post*, May 4, 2020, https://www.washingtonpost.com/opinions/2020/05/03/jeb-bush-its-time-embrace-distance-learning-not-just-because-coronavirus.

11 Massachusetts Institute of Technology, Institute-wide Task Force on the Future of MIT Education, "Final Report" (July 28, 2014), https://jwel.mit.edu/sites/mit-jwel/files/assets/files/document_task_force_foe_final_140728.pdf.

12. World Economic Forum, "Future of Jobs Report 2020," 5.

13. World Economic Forum, "Future of Jobs Report 2020," 149.

14. World Economic Forum, "Future of Jobs Report 2020," 5.

15. Sam Ransbotham, "Introduction: How AI Is Transforming the Organization," in *How AI Is Transforming the Organization*, by MIT Sloan Management Review, The Digital Future of Management Series from MIT Sloan Management Review (Cambridge, Mass.. MIT Press, 2020), xi–xii.

16. Lynda Gratton, "The Challenge of Scaling Soft Skills," *MIT Sloan Management Review*, August 6, 2018, https://sloanreview.mit.edu/article/the-challenge-of-scaling-soft-skills.

17 Artin Atabaki, Stacey Dietsch, and Julia M. Sperling, "How to Separate Learning Myths from Reality," *McKinsey Quarterly*, July 2015, 119, https://www.mckinsey.com/capabilities/people-and-organizational-performance/our-insights/how-to-separate-learning-myths-from-reality.

18. McKinsey & Company, "What Is Industry 4.0 and the Fourth

Industrial Revolution?," August 17, 2022, https://www.
mckinsey.com/featured-insights/mckinsey-explainers/
what-are-industry-4-0-the-fourth-industrial-revolution-and-4ir

19. European Commission, Directorate-General for Research
and Innovation, *Industry 5.0 : Human-Centric, Sustainable
and Resilient,* infographic (Luxembourg: Publications
Office of the European Union, 2021), https://data.europa.eu/
doi/10.2777/073781.